KB057405

사주지식에서 실무까지

현대적 사주총서

金于齊 著

◎ 사주풀이지식
◎ 각종사주법
◎ 사주원리론

법문북스

머 리 말

필자(筆者)가 역학(易學)에 관한 서적(書籍) 이십(二十)여종을 저술한바 있으나 제현(諸賢)들의 여론에 의하면 한자(漢字)가 많아 해득하기가 너무 어렵다하기에 이번에는 한문을 적게 넣고 국문을 많이 써서 알기 쉽도록 한것이 특징이다.

사람은 만물의 영장(靈長)이기에 누구나 자기의 앞날 운명을 알고져 할 것이다.

이 학문을 연구해본바 천지 대자연의 기후(氣候) 흐름에 따라 세월이 바뀌고 세월에 따라 인생의 운명에 영고득실(榮苦得失)이 생긴다는 것은 누구나 잘 알고 있는 사실이다.

이 운명학은 길흉화복(吉凶禍福)을 미리 알아서 피흉취길(避凶就吉)을 하려고 하는 것이다. 이 학문을 양심적으로 풀이하여 좋은 길로 인도하면 활인술(活人術)이 되고 비양심적으로 풀이하여주면 애매한 사람을 망하게 하는 것이다.

주역왈(周易曰)

적선지가필유여경(積善之家必有餘慶)

적선을 한집에서는 반드시 경사스러운 일이오게 되고

적악지가필유여악(積惡之家必有餘惡)

적악한 집에서는 반드시 재앙이 따라오게 마련이다.

그러기에 운명을 바르게 인도하면 적선을 하고 악하게 인도하면 적악을 하게 된다.

우후(雨後) 죽순(竹筍)처럼 한정없는 술사가 나와 해설을 바르게 못하므로 사회에서 불신(不信)을 받게 된다. 후학(後學)들은 체계를 세워서 정통(正統) 학술로 풀이하여주면 크게 신임을 받게 되리라 믿는다.

서전(書傳)의 요전(堯典)을 살펴보면 요제(堯帝)께서 역서(曆書)를 치공관(治工官)에게 만들라 명령하시되 일년(一年)이 삼백육십육일(三百六十六日)이 되는 해는 윤달(閏月)이 있어야 한다고 하시였다.

이글 주에 보면 혼천(渾天)은 그모양이 새알 같아 하늘에 쌓여 있으며 지상(地上)에서도 하늘이 보이고 지하(地下)에서도 하늘이 보인다라 하였으니 지구가(地球)가 공중(空中)에 떠있다는 것이 증명된다. 어떠한 사람은 하늘은 동하고 땅은 고요하다라 하였으니 현대 학문과 반대되어 맞지않는다하나 천동(天動) 지정(地靜)설을 잘 이해하지 못한것 같다. 하늘은 양(陽)이니 움직인다는 뜻이고 지(地)는 음(陰)이니 고요하다는 뜻이다. 역서(曆書)를 알고져하면 하(下)기 환신불환군(換臣不換君)편을 보라.

우주(宇宙)의 변화 진리(眞理)란 천변만화라 하겠으니 이 이치(理致)를 잘못 해설하여 혼선이 되지 않도록 유의(留意)하기 바란다.

끝으로 문장(文章)어구에 불비(不備) 미급함이 없지 아니할 것이니 제현들의 지남(指南)이 있기를 바라마지 않는다.

목　차（目　次）

第一編 사주(四柱)풀이의 예비지식

第一節 철학(哲學)의 요지(要旨)

이십세기 문명(文明)이 고도로 발전되어 달세계(月世界)를 왕래하며 우주에 정거장을 건립(建立)하는 시대에 사주학(四柱學)이 과연 인생운명(運命)의 행로를 알아 낼수 있는가 하고 반문하는 예가 허다하다.

그러나 과학(科學)은 과학에 특징이 있고 철학(哲學)은 철학대로 특징이 있다.

과학(科學)은 현재사를 해결하고 철학(哲學)은 미래사를 예지(豫知)하는 것이니 각자(各自)의 특징이 다르다. 주역(周易)에 역상(易象)과 역리(易理)가 있는데 주역 서문을 보면 주역은 변역하는 것이니 때를 따라 변화한다는 것이다. 그 글 됨됨이 넓고 커서 만물의 실정을 다갖춘 것이라 한다.

주역에 성인(聖人)의 도가 네개가 있으니 말로 되어있다고 보면 즉 말이되고 그릇, 모델을 만드는 사람은 모델을 만드는 글이라고 한다.

또 점을 주장하는 사람은 모두가 점치는 글이라고 하며 동(動)을 주장하는 사람은 변화하는 글이라 한다.

이 내용을 보면 과학(科學)과 철학(哲學)이 겸비되어 역상은 과학이고 역리는 철학이라 하겠다. 옛글을 살펴보면 근 이천(二千)년전 송대(宋代)에 소강절(邵康節)선생은 멀고먼 뒷

날에 달세계(月世界)를 왕래하게 된다고 예언(豫言)한 것을 보아도 철학의 위대성을 알고도 남음이 있다. 이말은 내지덕(來知德)의 역경(易經) 천지지심도(天地之心圖) 오십일(五十一)페이지에 기록되어있다. 근세사(近世事)로는 우리나라 이씨왕조(李氏王朝) 개국(開國) 당시 종묘(宗廟)를 건립하면서 이십칠대(二十七代)반에 국운이 다한다고 종묘를 스물일곱칸반만 짓고 종묘 정문을 창엽문(蒼葉門)이라는 현판을 달아놓은것을 보아도 우리나라의 철학이 신의 경지에 들어갔다는 것을 알수있다. 창자(蒼字)의 의미는 이십팔군(二十八君)을 가르킴이다. 또 한가지 예는 이조중엽(李朝中葉) 선조(宣祖)대왕때 이율곡(李栗谷) 선생께서 십년(十年)후 임진왜란(壬辰倭亂)이 있을 것을 미리알고 십만양병론(十萬養兵論)을 주장한 것을 보아도 미래사(未來事)를 거울같이 알았다는 것을 보아도 철학의 심오한 이치에 놀라지 아니할 수 없다.

필자는 그러한 경지에까지 들어가지 못하였으니 앞으로 천재적(天才的) 재능을 가진 후학들이 연구에 연구를 거듭하면 고인(古人)과 같이 심오한 이치(理致)를 통달할 수 있으리라고 믿는바이다.

필자는 사주학(四柱學)을 연구하고 있는바 지구(地球)가 자전(自轉)하면 주야가 생기고 공전(公轉)하면 춘하추동(春夏秋冬) 사시가 생기고 사시의 순환이 천지대자연(天地大自然) 기후변천(氣候變遷)에서 생기는 바 이 조화속에서 우리 인생(人生)이 출생(出生)되어 이 기후 변천에 따라 영고득실(榮苦

得失)이 있다는 것을 사주학(四柱學)에서 실감할 수가 있으니 과연 좋은 학문이라 사료된다.

사주에 일간(日干)은 나고 월령(月令)은 손님이다. 즉 나와 객(客)의 관계가 기후변천이라 하겠으니 나자신이 기후의 변천과정을 따라 나에게 득실(得失)이 있다는 것을 알게될적에 무한한 기쁨을 느끼게 되는 것이다.

第二節 환신불환군(換臣不換君)의 필요성

환신불환군(換臣不換君)이란 월(月)을 신하라 하고 년(年)을 임금이라 한다. 뜻을 말하면 난달은 바꾸어도 출생된 년(年)은 바꾸지 못한다는 뜻을 아래에 밝힌다.

양력에서는 지구가 태양을 향하여 회전하는 도수가 삼백육십오일(三百六十五日) 1/4이라 한다. 이 1/4이 사년(四年)을 축적하면 일일(一日)이 되고 이 일일(一日)은 신년(申年) 자년(子年) 진년(辰年)에만 윤달(閏月)을 두어 이월(二月)을 윤(閏)이라하여 이십구일(二十九日)로 하고, 입춘(立春)을 이월(二月) 오일(五日)로 하였으며 기타는 평년(平年)이라 하여 이월(二月)을 이십팔일(二十八日)로 하고 입춘을 이월(二月) 사일(四日)로 고정시킨 것이다. 그리고 양력 일월(一月) 일일(一日)은 동지후 십일(十日)로 되어 만고 불변의 이치를 갖고 있다. 음력의 조력법은 달(月)이 지구를 향하여 도는데 그횟수가 한달에 이십구(二十九)·五·一을 기준한 것이다. 그래서 오(五)을 더붙이면 삼십일(三十日)이 되고 오(五)를 빼면 이십구일(二十九日)이 되므로 월(月)의 대소(大小) 구분이 생기게 된것이다. 양력은 일년(一年)에 삼백육십오일(三百六十五日) 1/4이 되나, 음력은 삼백오십사일(三百五十四日) 밖에 안되기에 양력일수와 음력일수의 과부족되는 차이 일(日)수를 조절하기 위하여 삼년(三年)에 일윤(一閏) 오년(五年)에 재윤(再閏)을 두어 십구년(十九年)을 거쳐 과부족일수를 어느정도 조종하고 있으나 십구년(十九年)만에 다시 반복(反復)되므로 십구년(十九年)이 일기(一期)가 된다.

음력에도 일월(一月) 일일(一日)이 고정(固定)되어 있다. 구년(九年)전 이월(二月) 십오일(十五日) 일진(日辰)이 구년(九年)후 정월 초하루로 된다. 이식으로 십팔년(十八年)을 흘러 가다가 십구년(十九年)만에 이월(二月) 십오일(十五日)이 이월(二月) 초하루로 된다. 이후부터 다시 전번(前番)과 같이 십구년(十九年)을 가다가 다시 십구년(十九年)만에 반복된다. 이와같이 정월(正月) 초하루가 고정되어 있다. 이러한 원칙이 있는데 자기 마음대로 년(年)을 고칠수 없다.

만일 년(年)을 바꾸면 사주팔자가 달라지고 대운(大運)의 순역(順逆)이 달라진다. 이렇게 달라진 사주팔자는 자기의 운명을 보는것이 아니고 남의 운명을 보는 것이 된다. 이렇게 되면 운명에 적중될 이치가 없다.

우리나라 사주대가가 쓴 책자를 보니 환신불환 군은 말이 되지 않는다고 하였다. 이같은 법으로 남의 운명을 논평하여 주었다 하면 과연 적중되었을까 의문이 된다.

입춘(立春) 날도 양력에서 고정되어 있듯이 음력에서도 입춘날이 고정되어 있다.

구년(九年)전 입춘든 달이 크면 간취삼(干取三) 지취칠(支取七) 달이 적으면 간취사(干取四) 지취팔(支取八)을 한

다. 예를 들어 구년（九年）전 입춘（立春）이 갑자일（甲子日）
이라 가정하면 입춘이 갑자일（甲子일）이니 간삼（干三）을 취
하면 세번만에 병（丙）이 되고 일곱번만에 오（午）가되니 다
음 구년（九年）후에 오는 입춘（立春）은 병오일（丙午日）이 된
다.

그러기에 혹 정월（正月）에 들지않고 지나간 섣달에 드는수
가 있다. 그러나 이 입춘（立春）은 구（九）년후 입춘（立春）
이니, 섣달이라도 입춘（立春）이 지나가면 정월（正月）달로
월건을 바꾸어 쓰게 된다.

적은 달이라면 천간（天干）을 四번만에 닫는자를 쓰고 지지
는 여덟번만에 닫는자를 쓰니 위의 법과 같이 계산해보면 정
미（丁未）일이 된다.

만고 불변（不變）의 입춘일（立春日）이 지정되어 있는 것을
알 수 있다.

一. 기 후 변 천

기후변천에 따라 움직이는 십간(十干), 사주팔자(四柱八字)는 십간(十干)과 십이지(十二支)를 모두 사용하나 그러나 그 중에서도 천간을 더 중요하게 여긴다. 그 이유는 일간(日干)은 주인이 되고 월령(月令)은 객(客)이 된다. 무슨일이든 상대가 있어야 하기에 일간(日干)과 월령(月令)을 주격이라 한다. 달에 따라 따뜻하기도 하고 지나치게 덥기도 하고 습하기도 하고 한냉하기도 하니 사계절에 따라 움직이는 방향을 정하게 된다. 바로 이것을 천지대자연의 기후변화(氣候變化)라 한다. 사시절기의 흐름에 따라 변화가 됨으로 생사(生死)고락이 발생된다. 이조화는 일간(日干)과 월령(月令)의 변화작용에 따라 길흉(吉凶)을 알게 된다. 갑목(甲木)은 계절로 보아 봄철인 정월이 되고 나무의 싹이트는 시기라 금(金)을 좋아하지 않는다. 수(水)도 역시 싫어한다. 수(水)가 있으면 나무가 얼어 붙을 염려가 있기에 그러하다. 병화(丙火)는 태양화라 하였으니 잎이 피는 나무에 햇빛을 쬐여 따뜻하게 해주면 추운 나무가 양기를 향하여 무럭무럭 잘자라게 된다. 이월(二月)부터는 햇빛이 따뜻하게 쬐여주어 나무가 왕성하게 잘자란다. 이러한 때에는 금(金)과 수(水)를 좋아하게 된다. 그 이유는 금(金)이 물을 생(生)하여 주고 수(水)가 나무를 잘자라게 하니 이와같은 운을 만나면 관인(官印) 상생이라 하겠으니 인생(人生)의 운명이 이와같으면 좋은 발전이 오게 된다.

나무가 약하여도 계절이 이월(二月)이라 금수(金水)를 요한다. 그 이유는 나무가 약한데 금(金)이 있으면 극제를 받지 않겠는가 하겠지만은 그렇지 않다. 금(金)이 목(木)을 극하지 않고 수(水)를 생(生)하기에 나무가 도리어 잘자라게 된다. 이렇게 됨으로써 금수목(金水木)이 술유 상생됨으로 큰 발전이 온다. 그러나 계절에 따라 금수(金水)를 필요로 하지 않는 때가 있다. 십일월(十一月) 십이월(十二月) 정월(正月)에는 금수(金水)를 필요로 하지 않는다. 그 이유는 금수(金水)는 차고 냉한것이니 나무가 얼어 죽을까 염려되어 요하지 않는다. 이런 때에는 병정화(丙丁火)를 요한다. 물이 많으면 조토(燥土)를 요한다. 조토는 무엇인가 무토(戊土) 술토(戌土) 미토(未土)라 한다. 술토(戌土)는 술중(戌中)에 정화(丁火)가 있고 미토(未土)는 미중(未中)에 정화(丁火)가 있으니 이 흙은 화(火)를 보유하고 있으므로 따뜻한 흙이라고 한다.

습토(濕土)는 무엇인가 기토(己土) 축토(丑土) 진토(辰土)라 한다.

진토(辰土)는 계수(癸水)가 있어 습하고 축토(丑土)는 십이월중(十二月中)에 한냉(寒冷)할 뿐만 아니라 계수(癸水)를 가지고 있으니 습한 토(土)라 한다. 그래서 십일월(十一月) 십이월(十二月) 일월(一月)에는 이 습토를 불요(不要)한다. 그러나 계절에 따라 사월(四月) 오월(五月) 육월(六月)에는 천지(天地)가 온난하니 도리어 이 습토를 요하게 된다. 일월(一月)에 갑목일간(甲木日干)으로 출생(出生)되면 경금(庚金)과 정화(丁火)를 동시(同時)에 가지고 있어야 최상격(最上格)이라 한다. 그러나 여기에도 구분이 있다.

신약(身弱)하는데 경금(庚金)이나 정화(丁火)가 있으면 단명(短命)하거나 병고(丙苦)하게 된다. 신약(身弱)하면 자신(自身)이 약한데다가 금(金)으로 극(剋)하면 불길(不吉)하게 되는데, 그런중 다시 정화(丁火)가 목(木)의 기(氣)를 설(洩)하면 더 약(弱)해 지기에 그러하다. 신왕(身旺)하게 되면 경금(庚金)은 칠살(七殺)인 편관(偏官)이 된다. 편관은 너무 억세니 정화(丁火)로서 약간 경금(庚金)의 왕기(旺氣)를 제압(制壓)하여 주면 사주가 순수하여 부귀공명(富貴功名)을 하게 된다.

을목(乙木)은 초목화초(草木花草)라 한다. 이 나무로 타고난 운명은 병화(丙火)와 계수(癸水)를 요한다. 꽃나무는 언제나 태양화인 병화(丙火)가 조란(照暖)하여 주어야 하고 계수(癸水)로서 자양(滋養)하여 주면 최상(最上)의 격국(格局)이 되어 부귀공명(富貴功名)을 하게 된다. 이 을목(乙木)도 계절에 따라 계수(癸水)를 불요(不要)할 때가 있다. 십일월(十一月) 십이월(十二月) 정월(正月)에는 천지(天地)가 과냉(過冷)하니 동목(凍木)할 우려가 있으니 그러함이다. 그러나 이상 삼(三)개월을 제하고는 기타 다른달 부터는 계수(癸水)를 함유하고 있는 진축토(辰丑土)를 요한다. 을목(乙木)은 사월(四月) 오월(五月) 육월(六月) 칠월(七月)

팔월（八月） 구월（九月） 시월（十月）에는 시기로 보아 건조
한 풀이라 하겠으니 능히 병정화（丙丁火）를 생（生）할 수가
있다.

십일월（十一月） 십이월（十二月） 정월（正月）에는 습기가 있
어 동초（凍草）가 되기에 병정화（丙丁火）를 생（生）할 수 없
다. 사주（四柱） 풀이에서 화（火）를 쓸적에 을목（乙木）을 만
나 목생화（木生火）가 되면 좋다할 수가 있으나 시기（時期）
를 보아서 쓸수도 있고 못쓸수도 있으니 용도（用途）를 결정
하여야 할 것이다.

병화（丙火）는 태양화（太陽火）라 한다. 열기（熱氣）가 태과
（太過）하니 임수（壬水）로서 제압（制壓）을 하여야 만물이 잘
자라게 되기에 임수（壬水）를 요（要）한다. 그리고 임수（壬水
）는 강호（江湖）의 큰 물이니 일락서산（日落西山）할적에 양
기（陽氣）를 반사（返射）하는 역할도 한다. 임수（壬水）가 근
원이 없으면 고갈하니 수원（水源）이 되는 금（金）을 요（要
）한다. 경금（庚金）이 있어 임수（壬水）를 생（生）하여 주어
야 하기에 병화일간（丙火日干）의 운명은 경임（庚壬）을 요（
要）한다. 경임（庚壬）이 전비（全備）되면 상격（上格）의 운명
이라 하겠으니 부귀공명（富貴功名）을 하게 된다. 그러나 십일
월（十一月） 십이월（十二月） 정월（正月）에는 천지（天地）가
과한（過寒）하니 목화（木火）를 요（要）한다. 그러나 동절（冬
節）이라도 사주전국（四柱全局）에 목화（木火）가 많다면 다시
경임（庚壬）을 요（要）하게 된다. 병화（丙火）도 계절의 변화

에 따라 용도(用途)가 다르다. 병화(丙火)는 태양화(太陽火)라 사주국(四柱局)은 따뜻하게 할 수 있으나 연금(鍊金)하는데에는 정화(丁火)의 힘을 빌리지 아니할 수가 없게 된다.

정화(丁火)란 적은 불이니 등화(燈火)라 하기도 하고 노화(爐火)라 하기도 한다. 정화(丁火)는 힘이 약(弱)하기에 적모(適母)가 되는 갑목(甲木)을 요(要)한다. 그러나 갑목(甲木)은 통나무라 깨트리지 아니하면 불을 살릴수가 없으니 따라서 경금(庚金)을 요(要)하게 된다. 경금(庚金)은 도끼 역할을 하여 갑목(甲木)을 깨트려 장작을 만들어 줌으로 정화(丁火)가 힘을 얻게 된다. 그러기에 정화일간(丁火日干)이 갑경(甲庚)을 만나면 모든 조건이 갖추어지므로 발전하게 된다. 인생(人生)이 이와같은 운명(運命)을 가지면 부귀공명(富貴功名)을 하게 된다. 그러나 사오유월(四五六月)에는 천지(天地)가 과난(過暖)하니 지지(地支)에 진축토(辰丑土)를 보유(保有)하거나 또는 금수(金水)의 상생(相生)이 있어야 열기(熱氣)를 제압하므로 발전이 있게 되지만, 진축토(辰丑土)가 없고 금수(金水)의 연결이 없으면 사주(四柱)가 안정되지 못하였기에 인생(人生)살이도 사주(四柱)와 같이 불안정되어 곤고(困苦)를 면치 못한다. 또 한 예는 오유월(五六月)에 태양(太陽)의 기(氣)가 과열(過熱)하니 정화일간(丁火日干)으로서 병화(丙火)를 만나면 탈광(奪光)이 되기에 평생(平生)을 불안(不安)하게 산다.

무토(戊土), 이 흙은 대륙(大陸) 흙이라 하기도 하고 묵전이라 하기도 한다. 그런중 특성이 조열(燥烈)하기에 만물이 발생되기가 어렵다. 이 묵전을 이용하려면 쟁기로 갈아야 하기에 쟁기 역할을 하는 갑목(甲木)을 보아야 한다. 다음은 습토를 요(要)하니 진토(辰土)나 축토(丑土)가 달(月)이나 일(日)이나 시(時)에 있어야 습(濕)하고 윤기(潤氣)가 있으니 만물이 잘자라게 된다. 그러나 뿌리가 습윤(濕潤)함이 과하면 뿌리가 썩게 되니 태양화(太陽火)인 병화(丙火)를 요(要)한다. 병화(丙火)가 조난(照暖)하면 위로는 따뜻하고 다음으로 전토(田土)는 습윤하게 되니 이렇게되면 만물이 잘자라게 된다. 무토일간(戊土日干)이 위와같은 조건을 가지면 부귀공명(富貴功名)을 하게 된다. 무토(戊土)는 임계수(壬癸水)가 중중(重重)할 적에는 물을 제압시켜 주는데에 제일 좋다고 보겠다. 그리고 무토일간(戊土日干)으로서 갑목(甲木)을 보지 못한 사람은 영리하지 못하다. 십일월(十一月) 십이월(十二月) 일월(一月)에는 천지(天地)가 한냉(寒冷)하니 진축토(辰丑土)를 불요(不要)하고 목화(木火)를 요(要)한다.

　기토(己土), 이 흙은 언제나 습기(濕氣)가 있고 또는 약한 흙이니 항시 병화(丙火)를 요(要)한다. 일이월(一二月)에는 목성(木盛)하니 화(火)로서 기토(己土)를 도우며 왕목(旺木)의 기(氣)를 설(洩)하며 갑목(甲木)으로 소토(疏土)하는 것이 좋다. 사오유월(四五六月)에 천지(天地)가 과난(過暖)하니 금수(金水)나 진축토(辰丑土)로 조후(調候)를 하여야 하고 칠팔월（七八月）에는 금기（金氣）가 왕（旺）하니 토（土）가 약（弱）해지므로 병화（丙火）를 써서 기토（己土）를 도와야 하기에, 목（木）을 불요（不要）로 하고 무토（戊土）의 방조（幇助）를 요（要）한다.

시월（十月）에 수（水）가 득령（得令）하여 있으니 무토병화（戊土丙火）를 더욱 요한다. 십일월（十一月）, 십이월（十二月）은 천지（天地）가 한냉（寒冷）하니 목화（木火）로서 온난（溫暖）하게 하면 자연히 발전이 온다. 이런 운명이 이상과 같은 환경을 얻으면 부귀공명（富貴功名）을 하게 된다. 기토（己土）를 갑목（甲木）으로 소토（疏土）하되 갑목（甲木）이 기토（己土）와 붙어 있으면 갑기합토（甲己合土）될 우려가 있으니 일간（日干）과 갑목（甲木）은 떨어져 있으면 좋다는 것이다. 임계수（壬癸水）가 중중（重重）할 적에 기토（己土）로 제압（制壓）을 하면 기토（己土）는 약（弱）한 토（土）가 되기에 청수（清水）를 도리어 탁（濁）하게 만드는 수가 있게 된다. 만일 운명에서 이와같은 경우를 만나면 일생（一生）을 곤고（困苦）하게 지낸다. 경금（庚金）, 이금은 덩어리 금이라 그릇을 제작하지 않으면 필요가 없으니 우선 정화（丁火）로써 다루어야 한다. 그리고 정화（丁火）를 왕성하게 하려면 갑목（甲木）이 있어야 하니 갑목（甲木）이 양투（兩透）하면 부귀공명을 하게된다. 또한 예는 임수（壬水）로서 경금（庚金）의 기（氣）를 설（洩）하면 금수（金水）가 쌍청（雙清）되니 역시 부귀공명을 하게 된다. 그러나 계절의 기후변화에 적당함이 있는가 없는가를 보니 사월（四月） 오월（五月） 육월（六月）에는 천지（天地）가 더우니 물로서 화기를 제압하여야 하기에 갑목（甲木）과 정화（丁火）를 필요로 여기지 않는다. 경금（庚金）은 천상（天上） 태백성（太白星）이 되고 귀강성（鬼罡星）이 되기에 살작용（殺作用）으로 변하게 되면 대액（大厄）을 일으키게 된다.

신금（辛金）, 이금은 주옥（珠玉）의 금이라 임수（壬水）로 씻어야 광채가 나기에 물이 많은것을 무서워하지 아니한다. 일간（日干）이 왕（旺）하고 임수（壬水）가 천간（天干）에 나와 있으면 부귀공명을 하게된다. 그러나 시기의 기후 변천에 따라 취용（取用）하는 법은 다르다. 십일월（十一月） 십이월（十二月） 일월（一月）에는 천기（天氣）가 너무 추우니 병정화（丙丁火）를 요（要）한다. 이와같으면 물도 따뜻하고 금도 따뜻하니 무한한 발전이 온다. 신금（辛金）은 약한 금이니 적모（適母） 역활을 하여주는 기토（己土）가 있어야 신금（辛金）을 보호하여 주며 왕성（旺成）하게 하기위한 것이다. 어찌하여 무토（戊土）도 있는데 기토（己土）를 쓰는가 무토（戊土）는 대륙 흙이라 신금（辛金）이 토（土）에게 매몰（埋沒）될 우려가 있기에 쿠토（戊土）를 불요（不要）한다. 어쩔수 없이 무토（戊土）를 쓰게되면 갑목（甲木）이 있어 소토（疏土）함으로 신금（辛金）이 자기의 기능을 발휘하게 된다.

임수（壬水）, 이물은 강호（江湖）의 물이라 한다. 그말은 큰 물이라는 뜻을 의미하는 것이다. 큰물도 생수（生水）가 아니며 건수（乾水）가 된다. 건수（乾水）가 안되기 위하여 경금

（庚金）이 있어야 하고 또는 물이 넘치면 제방（堤防）을 하여야 하기에 대륙토（大陸土）인 무토（戊土）를 요（要）하게 된다. 임수일간（壬水日干）이 경무（庚戊）가 양투（兩透）된 운명（運命）을 만나면 부귀공명을 하게된다. 그러나 기토(己土)도 흙인대 기토（己土）를 불요（不要）하는가. 기토（己土）는 적은 흙이 되기에 임수（壬水）를 막으려 하다가는 임수（壬水）를 도리여 흙탕물로 만들기에 기토（己土）를 불요（不要）하게 된다. 그러나 시기（時期）의 기후변천에 따라 용도（用途）가 다르다. 십일월（十一月） 십이월（十二月） 일월（一月）에는 천지（天地）가 냉동（冷凍）하기에 병정화（丙丁火）를 요（要）하게 된다. 임수（壬水）가 왕（旺）하면 무토（戊土）를 쓰고 약（弱）하면 경금（庚金）을 쓴다.

계수（癸水）, 이물은 지극히 약（弱）하다. 일월(一月)에 계수（癸水） 일간（日干）으로 타고나면 병정화（丙丁火）로 조난（照暖）하고 신금（辛金）으로 수원（水源）을 발（發）하면 부귀공명을 하게된다. 이월（二月）에는 양기（陽氣）가 서승（舒昇）하니 경금（庚金）으로서 수원（水源）을 발（發）하고 병화（丙火）로서 온난（溫暖）케 하면 부귀하게 된다. 삼월（三月）에는 월령（月令）에 진중무토（辰中戊土）가 왕（旺）하니 갑목（甲木）으로 소토（疏土）하고 신금（辛金）으로 수원（水源）을 발（發）하여야 발전한다. 사월（四月） 오월（五月） 육월（六月）에는 천지（天地）가 과난（過暖）하니 진축토（辰丑土）나 경신금（庚辛金）이 있어 수원（水源）을 발（發）하여야 한다.

칠월(七月) 팔월(八月)에는 월령(月令)에 신유금(申酉金)이 수원(水源)을 발(發)하니 화토(火土)를 요(要)하게 된다. 9월(九月)에는 술중무토(戌中戊土)가 왕(旺)하기에 갑목(甲木)과 신금(辛金)을 동시(同時)에 요(要)하게 된다. 10월(十月)에는 월령(月令)에 해중임수(亥中壬水)가 왕(旺)하니 화토(火土)를 요(要)하게 된다. 십일월(十一月) 십이월(十二月)에는 천지(天地)가 과한(過寒)하니 병정화(丙丁火)로써 온난(溫暖)케 하면 자연히 대발전(大發展)이 있게 된다.

二. 칠(七)수의 변화(變化)

음(陰)과 양(陽)의 가고오는 것이 칠(七)수로서 이루어진 것이다.

동지부터 하지까지 일곱달이 걸리고, 하지부터 동지까지 일곱달이 걸린다.

춘분부터 추분까지 일곱달이 걸리고 추분부터 춘분까지가 일곱달이 걸린다. 이것을 칠(七)수의 변화(變化)라 한다. 천지(天地)도수가 오십(五十)이라 하는데 그 중(中)에서 태극수 하나를 제하고 사십구(四十九)수를 쓴다 하였다.

일년(一年)은 십이(十二)개월로 나누면 봄에 십이(十二)수를 하고 여름에도 십이(十二)수를 하고 가을에도 십이(十二)수를 하고 겨울에도 십이(十二)수를 하니 모두 합하여 이 수가 사십팔(四十八)이며 사십팔(四十八)이 일년 십이(一年 十二)개월로 배당되어 있다. 그 남아 있는 일(一)수가 윤달이 된다.

천지도수(天地道數) 오십(五十)은 오행의 십진(十進)수인데 一진 하면은 五, 二진 하면 十, 三진하면 十五, 四진 하면 二十, 五진 하면 二十五, 六진 하면 三十, 七진 하면 三十五, 八진 하면 四十, 九진 하면 四十五, 十진 하면 五十 수가 된다. 열이상은 백(百)이나 천(

千)이나 만(萬)수가 모두 십(十)수의 반복이다. 그러기에 십(十)이상은 논하지 않는다. 천지(天地) 만물의 생장사멸(生長死滅) 영고득실(榮苦得失)이 모두 이 수의 변화에 지시를 받고있다. 사람은 하늘과 땅의 영기(靈氣)를 타고 났기에 소천지(小天地)라 한다.

이 인생에 출생과정을 보면 아버지는 하늘이 되고 어머니는 땅이되니 천지(天地)가 함덕(含德)하면 모(母) 태중에 색소염이 염색채로 바뀔때 칠일(七日)이 걸리고, 칠일(七日)이 일곱번 회전함에 사십구일(四十九日)이 걸리니 사십구일(四十九日)만에 여자가 비로소 자기의 태중에 잉태했다는 것을 느끼게 된다. 바로 이것도 천지도수 사십구(四十九)에 적용된다라 하겠다. 불가(佛家)에서 사망한 사람의 영혼 천도제를 사십구일(四十九日)만에 제사지내는 것을 보아도 천지도수 사십구(四十九)를 적용한 것이다.

또 하예는 하늘에 삼백육십오일(三百六十五日)이 있으니 사람에게 삼백육십오 三百六十五 골절(骨節)이 있다. 하늘에 12 달이 있으니 한 사람에게 십이(十二) 경락(經絡)이 있다.

하늘에 오운(五運) 육기(六氣)가 있으니 사람에게 오장육부가 있다.

하늘에 해와 달이 있으니 사람에게 두눈이 있다.

하늘에 이십사(二十四) 절후가 있으니 사람에게 이십사(二十四) 추가 있다.

땅에 풀과 나무와 흙과 돌이 있으니 사람에게 머리털과 뼈와 힘줄과 살이있다.

하늘에 사시(四時)가 있으니 사람에게 사지가 있다.

이러한 위치를 추리하여 볼때 사람이 하늘과 같으므로 인생을 소천지(小天地)라 하였다.

십간(十干) 십이지(十二支)가 일곱번만에 만나면 칠살(七殺)로 변한다. 이살이 좋은 역할을 할때도 있고 좋지않은 역할을 할때도 있다. 이 구분은 사주 해설때 설명키로 하고 칠살(七殺)이 어떻게 해서 되는가를 소개한다. 천간(天干)이나 지지(地支)가 일곱번만에 만나면 칠(七)이 된다.

아래 도표를 보라.

천간(天干) 칠살(七殺)　지지(地支) 칠살(七殺)

천충(天冲)　　　　　지충(支冲)

갑(甲)－경(庚)　　　자(子)－오(午)

을(乙)－신(辛)　　　축(丑)－미(未)

병(丙)－임(壬)　　　인(寅)－신(申)

정(丁)－계(癸)　　　묘(卯)－유(酉)

무(戊)－갑(甲)　　　진(辰)－술(戌)

기(己)－을(乙)　　　기(巳)－해(亥)

경(庚)－병(丙)

신(辛)－정(丁)

임(壬)－무(戊)

계(癸)－기(己)

三. 십이운성（十二運星） （一名胞胎法）

　십이（十二） 운성이란 일년（一年） 십이（十二）개월을 말한다. 무슨 이치가 있는가? 각오행（各五行）은 계절에 따라 왕약사절（旺弱死絶）의 작용이 있다. 이 작용은 기후변천을 가르킨다. 이 기후가 왕래하므로 만물이 생장（生長）사멸 하게 된다. 바꾸어 말하자면 일년（一年） 십이（十二）개월 춘하추동（春夏秋冬）의 기후변화라 하겠으며 우리들이 살고있는 것도 이 기후 속에서 생활을 하고있으니 모두가 십이（十二） 운성（運星）의 작용에 기후가 변천하니 천하만사가 이 이치에 떠날 수（數）가 없게된다. 이 변화 작용은 크게는 일년（一年）, 적게는 일（一）개월, 더적게는 일일（一日）, 더적게는 십이시（十二時）를 윤회（輪回）하고 있으니 이 이치를 각오행（各五行）별로 분류（分類）하여 일년 사시에 적용시킨 것이다. 각월（各月）의 명칭（名稱）을 둔것을 순서별로 보면 포（胞） 태（胎） 양（養） 생（生） 욕（浴） 대（帶） 관（冠） 왕（旺） 쇠（衰） 병（病） 사（死） 장（葬）이라 하였다. 그러나 이 중에서도 명칭（名稱）을 다르게 부르는 자（字）가 있다. 포（胞）를 절（絶）이라 하기도 한다. 장（葬）을 고（庫）라 하기도 하고 묘（墓）라 하기도 한다.

　오행（五行）에도 명칭（名稱）이 있으니,

　목（木）을 봄철이라 한다.

　화토（火土）를 여름철이라 한다.

　금（金）을 가을이라 한다.

수(水)를 겨울이라 한다.

각오행(各五行)에 따라 포(胞)가 시작되는 곳이 있으니 그곳은 다음과 같다. 목절어신(木絕於申), 목은 신에서 절이 되어 신(申) 유(酉) 술(戌) 해(亥) 자(子) 축(丑) 인(寅) 묘(卯) 진(辰) 사(巳) 오(午) 미(未) 십이 운성(十二運星)이 회전된다.

화토(火土)는 해(亥)에서 시작하여 술(戌)에서 끝나고 금(金)은 인(寅)에서 시작하여 축(丑)에서 끝나고 수(水)는 사(巳)에서 시작되어 진(辰)에서 끝난다.

인(寅)은 정월(正月)이고 묘(卯)는 이월(二月)이고 진(辰)은 삼월(三月)이고 사(巳)는 사월(四月)이고 오(午)는 오월(五月)이고 미(未)는 육월(六月)이고 신(申)은 칠월(七月)이고 유(酉)는 팔월(八月)이고 술(戌)은 구월(九月)이고 해(亥)는 십월(十月)이고 자(子)는 십일월(十一月)이고 축(丑)은 십이월(十二月)이다. 십이(十二)개월의 변화가 오행(五行)의 변화에 따라서 발생하는데 한번 불행하면 한번은 영화가 오는것같이 쇠왕사절(衰旺死絕)이 생긴다. 쇠왕사절(衰旺死絕)의 예를 각 오행(五行)별로 설명하려면 너무 복잡하니 목(木) 하나로서 설명한다. 다른 오행(五行)도 목(木)의 예를 참고하라. 목(木)은 칠월(七月)에 에너지가 끈겨가다가 다시 저축하기 시작하니 포(胞) 팔월(八月)을 거쳐 구월(九月)에도 에너지를 저축하니 양(養)이라 하고 십월(十月)에는 어느정도 에너지가 저축되어 생기를 얻으니 생(生)이라 한다. 십일월(十一月)에는 에너지가 저축은 되었으나 일기(日氣)가 너무 추어서 고통을 느끼기에 욕(浴)이라 하고, 십이월(十二月)에는 에너지 저축이 고도로 저축되기에 대(帶)라 하고, 정월(正月)에는 에너지를 소모하고져 하여 발아(發芽)하는 시기니 관(冠)이라 하고, 이월(二月)에는 에너지를 입사기에다가 소모시키는 시기니 왕(旺)이라 한다. 삼월(三月)에는 에너지를 너무 소비하여 약해지기에 쇠(衰)라 하고 사월(四月)에는 에너지를 더욱 소비하니 병(病)이라 하고 오월(五月)에는 에너지를 모두 입에 소비하였기에 사(死)라 하고 육월(六月)에는 에너지를 더이상 낼 수 없기에 죽어서 장사(葬死)를 하게되는 것이라 한다.

이상과 같은 이론이 천지대자연(天地大自然) 기후변천을 설명한 것이다. 이 기후의 변천은 지구가 자전(自轉) 공전(公轉)에서 춘하추동(春夏秋冬) 사시(四時)가 생기고 춘하추동(春夏秋冬) 사시(四時)절이 같다 왔다 다시오니 이 기후 속에서 인생(人生)의 운명의 영고득실(榮苦得失)이 있게된다.

양포(陽胞) 음포(陰胞) 두종류로 되어있으니 아래 도표를 보라.

> 양포순행(陽胞順行)　　목절어신(木絶於申)
> 좌　　선(左旋)　　　화토절어해(火土絶 於亥)
> 　　　　　　　　　금절어인(金絶於寅)
> 　　　　　　　　　수절어사(水絶於巳)

음포역행（陰胞逆行）	목절어유（木絶於酉）
우　　　선（右　　旋）	화토절어자（火土絶於子）
	금절어묘（金絶於卯）
	수절어오（水絶於午）

이와같은 위치로 하늘에 운이 순환하여 끊이지 아니한다. 오행（五行）의 작용이 크게는 일년（一年） 사（四）계절로 분포（分布）되고 적게는 각 달로 분포（分布）되고 더 적게는 날로 분포되고 더 적게는 각 시간으로 분포되니 년월일시（年月日時）에 오행（五行）이 주로 변화 하는데 양은 순행（順行）하고 음은 역행한다라 하였다. 이 기후 순역변화에 기후가 변천되고 인생（人生）의 운명도 기후변화 속에서 태어나 기후변화 흐름에 따라 영고득실（榮苦得失）이 생기게 된다.

십간중（十干中）에서 일간（日干）을 간단하게 변화작용에 예로 들기로 한다. 을목（乙木）은 화초라하니 이 화초는 햇빛을 잘 받아야 발전의 여지가 있고 다음으로는 햇빛을 너무 받으면 꽃나무가 갈증을 느끼게 되니 조리로 물을 주면 수분을 먹어 갈증이 풀리고 햇빛을 받아 따뜻하게 되니 꽃나무가 무한한 발전을 한다. 우리 인생의 사주팔자 운명이 이러한 이치로 해석되기에 잘 타고난 운명은 부귀공명（富貴功名）을 하고 이와 반대가 되는 운명은 모든 액운이 따르게 되기에 가난하고 천하고 혹은 병들고 단명하게 되니 불행을 면할수가 없게된다. 십이（十二）운성의 운행법이 바로 이와 같은 이치를 풀어보는 길이라고 하겠다.

四. 사주(四柱)의 삼단논법(三段論法)

삼단논법(三段論法)은 무엇인가? 사주(四柱) 풀이에 일년(一年) 십이(十二)개월을 각(各) 월(月)의 기후 흐름에 따라서 길흉화복(吉凶禍福)이 있는 것은 이치에 당연하다.

그러나 자평진전(子平眞傳)이나 명리정종(命理正宗)법을 보면 십이(十二)개월을 왕(旺)하면 관성(官星)으로 극제(剋制)하고 약(弱)하면 인수(印綬)나 비견겁재(比肩劫財)로 도와주고 다시 왕하면 식신(食神) 상관(傷官)으로 설기(洩氣)한다라 하였지만 그렇지 아니하다. 아래와 같은 법을 적용(適用)하여야 한다. 기후변천에 따라 시기(時期)가 있게 되니 이월(二月) 삼월(三月) 칠월(七月) 팔월(八月) 구월(九月) 시월(十月) 6개월은 기후가 춥지도 않고 덥지도 아니하여 평균하므로 이상과 같은 이론이 타당하다.

다음은 사월(四月) 오월(五月) 육월(六月)에는 천지(天地)가 과열(過熱)하니 사주팔자내(四柱八字內)에 금수(金水)가 연결되어 있으면 금생수(金生水)하여 생수가 화기(火氣)를 제거(制去)하게 된다. 또 다른 방법은 사주팔자안에 진토(辰土)나 축토(丑土)가 있어야 화기(火氣)을 뽑아준다. 그 이유는 진토(辰土) 축토(丑土)에는 계수(癸水)가 있어 자연스럽게 화기(火氣)을 제거하여 주기에 발전이 오게된다.

또 한 예는 십일월(十一月) 십이월(十二月) 일월(一月)에는 천지(天地)가 너무 추우니 화(火)가 있고 목(木)이 있어야 서로 상생(相生)하여 주게 되니 이렇게 되면 자연 해동(解凍)이 된다. 다음으로는 사주팔자내(四柱八字內)에 미(未) 술(戌) 인(寅) 사(巳) 오(午)가 있으면 지중 (支中)에 화(火)가 감추어져 있으니 대운에서 화(火)운을 만나면 크게 발전하게 된다. 이와같은 운명이 대운(大運)에 서 다시 목화(木火)를 만나면 부귀공명(富貴功名)하게 된다.

사오육월(四五六月)에 출생된 운명이 사주내(內)에 금(金) 도 없고 수(水)도 없고 진토(辰土)나 축토(丑土)가 없으 면 도로 화(火)를 종(從)하여 변측(變則)법을 쓰게 되니 이것이 열은 열로 푼다는 뜻이니 다시 목화(木火)운을 요(要)하게 된다.

십일월(十一月) 십이월(十二月) 일월(一月)도 역시 목 (木)도 없고 화(火)도 없고 인(寅)도 없고 술(戌)도 없고 미(未)도 없고 사(巳)도 없고 오자(午字)도 없으면 한기(寒氣)를 종(從)하여 변측(變則)법을 쓰게 되니 이것 이 바로 이냉(以冷) 치냉(治冷)법이라 한다.

수많은 경험에 의하면 열(熱)로 구성된 운명은 고르지 못 하여 속성(速成) 속패(速敗)하며 인덕이 적지만 냉(冷)으 로 구성된 운명은 재벌가가 된 사람이 많다.

五. 사주(四柱)구성에 의한 육친(六親)의 동정(動靜)

육친(六親)은 무엇인가? 부모(父母) 형제(兄弟) 자매(姉妹) 처첩(妻妾) 자녀(子女) 관(官) 등을 가르킨다. 육친(六親)은 그러하거니와 관(官)이 어찌하여 있는가? 사회질서를 유지하려면 법관(法官)이 있어야 하기에 그러하다. 육신(六神)은 즉 육친이다. 도표를 보라.

日干\六神	甲木	乙木	丙火	丁火	戊土	己土	庚金	辛金	壬水	癸木
比肩	甲寅	乙卯	丙巳	丁午	戊辰戌	己丑未	庚申	辛酉	壬子	癸亥
劫財	乙卯	甲寅	丁午	丙巳	己丑未	戊辰戌	辛酉	庚申	癸亥	壬子
食神	丙巳	丁午	戊辰戌	己丑未	庚申	辛酉	壬子	癸亥	甲寅	乙卯
傷官	丁午	丙巳	己丑未	戊辰戌	辛酉	庚申	癸亥	壬子	乙卯	甲寅
偏財	戊辰戌	己丑未	庚申	辛酉	壬子	癸亥	甲寅	乙卯	丙巳	丁午
正財	己丑未	戊辰戌	辛酉	庚申	癸亥	壬子	乙卯	甲寅	丁午	丙巳
偏官	庚申	辛酉	壬子	癸亥	甲寅	乙卯	丙巳	丁午	戊辰戌	己戊丑未
正官	辛酉	庚申	癸亥	壬子	乙卯	甲寅	丁午	丙巳	己丑未	戊辰戌
偏印	壬子	癸亥	甲寅	乙卯	丙巳	丁午	戊辰戌	己丑未	庚申	辛酉
正印	癸亥	壬子	乙卯	甲寅	丁午	丙巳	己丑未	戊辰戌	辛酉	庚申

사주안에 육친(六親)의 위치(位置)가 지정되어 있다. 사주(四柱) 푸리에서 대운(大運)과 세운을 종합하여 충(沖)이 되는가 합(合)이 되는가 파(破)가 되는가 형살(刑殺)이 되는가를 보아 길흉(吉凶) 화복(禍福)을 판단하게 된다.

육친(六親)의 위치(位置)

근(根) 년간지(年干支)	조상(祖上)
모(苗) 월간지(月干支)	부모형제친척(父母兄弟親戚)
화(花) 일간지(日干支)	자신, 처(自身, 妻)
실(實) 시간지(時干支)	자녀(子女)
생아자 부모(生我者父母)	정인(正印) 편인(偏印)
아생자 자손(我生者子孫)	식신(食神) 상관(傷官)
극아자 관(剋我者 官)	편관(偏官) 정관(正官)
아극자 처재(我剋者妻財)	재(財) 처(妻)
비화자 형제(比和者兄弟)	비견겁재(比肩劫財)

위에 생아자(生我者) 등으로 설명된 것을 육친(六親)이라 호칭(呼稱)한다. 육친에 편(偏)과 정(正)으로 구분되어 있다.

양(陽)이 음(陰)과 상대(相對)를 이루고 있는 것을 정(正)이라 하고 음(陰)과 양(陽)이 상대되면 역시 정(正)이라 한다.

양(陽)이 양(陽)과 상대를 이루고 있는 것을 편(偏)이라 하고 음(陰)과 음(陰)이 상대되어 있으면 역시 편(偏)이라 한다.

인수(印綬)는 나를 생(生)하였으니 부모(父母)라 한다. 비견(比肩)과 겁재(刧財)는 나와 동등한 위치에 있으니 형제(兄弟)라 한다.

관살(官殺)은 나를 극제하니 법관(法官)이라 한다. 식상(食傷)은 내가 생(生)한 것이니 자녀(子女)라 한다. 그러나 사주(四柱) 풀이에서는 칠살(七殺)을 자식(子息)으로 보고 시지(時支)를 보아 그 생왕(生旺) 되는가 않되는가를 보아 자식(子息)의 다소번영(多小繁榮)을 알아본다.

육친명칭(六親名稱)을 둔 것은 오행(五行)마다 육친(六親)의 명사(名詞)가 있으니 예를 들때 인수(印綬)니 식신(食神)이 하면 간단하게 통(通)할 수가 있으나, 사주설명(四柱說明)할 때에 식상(食傷)이라 설명 하려면 갑을목(甲乙木)은 병정화(丙丁火)를 생(生)하고, 무기토(戊己土)는 경신금(庚辛金)을 생(生)하고, 경신금(庚辛金)은 임계수(壬癸水)를 생(生)하고, 임계수(壬癸水)는 갑을목(甲乙木)을 생(生)한다. 이러한 술(術)어를 육친(六親)으로 만든 것이다. 앞에 육친(六親) 설명 조견표(早見標)로 표시하였으니 참고하라.

사주(四柱) 풀이에서 일간(日干)과 월령(月令)의 관계가 제일(第一) 중(重)하다는 것을 누차(累次) 강조한 바 있다. 신왕(身旺)하면 관살(官殺)로 극제(剋制)하고 다음으로는 식상(食傷)으로 설기(洩氣)하는 것이 원칙이다. 그러나 이것도 계절에 의(依)하여 다르게 통변(通變)하는 수가 있으니 월령(月令)을 중시(重視)하여야 한다. 그러면 어떻게 구성이 되어야 왕(旺)한 것인가?

예를 들면 월령(月令)에서 비겁(比刼)을 보면 녹(祿)이나 혹 양인(羊刃)이 되기에 왕(旺)이라 하겠으나 또 타주(他柱)에서 비겁(比刼)이나 인수(印綬)가 있어도 왕(旺)이라 한다. 이와같은 경우에 해당된다. 약자는 의조(宜助) 의방(宜幇)이라 하였다. 약하면 도와 주어야 한다는 말인데 어떠한 것이 약(弱)하다 하겠는가? 월령(月令)에서 비견(比肩)이나 인수를 얻지 못하고 겨우 시지(時支)에 기근(寄根)한 것을 말하니 이런 경우에 대운(大運)이나 세운(歲運)에서 도와주는 운(運)을 만나면 발전(發展)이 오게된다. 혹(或) 일간(日干)이 무근(無根)한데 타간(他干)에서 관인(官印) 상생(相生)을 하여주면 일간(日干)이 유근(有根)한 것으로 사료(思料)하는 술가(術家)도 있으나 그렇지 아니하다. 위와 같은 운명(運命)은 일간(日干)이 관성(官星)과 인수(印綬)를 상의(相依)하고 있으니 칠도(七到) 팔기(八起)의 운명(運命)이라 하겠다. 대운(大運)에서 관살(官殺)운 무방하고 인수(印綬)운 무방(無妨)하고 비겁(比刼)운도 무방하나 발전이 없고 겨우 평길(平吉)할 뿐이다. 그러나 큰 발전도 없다. 만일 대운(大運)에서 식상(食傷)운이나 재(財)운을 만나면 크게 타격을 받게 된다.

사주(四柱) 구성은 중화(中和)를 이루어야 한다. 너무 신왕(身旺)하여도 아니 되고 너무 약하여도 아니 된다. 그리고 신왕(身旺)과 전왕(全旺)이 있다. 너무 신왕(身旺)은 월령(月令)의 기(氣)를 얻은 데에도 불구(不拘)하고 타간 (他干)에서 일이(一二)개의 비겁(比刦)이나 인수(印綬)를 만난 것이고 전왕(全旺)은 목(木)이면 목일색(木一色)으로 구성된 것이니 바로 인수곡직(仁壽曲直)격 이라한다. 이 격 으로 이루어진 운명이 대운(大運)에서 관살(官殺) 만나는 것 을 무서워 한다. 만일 관살을 만나게 되면 평지(平地)에서 풍파(風波)가 일어나게 된다. 그리고 또 한 예는 무근(無 根)한 관살이 좌(左)편에 있어도 불행(不幸)하게 되고 우 (右)편에 있어도 불행(不幸)하게 되니 이와 같이 구성된 운명을 타고나면 평생(平生)을 고생하게 된다. 전왕(全旺) 된 운명은 대운에서 비견(比肩) 겁재(刦財)운이나 인수(印 綬)운을 만나면 대발(大發)하게 된다.

전왕(全旺)으로 된 사주팔자(四柱八字)는 일간(日干)을 도와주어도 좋고 방조하여 주어도 좋고 식신과 상관(傷官)으 로 설기하여 주어도 큰 발전이 오게 된다.

전왕(全旺) 사주(四柱)에 혹 년간(年干)이나 시간(時 干)에 무근(無根)한 인수(印綬)가 있게 되면 대운에서 관 살(官殺)운을 만날 적에 대(大)발전이 오게된다. 사주(四 柱) 풀이는 그 시기의 변화를 잘 보아서 해득을 잘 하여야 한다.

각(各) 오행별(五行別)로 전왕(全旺)이 있다. 사주(四 柱)가 전부(全部) 토(土)로 구성된 것을 전왕(全旺)이라 하고 이 이름을 가색(稼穡)격이라 한다.

극왕(極旺)된 사주(四柱) 운명은 설기(洩氣)되는 식상(食傷)운이 제일이라 하나 가색격만은 금운(金運)에 불행(不幸)을 초래(招來)하게 된다.

순전(純全)한 금(金)으로만 구성되면 이 격 이름을 종혁(從革)격이라 한다.

화일색(火一色)으로 구성되어 있는 것을 염상(炎上)격이라 한다.

수(水)가 일색(一色)으로 구성된 것을 윤하(潤下)격이라 한다.

대게 전왕(全旺)된 사주는, 극하는 관성(官星)운에 불행(不幸)하게 되나 비견(比肩) 겁재(刧財)운을 만나면 크게 발전하며 생(生)해주는 인수(印綬)운을 만나도 크게 발전하며 설기(洩氣)하는 식상(食傷)운을 만나도 대발(大發)하게 된다.

사주내(四柱內)에 인수(印綬)가 중중(重重)하면 자식(子息)이 없다. 그 이유는 관살(官殺)를 자식이라 하는데 관살(官殺)의 기가 설기되니 관성(官星)이 무력(無力)하게 되므로 생자(生子) 불능하게 된다.

성격이 천상(天上) 천하(天下)에 내가 제일이라는 자존심이 있기에 방자하고 오만하고 불순하고 무례하다. 그리고 부부의 이별수가 많다. 재(財)를 처(妻)라 하는데 재가 말살 당하기에 반세무처(半世無妻)란 고사(古詞)가 있다.

비겁（比刦）이 중중（重重）하면 조실부모（早失父母）하게 된다. 그 이유는 인수（印綬）를 부모（父母）라 하는데 비겁이 인수의 기를 뽑아 가면 인수（印綬）가 설기되어 무력（無力）하니 부모（父母）가 존재（存在）하기 어렵게 되어 불행（不幸）하게 된다. 또 재성（財星）이 말살 당하니 재（財）와 처（妻）가 동등（同等）한 물건이니 파재（破財）되는 것은 물론（勿論）이고 처（妻）까지 이별하게 된다. 그리고 재（財）가 파멸되니 일생（一生）을 가난하게 산다.

식신（食神） 상관（傷官）이 중중（重重）하면 나를 극재하여 주는 관살（官殺）이 말살당하니 안하무인（眼下無人）격이 되며 오만 방자하다. 관살이 자식인바 관살이 파괴되므로 자식이 없게 된다. 또 한 예는 자신（自身）의 기력（氣力）을 뽑아 가 버리니 자신이 허약（虛弱）하게 되어 몸에서 병세가 떠날 날이 없게 된다.

관살（官殺）이 중중（重重）하면 비견（比肩） 겁재（刦財）가 말살당하니 형제（兄弟）가 없게 된다. 원칙으로 관살은 액성이니 일생（一生）에 교통사고（交通事故）가 있기 쉽고 또는 단명（短命）하는 수가 많다. 다음으로는 형무소（刑務所）를 가는 액이 따르게 된다. 사주（四柱）가 난잡（亂雜）하여 확고한 용신（用神）을 정（定）할 수 없어 용신（用神）이 분명（分明）치 못한 운명은 일생（一生）을 살아가는 형편（形便）을 보아도 고통스러운 일이 많아 불운에서 헤매게 된다.

일간（日干）이 을경합금（乙庚合金）을 이루고 있는데 대운에서나 세운(歲運)에서 설기(洩氣)하는 수운(水運)을 만나면 불행(不幸)을 겪게된다.

사주(四柱)는 천간(天干)을 중시(重視)하나 춘하추동(春夏秋冬) 사계절(四季節)의 기후변천(氣候變遷)이 월(月)에서 생기니 월령(月令)을 중시(重視)아니할 수 없다. 천간(天干)이 중요(重要)하다 하나 지지(地支)에서 뿌리를 얻어야 한다는 것이다. 뿌리란 지장간(地藏干)에 있어야 한다는 말이다. 가령 천간(天干)에 갑목(甲木)이 있다고 가정하면 지지(地支)에 인자(寅字)가 있으므로 인중(寅中) 갑목(甲木)이 천간(天干)에 투출(透出)된 것을 말한다. 천간(天干)이 지지(地支)에서 뿌리를 연결시키지 못하면 고단한 갑목(甲木)이 쓸곳이 적다는 뜻이다. 지장간(地藏干)편을 보라. 지장간(地藏干)이 중요한 역활을 한다.

그래서 여기와 연결되는 중요(重要)한 문구(文句)가 있다 하늘끼리 싸우는 것은 무방하나 땅과 싸우는것은 화급한 형상이라 하였다.

천전유자가 지전급여화(天戰惟自可 地戰急如火) 천간(天干)은 닫혀도 오년(五年)이 지난뒤는 회복될 수 있으나 지지(地支)가 닫히면 뿌리가 파괴되니 다시 살아날 희망이 없기에 좋지 않다는 것이다.

사주(四柱) 풀이에 대운(大運)이나 세운(歲運)에서 천간(天干)은 천간(天干)끼리, 지지(地支)는 지지(地支)끼리 합(合)되는 수도 있고 충(冲)되는 수가 있는데 모든 조화와 변화가 충합(冲合)의 작용(作用)에 있다는 것을 명심하고 사주해설(四柱解說)을 보고서 무궁 무진한 조화를 이용하기 바란다.

대운(大運)에 천간(天干)을 오년(五年)으로 보고 지지(地支)도 오년(五年)으로 보기에 총합 십년(十年)간이 된다. 이 운이 끝나면 다음운으로 넘어가 또 십년(十年)을 보니 십년(十年) 이십년(二十年) 삼십년(三十年) 사십년(四十年) 오십년(五十年) 육십년(六十年) 이런순서로 사주원국(四柱原局)과 운로(運路)와의 이해관계(利害關係)를 살펴본다.

만일 대운(大運)이 임신십년(壬申十年)운이라면 임수(壬水)가 신금(申金)에서 생(生)을 받으니 이 십년(十年)을 수(水)로 보는 수도 있다. 만일 병신십년(丙申十年)운이라면 병화(丙火)가 신상(申上)에 있으니 다리가 끈긴 병화(丙火)라 하겠으니, 병화운(丙火運)을 삼년(三年)만 보아주고 신금운(申金運)을 칠년(七年)간으로 보아야 할것이니 사주(四柱) 풀이할때 형편에 따라 통변(通變)을 잘하므로서 무궁한 조화가 있다고 본다.

세운(歲運)은 당년의 일년 신수이다. 천간(天干)이 주인(主人)이라 한다. 이 천간(天干)이 용신(用神)을 도와주는가 반대되는가를 보아 해득(解得)하기 바라마지 않는다.

六 사주(四柱) 기둥 세우는 법(法)

누구나 사주(四柱)를 연구하여 볼려면 육십갑자(六十甲子)를 알아야 한다.

육십갑자(六十甲子)를 알고나서 육갑(六甲)의 음양(陰陽)의 구분을 알아야 대운(大運)을 잡을수 있게된다. 그 이유는 양년(陽年)에 출생(出生)된 남자(男子)와 음년(陰年)에 출생(出生)된 여자(女子)는 동일(同一)하게 대운(大運)을 순행(順行)하고, 음년(陰年)에 난 남자(男子)와 양년(陽年)에 난 여자(女子)는 동일(同一)하게 대운(大運)을 역행(逆行)이라 한다.

아래 천간(天干) 지지(地支)의 음양별(陰陽別)로 된 것을 보라.

　　천간(天干)　양(陽)　갑병무경임(甲丙戊庚壬)
　　천간(天干)　음(陰)　을정기신계(乙丁己辛癸)
　　지지(地支)　양(陽)　자인진오신술(子寅辰午申戌)
　　지지(地支)　음(陰)　축묘사미유해(丑卯巳未酉亥)

육십갑자(六十甲子)의 구성된 것을 보면 양간(陽干)은 양지(陽支)끼리 음간(陰干)은 음지(陰支)끼리 되어있다.

육십갑자(六十甲子)가 양간양지합(陽干陽支合)하여 삼십(三十) 음지(陰支)는 음간지(陰干支)끼리 모여 삼십(三十)을 이루니 합육십갑자(合六十甲子)라 한다.

육십갑자 (六十甲子)

甲子	乙丑	丙寅	丁卯	戊辰	己巳	庚午	辛未	壬申	癸酉
甲戌	乙亥	丙子	丁丑	戊寅	己卯	庚辰	辛巳	壬午	癸未
甲申	乙酉	丙戌	丁亥	戊子	己丑	庚寅	辛卯	壬辰	癸巳
甲午	乙未	丙申	丁酉	戊戌	己亥	庚子	辛丑	壬寅	癸卯
甲辰	乙巳	丙午	丁未	戊申	己酉	庚戌	辛亥	壬子	癸丑
甲寅	乙卯	丙辰	丁巳	戊午	己未	庚申	辛酉	壬戌	癸亥

월건 (月建) 세우는 법 (法) 은 절 (節) 을 중심 (中心) 으로 한다.

갑년기년 (甲年己年) 에는 정월월건 (正月月建) 이 병인월 (丙寅月) 부터 시작되고

을년경년 (乙年庚年) 에는 정월월건 (正月月建) 이 무인월 (戊寅月) 부터 시작되고.

병년신년 (丙年辛年) 에는 정월월건 (正月月建) 이 경인월 (庚寅月) 에서 부터 시작되고

정년임년 (丁年壬年) 에는 정월월건 (正月月建) 이 임인월 (壬寅月) 부터 시작되고

무년계년 (戊年癸年) 에는 정월월건 (正月月建) 이 갑인월 (甲寅月) 부터 시작된다.

월건(月建)보는 법(法)

月 別	節 候	甲 己	乙 庚	丙 辛	丁 壬	戊 癸
一 月	立 春	丙 寅	戊 寅	庚 寅	壬 寅	甲 寅
二 月	驚 蟄	丁 卯	己 卯	辛 卯	癸 卯	乙 卯
三 月	清 明	戊 辰	庚 辰	壬 辰	甲 辰	丙 辰
四 月	立 夏	己 巳	辛 巳	癸 巳	乙 巳	丁 巳
五 月	芒 種	庚 午	壬 午	甲 午	丙 午	戊 午
六 月	小 署	辛 未	癸 未	乙 未	丁 未	己 未
七 月	立 秋	壬 申	甲 申	丙 申	戊 申	庚 申
八 月	白 露	癸 酉	乙 酉	丁 酉	己 酉	辛 酉
九 月	寒 露	甲 戌	丙 戌	戊 戌	庚 戌	壬 戌
十 月	立 冬	乙 亥	丁 亥	己 亥	辛 亥	癸 亥
十 一月	大 雪	丙 子	戊 子	庚 子	壬 子	甲 子
十 二月	小 寒	丁 丑	己 丑	辛 丑	癸 丑	乙 丑

사주(四柱)학은 절기(節氣)를 주장하기에 거년십이월 월건(去年十二月月建)을 쓰기에 혹 입춘이 정월 십오일경(正月十五日)에 들고 그다음해 정월 십사일(正月十四日)에 출생(出生)하였다면 년(年)은 그대로쓰되 월건(月建)은 거년(去年) 십이월 월건(十二月月建)을 쓰게되니 사주(四柱)학에 크나큰 장점이 된다.

만일 입춘(立春)이 거년(去年) 십이월 이십삼일(十二月二十三日)이 입춘(立春)인데 십이월 이십사일(十二月 二十四日)쯤 출생(出生) 되었다면 년(年)은 그대로 쓰고 달은 이듬해 정월(正月)달 월건(月建)을 쓴다. 이점을 유의하여야 한다.

월(月)과 절기(節氣)의 관계(關係)

정월(正月)을 인월(寅月)이라 하고 입춘절(立春節)을 쓴다.

이월(二月)을 묘월(卯月)이라 하고 경칩절(驚蟄節)을 쓴다.

삼월(三月)을 진월(辰月)이라 하고 청명절(淸明節)을 쓴다.

사월(四月)을 사월(巳月)이라 하고 입하절(立夏節)을 쓴다.

오월(五月)을 오월(午月)이라 하고 망종절(芒種節)을 쓴다.

육월(六月)을 미월(未月)이라 하고 소서절(小暑節)을 쓴다.

칠월(七月)을 신월(申月)이라 하고 입추절(立秋節)을 쓴다.

팔월(八月)을 유월(酉月)이라 하고 백로절(白露節)을 쓴다.

구월(九月)을 술월(戌月)이라 하고 한로절(寒露節)을 쓴다.

십월(十月)을 해월(亥月)이라 하고 입동절(立冬節)을 쓴다.

십일월(十一月)을 자월(子月)이라 하고 대설절(大雪節)을 쓴다.

십이월(十二月)을 축월(丑月)이라 하고 소한절(小寒節)을 쓴다.

자기(自己)가 출생(出生)된 일진(日辰)은 만세력(萬歲曆)에서 년월일(年月日)을 찾아본다.

양남음녀(陽男陰女) 미래절(未來節)

양남과 음녀는 가령 정월입춘(正月立春)후에 출생(出生)한 운명은 이월경첩(二月驚蟄)을 미래절(未來節)이라 하니 출생일(出生日)부터 미래절(未來節)까지 사이가 몇날이나 되는가를 보아 운을 정해 나간다.

음남양녀(陰男陽女) 과거절(過去節)

음남양녀가 가령 정월입춘(正月立春)후에 출생(出生) 하였다면 출생일(出生日)부터 역(逆)으로 계산하여 입춘(立春)까지가 몇날이나 되는가를 보아서 운을 정하게 된다.

정시법(正時法)

현이십세기(現二十世紀)는 일일(一日) 이십사시(二十四時)로 하나 사주학(四柱學)에서는 자시(子時) 축시(丑時) 인시(寅時) 묘시(卯時) 진시(辰時) 사시(巳時) 오시(午時) 미시(未時) 신시(甲時) 유시(酉時) 술시(戌時) 해시(亥時)하여 십이시(十二時)로 보게 되어있다.

자시(子時)는 금일야(今日夜) 십일시(十一時)부터 내일 아침시(時)가 들어오나 이날의 일진(日辰)은 그대로 쓰고 자정(子正) 십이시(十二時)가 땡하면 일진(日辰)도 바꾸어지며 시(時) 역시 같이 쓰게된다. 그래서 야자시(夜子時)

명자시법(明子時法)이 있다.

　　갑기야반(甲己夜半)　생갑자시(生甲子時)

　　을경야반(乙庚夜半)　생병자시(生丙子時)

　　병신야반(丙辛夜半)　생무자시(生戊子時)

　　정임야반(丁壬夜半)　생경자시(生庚子時)

　　무계야반(戊癸夜半)　생임자시(生壬子時)

매시별(每時別)로 윤회하면 십이시(十二時)만에　시두(時頭)

에　당도된다.

　　　時　計　算　法　　　　＊本 表는 中國時間을 標準함

時	時　　　　間	時	時　　　　間
子	自 午后　十一時 至 午前　十二時五十九分	卯	自 午前　五時 至 午前　六時五十九分
丑	自 午前　一時 至 午前　二時五十九分	辰	自 午前　七時 至 午前　八時　五十九分
寅	自 午前　三時 至 午前　四時五十九分	巳	自 午前　九時 至 午前　十時五十九分
午	自 午前　十二 至 午后　十二時五十九分	酉	自 午后　五時 至 午后　六時五十九分
未	自 午后　一時 至 午后　二時　五十九分	戌	自 午后　七時 至 午后　八時五十九分
申	自 午后　三時 至 午后　四時五十九分	亥	自 午后　九時 至 午后　十時五十九分

時 일으키는 法

時間 \ 日辰	甲己日	乙庚日	丙辛日	丁壬日	戊癸日
子 時	甲 子	丙 子	戊 子	庚 子	壬 子
丑 時	乙 丑	丁 丑	己 丑	辛 丑	癸 丑
寅 時	丙 寅	戊 寅	庚 寅	壬 寅	甲 寅
卯 時	丁 卯	己 卯	辛 卯	癸 卯	乙 卯
辰 時	戊 辰	庚 辰	壬 辰	甲 辰	丙 辰
巳 時	己 巳	辛 巳	癸 巳	乙 巳	丁 巳
午 時	庚 午	壬 午	甲 午	丙 午	戊 午
未 時	辛 未	癸 未	乙 未	丁 未	己 未
申 時	壬 申	甲 申	丙 申	戊 申	庚 申
酉 時	癸 酉	乙 酉	丁 酉	己 酉	辛 酉
戌 時	甲 戌	丙 戌	戊 戌	庚 戌	壬 戌
亥 時	乙 亥	丁 亥	己 亥	辛 亥	癸 亥

사주팔자(四柱八字)를 구성하려면 다음과 같다. 일구팔사년(一九八四年) 갑자(甲子) 정월사일(正月四日) 자시(子時)라면 입춘절(立春節)이 들어오기 전 정월사일(正月四日)에 출생(出生)되었으니 입춘(立春)이 지나지 못하였기에 계해년(癸亥年) 십이월(十二月) 월건(月建)을 쓰기에 월건이 을축월(乙丑月)로 된다.

출생년(出生年)이 갑자년(甲子年)이니 갑자(甲子)를 쓰고 출생월(出生月)이 거년(去年) 십이월절(十二月節)을 쓰기에 을축월(乙丑月)을 쓴다. 출생일진(出生日辰)이 기사일(己巳日)이 되기에 기사일(己巳日)을 쓴다. 출생시(出生時)가 갑자시(甲子時)로 되었기에 갑자시(甲子時)를 쓴다.

위에 명기(明記)된 월건(月建) 세우는 법(法)과 시간(時間) 세우는 법(法)을 보라 사주팔자(四柱八子)를 모두 정리 해보면 다음과 같다.

갑자 정월 사일 자시생남(甲子 正月四日 子時生男)

年갑자 (甲子) 時갑자 (甲子)

月을축 (乙丑)

日기사 (己巳)

　사주팔자 (四柱八子)는　구성되었으니　대운계산법 (大運計算法)을　알아야　한다.　양남 (陽男)과　음녀 (陰女)는　출생일 (出生日)부터　돌아오는　절 (節)까지를　계산하니　이것을　순행 (順行)이라　한다.　음남 (陰男)과　양녀 (陽女)는　출생 (出生)된　일 (日)부터　지나간　절 (節)까지　역으로　계산 (計算)하게　하되　삼일 (三日)을　일운 (一運)으로　계산한다.　출생일 (出生日)부터　절 (節)이　삼십일 (三十日)간이　되면　십운 (十運)이　된다.　출생일 (出生日)부터　일일 (一日)이나　이일 (二日)이나　삼일 (三日)이나　사일 (四日)까지　일운 (一運)이　된다. 그런데　사사 (四四)　오입식 (五入式)을　쓰기에　그와같은　계산이　나온다.　사일간 (四日間)이면　삼 (三)으로　일운 (一運)을　하면　일일 (一日)이　초과되나　일일 (一日)은　버리기에　결국　일운 (一運)이　된다.　오일 (五日)이　되면　삼 (三)을　제하고　이일 (二日)이　되니　하나를　더해　주기에　이운 (二運)이　된다.　이런식으로　삼십일 (三十日)간을　계산 (計算)　해보면　십운 (十運)　이상은　더　없다는　것을　알수있다.　다음으로　흘러가는　연령 (年令)을　육갑일자 (六甲一字)에　오년식 (五年式)　계산 (計算)하니　대운천간 (大運天干)과　지지 (地支)를　합 (合)하여　십년 (十年)이라는　산출 (算出)이　나온다.

　이　사주 (四柱)는　월건 (月建)이　을축월 (乙丑月)이　되고　양

남(陽男) 이기에 대운(大運)이 순행(順行)되므로 을축(乙
丑) 다음 병인(丙寅) 정묘(丁卯) 무진(戊辰) 기사(己巳) 경
오(庚午) 신미(辛未) 임신(壬申)하여 이러한 순서(順序)
로 흘러간다.

만일 이 사주(四柱)가 양녀(陽女)라면 역행(逆行)하여야
하니 을축월건(乙丑月建)부터 역행(逆行)하면 갑자(甲子)
계해(癸亥) 임술(壬戌) 신유(辛酉) 경신(庚申) 기미(己
未) 이렇게 순역(順逆)이 다르다는 것을 명심하여야 한다.
양남(陽男)으로 순행(順行)하므로

年	갑자(甲子)		무인(戊寅)
月	정축(丁丑)		기묘(己卯)
日	기사(己巳)	대운(大運)이	경진(庚辰)
時	갑자(甲子)	일(一)	신사(辛巳)
			임오(壬午)
			계미(癸未)

그래서 대운(大運)이 일(一)이기에 무인(戊寅)부터 일세
(一歲)가 시작되어 이십일세(二十一歲) 기묘(己卯) 삼십일세(三十
一歲)에 무인(戊寅), 사십일세(四十一歲) 신사(辛巳), 오십
일세(五十一歲) 임오(壬午), 육십일세(六十一歲)에 계미(癸
未)가 된다. 이와같기에 일자(一字)에 오년식(五年式) 계
산(計算)되어 십이자(十二字)에 육십년(六十年)이라는 산출
(算出)이 나오게 된것이다.

갑자년(甲子年) 정월(正月) 삼일(三日) 자시생(子時生)

양녀(陽女)라면

　　　　갑자(甲子)　　　　　　　　　병자 丙子)

　　　　정축(丁丑)　　대운(大運)이　을해(乙亥)

　　　　기사(己巳)　　　구(九)　　　갑술(甲戌)

　　　　갑자(甲子)　　　　　　　　　계유(癸酉)

　　　　　　　　　　　　　　　　　　임신(壬申)

　　　　　　　　　　　　　　　　　　신미(辛未)

　이　운명(運命)은　양년(陽年)에　출생(出生)된　여자(女子) 이기에　사주팔자(四柱八子)는　양년(陽年)에　출생(出生)된　남자(男子)와　동일(同一)하나　대운(大運)이　역행(逆行) 하기에　대운(大運)이　구(九)로　되고　육갑(六甲)의　간지(干支)도　역거(逆去)한　것이다.　대운(大運)의　수만　다르고　간(干)에　오년(五年), 지(支)에　오년식(五年式)　계산(計算)하는　법(法)은　같다.

　일구팔이년(一九八二年)　임술년(壬戌年)　정월 십이일(正月十二日)　오시생(午時生)　남자(男子)

　　　　임술(壬戌)　　　　　　　　　계묘(癸卯)

　　　　임인(壬寅)　　　　　　　　　갑진(甲辰)

　　　　기미(己未)　　대운(大運)이　을사(乙巳)

　　　　경오(庚午)　　　십(十)　　　병오(丙午)

　　　　　　　　　　　　　　　　　　정미(丁未)

　　　　　　　　　　　　　　　　　　무신(戊申)

여자 (女子)의   운명 (運命)이라면   다음과   같다.

임술 (壬戌)   신축 (辛丑)

임인 (壬寅)   경자 (庚子)

기미 (己未)   대운 (大運)이   기해 (己亥)

경오 (庚午)   십 (十)   무술 (戊戌)

                                       정유 (丁酉)

                                       병신 (丙申)

남자 (男子)와   여자 (女子)의   순역 (順逆)이   달라서   다르게
되어있으니   사주팔자 (四柱八字)   기둥   세우는데   유의하기   바란
다.

———————

第三節 각종(各種)의 살성(殺星)

一. 삼형살(三刑殺)

축술미(丑戌未) 인사신(寅巳申)등이 세개씩 모이면 이 살(殺) 이름을 삼형살(三刑殺)이라 한다.

이 살(殺)을 대운(大運)에서나 세운(歲運)에서 만나는 경우가 있으니 만나는 해에는 불상사(不祥事)가 일어난다. 이 살(殺)을 만났을 적에 형무소(刑務所) 가는 사람도 있고, 파산하는 사람도 있고, 부부(夫婦)가 이별하는 사람도 있고, 교통(交通)사고를 당하는 사람도 있고, 병(病)으로 고생하는 사람도 있으니 한마디로 단정키는 어렵다.   만일 삼형살(三刑殺)이 있다면 이런사고를 당한사람이 자기의 운명이 불행(不幸)해서 그렇다는 것을 알아야 할것이다.

상충살(相冲殺), 자오(子午) 축미(丑未) 인신(寅申) 묘유(卯酉) 진술(辰戌) 사해(巳亥)등 이 살(殺)은 두 글자들이 대운(大運)이나 세운(歲運)에서 만나게되면 모든 경영사가 와해되거나 손재(損財) 되거나 병고(病苦) 하거나 이동하거나 모든 불상사가 있게된다.

사패살(四敗殺)이 자오묘우(子午卯酉) 이 네 글자가 대운(大運)이나 세운(歲運)에서 만나게되면 사패살(四敗殺)을 형성한 것이라 한다.   모든일이 중도에 끈기고 또는 배신자가 많고 수표부도가 나거나 교통사고가 나거나 형액살이 있거나 부부의 생사(生死) 이별수가 있거나 병고가 있거나 자녀(子女)

의 근심 또는 사고가 있게된다.

二. 각종(各種)의 살성변화작용(殺星變化作用)

삼형(三刑)의 작용은 원(原) 사주내(四柱內)에 인(寅) 자(字)와 사자(巳字)가 있고 대운(大運)에서 신자(申字)를 만나면 인(寅), 사(巳), 신(申) 삼형(三刑)이 된다. 또한 예(例)는 사주(四柱)에 신(申)이 있고 대운(大運)에 사(巳)가 있고 세운(歲運)에서 인(寅)자를 만나면 역시 인사신(寅巳申) 삼형(三刑)이 된다.

축술미(丑戌未) 삼형(三刑)도 위와 동일(同一)한 이치이다. 자오묘유(子午卯酉)를 사패(四敗)라 하고 인신사해(寅申巳亥)를 사절(四絕)이라 한다. 이 살(殺)도 대운(大運)이나 세운(歲運)에서 만나면 삼형(三刑)과 같은 불상사(不祥事)가 생긴다. 상충(相沖)도 이런 액운(厄運)이 일반으로 있게된다.

상충(相沖)은 자오(子午) 축미(丑未) 인신(寅申) 묘유(卯酉) 진술(辰戌) 사해(巳亥)가 해당된다.

녹법(祿法)이 있다. 갑(甲)은 인(寅)이 녹(祿)이고, 을(乙)은 묘(卯), 병무(丙戊)는 사(巳), 정사(丁巳)는 오(午), 경(庚)은 신(申), 신(辛)은 유(酉), 임(壬)은 해(亥), 계(癸)는 자(子)가 녹(祿)이 되는데 예(例)컨데 갑(甲)의 녹(祿)이 인(寅)에 있으니 사주팔자(四柱八字)내에 인(寅)이 있고, 천간(天干)에 갑(甲)이 있으면 갑목(甲木)이 인(寅)에서 투출(透出)된 것이니 갑목(甲木)이

-60-

왕(旺)하여 진다는 이치를 말한 것이니 각 십간(十干)이 녹(祿)을 만나면 왕(旺)해진다.

지중장간(地中藏干), 자중(子中)에 계수(癸水)가 있고, 축중(丑中)에 기토(己土) 계수(癸水) 신금(辛金)이 있고, 인중(寅中)에 갑목(甲木) 병화(丙火) 무토(戊土)가 있고 묘중(卯中)에 을목(乙木)이 있고, 진중(辰中)에 무토(戊土) 을목(乙木) 계수(癸水)가 있고, 사중(巳中)에 경금(庚金) 병화(丙火) 무토(戊土)가 있고, 오중(午中)에 정화(丁火) 기토(己土)가 있어 미중(未中)에 을목 정화 기토(乙木 丁火 己土)가 있고, 갑신(申中)에 경금(庚金) 임수(壬水)가 있고, 유중(酉中)에 신금(辛金)이 있고, 술중(戌中)에 정화 신금 무토(丁火 辛金 戊土)가 있고, 해중(亥中)에 임수(壬水) 갑목(甲木)이 있다. 사주팔자(四柱八子)내에 천간(天干)이 지지중(地支中)의 장간(藏干)에 투출(透出)된 것을 유근(有根)이라 하고, 투출(透出) 되어있지 아니한 천간(天干)을 무근(無根)이라 한다.

양인(羊刃)도 역시 살성(殺星)인데 사주일간(四柱日干)이 약(弱)할적에 양인(陽刃)을 보면 왕(旺)을 띄기에 좋으나 일간(日干)이 왕(旺)한데 양인(羊刃)운(運)을 만나면 대액(大厄)을 초래하는데 혹(或) 악사(惡死)하는 수도 있다. 양인(羊刃)이나 양인(陽刃)이 동일(同一)하나 양간(陽干)만 양인(羊刃)이 있기에 양인(陽刃)이라 한다.

양인(陽刃)을 쓰는 팔자(八字)에 양인(羊刃)이 충파(冲破)를 만나면 칼날아래(釰刀下)에서 사망(死亡)하게 된다는 것이다.

갑목(甲木)에는 묘(卯)가 양인(羊刃)이고, 병화(丙火) 무토(戊土)에는 午가 양인(羊刃)이고, 경금(庚金)에는 유(酉)가 양인(羊刃)이고, 임수(壬水)에게는 자(子)가 양인(羊刃)이 된다. 양인(羊刃)은 기억하기 쉬운 법(法)이 있다. 녹전일위(祿前一位)를 양인(羊刃)이라 하니 갑목(甲木)이 인(寅)에 녹(祿)이 되니 한칸앞인 묘(卯)가 양인(羊刃)이라 한다. 오양간(五陽干)이 이와 동일(同一)한 이치라 한다.

고과살(孤寡殺)은 무슨 작용(作用)이며 무슨 액(厄)이 있는가, 해자축년(亥子丑年) 생(生)이면 십월(十月) 십일월(十一月) 십이월(十二月)은 동절(冬節)이라 하기에 술(戌)은 구월(九月)이며 타절기(他節氣)니 적(敵)으로 보기에 과숙살(寡宿殺)이라 하고, 인(寅)은 정월(正月)이 되기에 타절기(他節氣)라 역시 적(敵)이 되기에 고신살(孤神殺)이라한다. 그러기에 인묘진생(寅卯辰生)은 사(巳)가 고신살(孤神殺)이고, 축(丑)이 과숙(寡宿)이라 하고, 사오미생(巳午未生)은 진(辰)을 과숙(寡宿)이라 하고, 신(申)을 고신(孤神)이라 한다. 신유술생(申酉戌生)은 미(未)를 과숙(寡宿)이라 하고 해(亥)를 고신(孤神)이라 한다. 예(例)컨데 해생(亥生)이나 자생(子生)이나 축생(丑生)이 사주내(四柱內)의 지지(地支)에서 술(戌)이 있으면 과숙살(寡宿殺)이라 하고 인(寅)을 보면 고신살(孤神殺)이라 한다. 사계절(四季節)이 동일（同一）한 이치라 한다. 이 살（殺）이 사주내（四柱內）의 지지（地支）에 있어도 불길（不吉）하고 대운（大運）이나 년운（年運）에서 만나면 부부이별（夫婦離別）수가 있거나, 만일 이별이 없으면 부부（夫婦）가 잠시 떨어져서 있든지 혹（或）파재（破財）, 병고관재（病苦官災）, 구설등（口舌等）등의 불상사（不祥事）가 있게 된다는 것이다. 사주내（四柱內）에 진（辰）과 술（戌）이 있으면 천라（天羅） 지강살（地綱殺）이라 한다. 천라살（天羅殺）은 하늘이 그물을 쳐놓고 지강（地綱）은 땅에서 그물을 쳐놓았기에 누구든 쉽게 걸려든다. 이 살（殺）을 만난 운명（運命）은 부부운（夫婦運）이 불행（不幸）하거나 서로 사이가 좋지 않게된다. 그리고 일명（一名）은 백호대살（白虎大殺）이라 하기도 한다.

경진（庚辰）, 무진（戊辰）, 임진（壬辰）, 병진（丙辰）, 경술（庚戌）, 무술（戊戌）, 임술（壬戌）, 병술（丙戌）등이 해당（該當）된다.

토후와（土候卧）라함은 토（土）는 무일간（戊日干）을 가르키고 후（候）는 원숭이를 말하는데 신일지（申日支）라는 뜻이다. 무토（戊土）의 남편（男便）은 목（木）이 되는데 목（木）이 신（申）에 절（絶）이 되기에 자연의 과부수가 된다는 것이다.

목호정거상（木虎定居孀） 목（木）은 갑목일간（甲木日干）이고 호랑이는 인일（寅日）을 가르키니 갑인（甲寅）이 된다. 갑목（甲木）의 남편（男便）은 경금（庚金）인데 금（金）이 인（寅）

-63-

에서 절(絶)이 되기에 자연(自然) 과부가 된다는 것이다. 기타(其他) 경신일주(庚申日柱), 신유일주(辛酉日柱), 임자일주(壬子日柱), 등도 부부(夫婦)에 액운(厄運)이 많고 이별수도 있다.

자오묘유(子午卯酉)는 살명(殺名)이 여러가지로 표현(表現)되어 있다. 도화살(桃花殺), 목욕살(沐浴殺), 패살(敗殺), 함지살(咸池殺) 등으로 되어있다. 목패어자(木敗於子), 금패어오(金敗於午), 화토패어묘(火土敗於卯), 수패어유(水敗於酉)하니 오행(五行)의 패살(敗殺)이 자오묘유(子午卯酉)에서 발휘(發揮)된다.

금사어자(金死於子), 수사어묘(水死於卯), 화토사어유(火土死於酉), 목사어오(木死於午)하니 오행(五行)의 사살(死殺)이 자오묘유(子午卯酉)에 있다. 이 사정(四正)인 자오묘유(子午卯酉)에 대하여 사주팔자(四柱八子)의 배치(配置)가 대운중(大運中), 년운중(年運中)에서 자오묘유(子午卯酉)를 중요시(重要視)하여야 한다.

홍염살(紅艶殺)

일간(日干)을 기준(基準)하여 이 살성(殺星)을 보게된다. 갑을(甲乙) 일주가 오(午)자를 보고, 무기(戊己)일주가 진(辰)자를 보고, 임(壬)일간이 자(子)자를 보고, 계(癸) 일주가 신(申)자를 보고, 정(丁)일주가 미(未)자를 보고, 병(丙)일간이 인(寅)자를 보고, 신(辛)일간이 유(酉)자를 보고, 경(庚)일간이 술(戌)자를 보면 모두 홍염살(紅艶殺)에 걸리니 이 살(殺)에 걸리면 남자(男子)는 바람피고 여자(女子)는 기생팔자라 한다. 결론은 부부(夫婦)에 불행(不幸)이 오게 된다는 살(殺)이다.

三. 문창성 (文昌性)

일간 (日干)이 갑일 (甲日)인데 사주팔자내 (四柱八子內)에서 사자 (巳字)를 보면 이별에 해당된다. 을일간 (乙日干)은 오 (午), 병무일간 (丙戊日干)은 신 (申), 정일간 (丁日干)은 유 (酉), 경일간 (庚日干)은 자 (子),신일간 (辛日干)은 축 (丑), 임일간 (壬日干)은 인 (寅), 계일간 (癸日干)은 묘 (卯)라 한다. 이별이 팔자내 (八字內)에 들어 있으면 운명 (運命)에 문성 (文星)이 빗어있기에 두뇌가 청명하고 또는 문학 (文學)을 잘하거나 예술 (藝術)의 재능 (才能)이 있거나 또는 박사 (博士)가 되는 사람도 있다.

四. 천을귀인 (天乙貴人)

사주팔자내 (四柱八子內)에 갑일간 (甲日干), 경일간 (庚日干) 무일간 (戊日干)이 축자 (丑字)나 미자 (未字)를 보면 이별에 해당 (該當)된다. 운명 (運命)에 이별을 만나면 귀인 (貴人)이 나를 도와 준다는 것이다. 그러나 혹중 (或中) 혹부 (或否)하니 신빙성 (信憑性)이 적다. 그러나 이러한 법칙 (法則)이 있다는 것을 소개한다.

하 (下)의 도표 (圖表)를 참고 (參考)하라

日　干	甲	乙	丙	丁	戊	己	庚	辛	壬	癸
천을귀인	丑未	子申	亥酉	亥酉	丑未	子申	丑未	午寅	巳卯	巳卯

五. 자녀난양살 (子女難養殺)

남자 (男子)를 말할것 없이 시지 (時支)의 편관 (偏官)이

-65-

공망(空亡)된 것을 말한다. 예(例), 갑자순중(甲子旬中)에 술해(戌亥)가 공망(空亡)이라 한다. 그래서 임신일(壬申日) 출생(出生)이면 갑술시(甲戌時)가 해당(該當)된다. 임(壬)의 편관(偏官)인 술중(戌中) 무토(戊土)가 공망(空亡)이 되기에 그러하오니 타간지(他干支)도 이 이치와 동일(同一)하다. 정묘일(丁卯日)이 을해시(乙亥時), 갑술일(甲戌日)이 갑신시(甲申時), 을해일(乙亥日)이 유시(酉時), 계사일(癸巳日)이 을미시(乙未時), 임인일(壬寅日)이 갑진시(甲辰時), 경자일(庚子日)이 을사시(乙巳時), 무신일(戊申日) 갑인시(甲寅時), 기유일(己酉日)이 을묘시(乙卯時), 병진일(丙辰日)이 갑자시(甲子時), 계해일(癸亥日)이 을축시(乙丑時)라 하겠다. 기타(其他)에도 여자(女子)의 운명(運命)으로서 상관(傷官)이나 인수(印綬)가 사주팔자내(四柱八字內)에 중중(重重)하면 위의 살(殺)과 같은 역할을 한다. 결론은 자식운이 희박하다는 것이다.

六. 평생질병(平生疾病)

평생(平生)의 질병불연(疾病不然)이면 사지불전(四枝不全)이라. 일간(日干)의 녹(祿)을 충(沖)하는 지지(地支)를 가르킨 한다. 예(例) 갑록(甲祿)은 인(寅)에 있으니 사주팔자(四柱八字)에 갑일간(甲日干)인데 년지(年支)나 시지(時支)나 월지(月支)에 신자(申字)가 있으면 이 살(殺)에 해당(該當)된다.

을일간(乙日干)은 유(酉), 병무일간(丙戊日干)은 해(亥),

정기일간(丁己日干)은 자(子), 경일간(庚日干)은 인(寅), 신일간(辛日干)은 묘(卯), 임일간(壬日干)은 사(巳), 계일간(癸日干)은 오자(午字)라 하겠다. 이상은 사주내(四柱內)에 있는 작용(作用)을 말하고, 혹(或) 대운(大運)이나 세운(歲運)에 이 살성(殺星)을 만나면 이 운중에 병액(病厄)이 있기 쉬우나 이것은 임시 지나갈 뿐 평생(平生)의 질병(疾病)에는 관계가 없다.

七. 출산후(出産後) 여인(女人)이 도주(逃走)하는
　　운명(運命)

일주(日柱)가 정해일(丁亥日)로 타고났는데 년월시(年月時)에서 임자(壬子)를 보면 이에 해당(該當)된다. 그 이유는 정화(丁火)의 관성(官星)이 임수(壬水)인데 정화(丁火)가 해중(亥中) 임수(壬水)와 정임화목(丁壬化木)을 하여 상하(上下)가 유정(有情)하게 사는데 타간(他干)에 임수(壬水)가 정화(丁火)를 끌어가니 정화(丁火)가 근본 해중임수(亥中壬水)를 버리고 타간(他干)의 임수(壬水)와 합(合)을 하여 가기에 그런 운명(運命)이 된다. 그러면 무슨 작용(作用)이 되는가 내가 출생(出生)한 자식을 버리고 남의 남편(男便)이 출생(出生)한 자식(子息)을 키우게 된다.

을사일주(乙巳日柱)에 경자(庚字) 신사일주(辛巳日柱)에 병자(丙子) 계사일주(癸巳日柱)에 무자(戊字) 기해일주(己亥日柱)에 갑자(甲字)를 만난것을 말한다.

여자(女子)가 늦게 시집가는 살성(殺星) 사주팔자(四柱八

字)안에 재성(財星)이 중중(重重)하면 재(財)는 관(官)을 생(生)하기에 관성(官星)이 자연 왕(旺)하여 지기에 남자(男子)는 많으나 남편(男便)될 사람이 없게된다는 것이다. 원수가 뒤에 따라다니는 운명(運命)은 양인살(羊刃殺)이 공망(空亡)이 되였다.

경진일(庚辰日)이 년월시(年月時)에 을유(乙酉)가 되면 공망(空亡)이 된다. 병술(丙戌) 무자일(戊子日)이 년(年)이나 월(月)이나 시(時)에 갑오(甲午)가 있으면 공망(空亡)이 된다.

임술일(壬戌日)이 년월시(年月時) 중에서 갑자(甲子)를 보면 공망(空亡)이 된다.

갑진일(甲辰日)이 년(年)이나 월(月)이나 시(時)에서 을묘(乙卯)를 만나면 공망(空亡)이 된다. 이상과 같은 오양일주(五陽日柱)가 이 살(殺)에 해당(該當)되니 혹(或) 대운(大運)이나 년운(年運)에서 이 살(殺)을 만나면 원수가 뒤에 따라다니니 조심을 하여야 한다.

八. 연주양인(連珠羊刃)

이 살(殺)은 사주내(四柱內)에서 있으면 여자(女子)가 부정(不貞)하고 남자(男子)는 바람을 피우니 부부(夫婦)가 원수같이 지낸다.

경술일주(庚戌日柱)가 신유월(辛酉月) 갑진일주(甲辰日柱)가 을묘월(乙卯月) 병오일주(丙午日柱)가 정사월(丁巳月) 임자일주(壬子日柱)가 계해월(癸亥月) 무오일주(戊午日柱)가 기사월(己巳月)를 가르킨다. 대운(大運)이나 년운(年運)에서 연주양인(連珠羊刃)이 되면 일시적(一時的) 불미사(不美事)가 발생(發生)하게 된다.

九. 백의살(白衣殺)

이 살성(殺星)은 사주팔자내(四柱八子內)에서 자오묘유일생(子午卯酉日生)이 년월시(年月時)에서 사자(巳字)를 보면 이에 해당(該當)된다. 살(殺)의 작용(作用)은 도난(盜難)화재(火災) 수슬 등의 불상사(不祥事)가 온다는 것을 말한다. 인신사해일주(寅申巳亥日柱)는 유자(酉字) 진술축미일주생(辰戌丑未日柱生)은 축자(丑字)를 가르킨다. 대운(大運)이나 년운(大運)에서 만나면 위에 말한 불상사(不祥事)가 발생(發生)할수 있다.

사주팔자(四柱八子) 안에 토(土)가 없으면 게으르게 된다. 임일간(壬日干)이 사주(四柱) 안에서 월간(月干)이나 시간(時間)에 임자(壬字)를 만나고 신일간(辛日干)이 월(月)이나 시(時)에서 다시 신자(辛字)를 만나면 외방(外房)에 자식을 두거나 서자(庶子)를 두거나 양자를 하는수가 있다.

여자(女子)가 비견(比肩) 겁재(劫財)를 대운(大運)이나 년운(年運)에서 서로 만나게 되면 연애(戀愛)하는 운을 만난다.

정화일간(丁火日干)이 약(弱)한데 년월일시(年月日時)에서 계수(癸水)가 왕(旺)하면 실명(失明)하는 수가 있다. 그러치 않으면 안경을 써서 시력(視力)을 보충하는 수가 많다.

-69-

무자살(無子殺) 음일간(陰日干)이 사시(巳時)나 유시(酉時)를 만나거나 혹(或) 시지(時支) 일지(日支)의 상충(相冲)을 만나면 이 살(殺)에 해당(該當)되는 수가 많다.

여자(女子)가 사주지지(四柱地支)에 식신(食神)이나 상관(傷官)이 있는데 대운(大運)이나 세운(歲運)에서 충(冲)을 만나면 자궁(子宮)을 수술하는 수가 있거나 자식궁에 액(厄)이 있게된다.

경일간(庚日干)이 월간(月干)이나 시간(時干)에서 경(庚)을 만나 양입(兩立)되면 여인(女人)은 수절(守節)을 하나 토지(土地)로 인(因)한 분쟁(紛爭)이 있고 또는 관재(官災)수가 있다.

사주일간(四柱日干)이 기(己)인데 월간(月干) 시간(時干)에 기(己)가 있으면 삼기(三己)가 되니 부모형제(父母兄弟)가 각각(各各) 떨어져서 살며 우애가 없다.

삼정(三丁)이 되면 수족(手足)에 상처(傷處)가 있거나 혹(或) 악사(惡死) 하기도 한다.

삼병(三丙)이면 산액(産厄)수가 있게된다.

삼자(三子)가 월지(月支) 일지(日支) 시지(時支)에 일렬(一列)로 있으면 재혼(再婚)을 하게된다.

삼축(三丑)이면 사차(四次)나 결혼(結婚)을 하게된다.

삼인(三寅)이면 고독(孤獨)하게 된다.

삼묘(三卯)면 단명(短命)하게 되거나 악사(惡死)한다.

일지(日支)가 사(巳)인데 월지(月支)에도 있거나 시지(

時支)에 사(巳)가 또 있어 양립(兩立)하면 형액(刑厄)이 있거나 중년(中年)에 실자(失子)한다.

삼미(三未)가 있으면 반세(半世)나 처(妻)가 없다.

삼신(三申)이면 무능(無能)하고 무덕(無德)하다.

삼유(三酉)가 되면 공방(空房)수를 면(免)치 못한다.

삼해(三亥)가 되면 고독(孤獨)을 면(免)치 못한다.

十. 원진살(怨嗔殺)

원진살(怨嗔殺)이 살성(殺星)은 사주팔자내(四柱八子內)에서 자자(子字)가 있고 미(未)가 있으면 원진(元嗔)이 되고 축자(丑字)가 있고 오자(午字)가 있으면 이 살(殺)에 해당(該當)되고 유자(酉字)가 있고 인자(寅字)가 있으면 이 살(殺)에 해당(該當)되고 묘자(卯字)가 신자(申字)를 보면 이 살(殺)에 해당(該當)된다. 진자(辰字)가 해자(亥字)를 보면 이 살(殺)에 해당(該當)되고 사자(巳字)가 술자(戌字)를 보면 이 살(殺)에 해당(該當)된다. 이 살(殺)의 작용(作用)을 간단히 설명한다. 원진(元嗔)이란 서로 싫어하기에 고인(故人)들 말씀에 서로 잘 싸우면 이사람들이 원진살(元嗔殺)이 있나보다 하는 속담이 있다. 그래서 결혼(結婚)할적에 신랑(新郎)과 신부(新婦)의 년령(年令)을 참고하여 궁합을 보는데 남자(男子)의 생년(生年)과 여자(女子)의 생년(生年)에 원진살(元嗔殺)이 걸리면 불미(不美)하다하여 결혼(結婚)하지 아니하는 수가 허다하다. 필자(筆者)의 경험에 의(依)하면 일지(日支)와 월지(月支)가 원천(元嗔)이 되면 부모형제(父母兄弟)의 덕(德)과 인연이없

는 수가 많고 또는 부부(夫婦)의 인연이 없거나 혹 있다하
여도 서로 이별하는 수도 있고 사이가 좋지 않아 불행(不幸
)을 초래하는 수도 있다.

일지(日支)와 시지(時支)가 이 살(殺)로 되어있으면 자
식(子息)과 인연이 없거나 무자(無子)하거나 혹(或) 자식
(子息)이 있더라도 불초(不肖)하는 수가있다. 다음은 대운
로(大運路)나 년운(年運)에서도 이 살(殺)을 만날수가 있
으니 년주(年柱)나 월주(月柱) 일주(日柱) 시주(時柱)어
느곳에 상봉(相逢)되는가를 보아 육친(六親)의 길흉(吉凶)
을 예지(豫知)할 수가 있다.

十一. 고진살(孤辰殺) 대패살(大敗殺) 파가살(破家殺)
　　　삼형살(三刑殺)

이 사살(四殺)을 보는법을 년주(年柱)와 월주(月柱)를 대
조하여 본다.

이 살(殺)에 해당되면 해설은 살(殺)이름 그대로니 제
목만 보아도 무슨 살(殺)인지 알수 있기에 설명은 생략한다.
그리고 혹중(或中) 혹부(或否)하니 신빙성이 적다. 이런 살
(殺)이 있는것을 소개하니 하(下)의 도표(圖表)를 참고(
參考)하라.

孤辰殺　寡宿殺　早見表

生年	甲	乙	丙	丁	戊	己	庚	辛	壬	癸
生月	十二	八	九	四	二	一	七	八	三	十二

大敗殺　八敗殺　旱見表

生年	甲	乙	丙	丁	戊	己	庚	辛	壬	癸
生月	七	五	十二	九	四	五	六	三	一	二

破家殺　旱見表

生年	甲	乙	丙	丁	戊	己	庚	辛	壬	癸
生月	十一	十二	十一	十二	十	十一	十	十一	十一	七

三刑殺　旱見表

生年	甲	乙	丙	丁	戊	己	庚	辛	壬	癸
生月	六	十一	六	十	七	八	十二	九	十	三

十二. 갑목（甲木）부터　십간（十干）의　성질

봄철에　나무는　차차　커나가는　기상이　있다.　그러나　기후변화（氣候變化）에　따라　다른점이　있다. 정월（正月）에는　기후（氣候）가　한냉（寒冷）하니　병정화（丙丁火）로써　따뜻하게　하여　주면　나무가　잘　자라게　된다.　만일　물을주면　동사（凍死）하게　되니　물을　불요（不要）한다.　그러나　춘한（春旱）이　되여　있으면　화기（火氣）가　번성하기에　나무가　고갈될　우려가　있으니　계수（癸水）로서　자부（滋扶）하여　주면　발전（發展）을　하게된다.　또한　예（例）　나무가　너무　번성하면　경금（庚金）으로써　가지를　잘라　주어야　꽃이　피고　잎이　잘　자란다. 수（水）와　화（火）를　적의（適宜）하게　잘　써야한다. 정월（正月）에는　병화（丙火）　계수（癸水）가　적소（適所）에　배치되면　부귀공명（富貴功名）하게　된다.　적소（適所）란　무엇인가　병화（丙火）와　계수（癸水）가　서로　방해하지　아니하고　있는것을　말한다. 정월(正月)에 출생(出生)된 운명(運命)으로서 병화(丙火) 계수(癸水)가 사주(四柱)에서 보지 못하면 평인(平人)에 불과(不過)하다.

무술(戊戌) 정월 이십일(正月二十日) 오시생남(午時生男)

무술(戊戌)   을묘(乙卯)

갑인(甲寅)   병진(丙辰)

갑진(甲辰) 대운(大運) 8   정사(丁巳)

경오(庚午)   무오(戊午)

                              을미(乙未)

                              경신(庚申)

                              신유(辛酉)

                              임술(壬戌)

이 운명(運命)은 갑목일간(甲木日干)이 정월초춘(正月初春)에 출생(出生)하여 병계(丙癸)를 얻고 칠살(七殺) 관성(官星)을 얻으니 부귀공명(富貴功名) 하였다. 사주내(四柱內)에 병계(丙癸)가 없는데 어찌하여 병계(丙癸)를 얻었다 하는가? 인중(寅中)에 병화(丙火)가 있고 진중(辰中)에 계수(癸水)가 있기에 그러함이다. 사주전국(四柱全局)을 볼때 년월(年月)에서 인술화국(寅戌火局)을 형성하고 다시 시(時)에서 오화(午火)를 보았으며, 원래 목(木)은 조(燥)란 물건(物件)이라 전국(全局)의 형편(形便)으로 보아 춘한(春旱)을 만난 나무라 하겠다. 그러나 그중에 진토(辰土)가 있어 화기(火氣)를 설(洩)하고 칠살(七殺) 경금(庚金)을 생(生)하여 주나 목(木)이 왕(旺)하고 칠살관성(七殺官星)이 약(弱)한 편이다. 그렇지만 이 사주(四柱)의 용신(用神)은 칠살경금(七殺庚金)이라 아니할 수가 없다.

˚대운(大運), 정사(丁巳) 무오(戊午) 남방화지(南方火地)이정년(二丁年)에 용신경금(用神庚金)을 극제(剋制)하니 매사(每事)가 순조롭지 못하여 불운(不運)에 헤메이다가 기미운(己未運)에 와서 토(土)가 화기(火氣)를 설(洩)하고 용신(用神)을 보호(保護)하나 미토(未土)가 원래(原來) 조토(燥土)라 소소한 발전이 있었다. 해방(解放)이 되며 경신운(庚辛運)에 당도하고 행운(幸運)이 오므로 본국(本國)에 귀환(歸還)하여 내무장관(內務長官)을 역임하고, 신유운(辛酉運)에 서울 시장(市長)을 하다가 유운(酉運)이 끝나며 관직(官職)에서 물러 남을 볼때 사주학(四柱學)이 신기한 생각이든다. 경신(庚辛), 신유운(辛酉運)에 약(弱)한 용신(用神) 경금칠살(庚金七殺)를 도와주기에 고목봉춘격(枯木逢春格)을 만난 것이다.

무오(戊午) 정월 이십육일(正月二十六日) 오시생(午時生)

무오(戊午)		병진(丙辰)	임술(壬戌)
을묘(乙卯)		정사(丁巳)	
갑인(甲寅)	대운(大運)이	무오(戊午)	
경오(庚午)	구(九)	기미(己未)	
		경신(庚申)	
		신유(辛酉)	

이 사주(四柱)는 갑목일간(甲木日干)이 정월(正月)에 출생(出生)하였으나 절기관계(節氣關係)로 경칩절(驚蟄節)이 지나 이월(二月)로 된것이다. 이 사주(四柱)에는 병화(丙火)는 있으나 계수(癸水)가 없어 귀(貴)를 바라지 못하겠다. 갑목일간(甲木日干)이 좌하(座下)에 녹(祿)을 얻고, 월령(月令)에 겁재(劫財) 양인(羊刃)을 만나고, 또 시간(時干)에 경금(庚金)을 보니 양인가살(羊刃架殺)이라 출장입상격(出將入相格)이라 할 수 있으나 그렇치 아니하다, 앞 사주(四柱)는 진토(辰土)가 있기에 능(能)히 경금칠살(庚金七殺)을 보호할 수가 있으나 이 경금칠살(庚金七殺)은 인오화국(寅午火局) 위에 있고 또 목다금결(木多金缺) 하므로 무용지물(無用之物)인 칠살(七殺)이다. 이와같은 칠살(七殺)을 한신(閑神)이라 한다. 한신(閑神)은 없어도 될것이 나와 있기에 그런 명칭(名稱)을 둔것이다. 또한 예(例)는 갑경정(甲庚丁)이 분명(分明)하니 대국(大局)이라 하겠으나 사주(四柱)구성이 편고(偏枯)하기에 기능을 발휘(發揮)하지 못한다. 편고(偏枯)는 무엇인가? 사주(四柱)가 고르지 못하여 편벽한 편이되고 하나는 물기가 없어 말라 있으니 고갈 하기에 그러하다.

그러면 이 사주(四柱)의 용신(用神)은 무엇인가? 목화(木火)가 세창(勢昌)하니 춘한(春旱)이라 하겠다. 불가부조(不可不燥)조하나마 무토(戊土)로 화기(火氣)를 설(洩)할 수 밖에 묘책이 없다. 삼십구세(三十九歲)부터 기미토운(己未土運)을 만나 사업(事業)이 순성(順成)하여 일확천금(一確千金)을 하였다가, 사십구세(四十九歲) 경신운(庚申運)에 와서 한신(閑神)이 동요를 얻어 발동(發動)하기 시작(始作)하기에 사업(事業)이 부진(不振)하며 평지(平地)에 풍파(風波)가 일어나 결국 파산(破産)을 하고 말았다.

병자(丙子) 팔월십일(八月十日) 술시생(戌時生) 남(男)

병자(丙子)	무술(戊戌)
정유(丁酉)	기해(己亥)
경술(庚戌)	경자(庚子)
병술(丙戌)	신축(辛丑)
	임인(壬寅)
	계묘(癸卯)
	갑진(甲辰)

양인가살(羊刃架殺)이라 경금(庚金) 일주가 월령(月令)에 유자(酉字)를 보니 이격에 해당(該當)된다. 사주(四柱) 구성을 보면 술중(戌中)에서 정화(丁火)가 튀어 나왔고, 다음 병화(丙火) 칠살(七殺)이 술중(戌中)에 뿌리를 두었기 때문에 임인대운(壬寅大運)에 우리나라 국정(國政) 요직인 대통령(大統領) 비서실장(秘書室長)을 하였다. 물론 경자신축(庚子辛丑) 대운(大運)도 일로상승(一路上昇) 되었으나 대운(大運)이 좋은것은 아니지만 본 사주(四柱) 구성이 잘 이루어졌기 때문에 그렇게 발전이 되었던 것이다. 그러나 사람의 운이 절정기가 있는데 임

인(壬寅) 대운(大運)에 금상첨화(錦上添花)라 비단위에 꽃까지 더한 격이라 하겠다. 임(壬)은 수(水)라 하는데 어찌 그러한가, 월간(月干)에 정자(丁字)가 있어 정임(丁壬) 화목(化木)되어 그렇다 할수도 있으나, 원래 인목(寅木)이 임수(壬水)의 기를 뽑아가고 또는 동방목운(東方木運)이 되면서 칠살병화(七殺丙火)를 돕기에 발전된 것이다. 그리고 임인(壬寅) 십년(十年)운을 인목(寅木)이 갖게되어 임수(壬水)는 힘이 없는 물이라, 있으나 마나 하기때문에 이와같은 풀이가 된다. 정월 이월(正月 二月) 갑목(甲木)이 경신금(庚辛金)이 많고 지지(地支)에 금국(金局)을 이루면 일생(一生)을 고생(苦生)하고 또는 자식을 극하고 처(妻)를 이별하며 불행(不幸)하게 된다. 이와같은 경우 가난하지 아니하면 일찍 죽는다.

第四節　　원리론 (原理論)

신유 (辛酉)　　　　신묘 (辛卯)　　　을미 (乙未)

경인 (庚寅)　　　　임진 (壬辰)　　　병신 (丙申)

갑신 (甲申)　　　　계사 (癸巳)　　　여명 (女命)

신미 (辛未)　　　　갑오 (甲午)

갑목일간 (甲木日干)이 일월 (一月)에 출생 (出生)하니 월령 (月令)에서 인자 (寅字) 녹 (祿)을 얻으므로 왕기는 닷다하겠으나. 일지 (日支)에 신금 (申金)이 있고 또 년지 (年支)에 유금 (酉金)이 있는중 년월시 (年月時) 천간에 경금 (庚金)과 두개의 신금 (辛金)이 유신 (酉申) 중에서 뿌리를 두고 천간에 나와있으니, 나무는 적고 금이 너무많아 나무를 극제 (剋制)하니 나무가 죽을 지경에 있으며 일간갑목 (日干甲木)의 녹 (祿)인 인자 (寅字)를 충 (沖)하므로 불행하여 신병 (身病)이 떠날새가 없었다. 그러나 대운 (大運)이 신묘 (辛卯)로 흘러가기에 묘목 (卯木)이 일간 (日干) 목 (木)을 도와 주므로 겨우 지나가고, 임진 (壬辰) 운 (運)에는 임수 (壬水)가 경신금 (庚辛金)의 기를 설 (洩)하여 수 (水)를 생 (生)하고 다시 물이 나무를 생하니 겨우 의지한 운이되고, 진운 (辰運)에는 일지 (日支) 신금 (申金)과 합 (合)하여 반합 수국 (水局)을 이루어 수 (水)가 목을 생하여주니 무사하게 지나간다. 다음 계수 (癸水)운에 역시 금생수 (金生水) 수생목 (水生木)이 되어 무사하고 사운 (巳運) 오년에는 년지 유금 (酉金)과 사축 (巳丑) 반합 금구이 되어 불미한 중이나 큰 불행은 없었다. 갑오운(甲午運)에는 갑목(甲木)이 오화(午火)를 생하고, 오화(午火)가 월지(月支) 인목(寅木)과 합하여 반합 화국(火局)을 이루며 화(火)가 왕금(旺金)의 기를 거슬리니 군금(群金) 여러금들이 화가나서 나무를 찍어대니 사망(死亡) 하였다.

정월(正月) 갑목(甲木)이 지지(地支)에 수국(水局)을 얻으며 무토(戊土)가 천간(天干)에 나와 있으면 귀(貴)를 하고, 무토(戊土)가 없어 물을 제압하지 못하면 가난하고 천할뿐만아니라 죽어도 관곽이 없게된다. 고서(古書)에 나무가 뿌리가 없으면 전적 신자진수(申子辰水)를 의지하나 천간에 재(財)와 살(殺)이 있게되면 벼슬길에 오르게 된다고 하였다.

병자(丙子)　신묘(辛卯)　을미(乙未)
경인(庚寅)　임진(壬辰)　병신(丙申)
갑신(甲申)　계사(癸巳)　정유(丁酉)
무진(戊辰)　갑오(甲午)

갑목(甲木) 일간(日干)이 인월(寅月)인 정월(正月) 달에 출생(出生)되니 기후관계를 보아도 하늘과 땅이 추우니 불을 요하게 된다. 그러기에 사오미(巳午未), 남쪽으로 향하는 운로에 물론 발전 하겠지만 경금(庚金)이 자수(子水)를 생하여주고 일시지(日時支)에 신진(申辰) 수국을 이루어 나무가 물에 떠내려 가게 되었는데 무토(戊土)가 물을 제압하여 갑목(甲木)을 도와준다. 유병유약(有病有藥), 병이있고 약이있으면 높은 벼슬을 하게 된다는 학설이 있다. 월간(月干)에 경금(庚金)이 있으나 병화(丙火)가 곁에 있으니 인목(寅木

)을 극할 능력이 적고 또는 신금(申金)이 있어 인신상충(寅申相冲)이 되나 신진(辛辰)합 수(水)로 변하기에 충(冲)이 되지 아니함을 말한다. 초보자는 충이되는가 의심이 있겠으나 절대 충이 아니되오니 다른 사주(四柱)에서도 이러한 경위가 있다하여도 절대 충이 아니됨을 강조한다.

이 사주(四柱)의 대운(大運) 신묘(辛卯)는 신금(辛金)은 무력하고 묘운(卯運)이 강하니 평길한 운이되고, 임진(壬辰)운은 수기를 도와 본 사주의 화기를 저해하기에 불운(不運)이 되어 고배를 면하기 어렵다. 계사(癸巳)운은 시간에 무토(戊土)와 합이되어 合火가되기에 화기를 돕고 사화(巳火)는 병화(丙火)의 녹지가 되기에 사화(巳火)가 사주원국을 도와 큰 발전이 왔다. 갑오(甲午), 을미(乙未)운은 위는 나무요 아래는 불이되기에 발전(發展)이 와서 일국에 정승벼슬을 하였다.
병신(丙申)운이 오는데 병화(丙火)는 좋으나 우선 신운(申運)의 비중이 커서 차차 하락해 오다가 정식 신운(申運)에 신금(申金)이 월지인목(月支寅木)을 충파(冲破)하니 일간갑목(日干甲木)의 뿌리가 잘리며 사망(死亡) 하였다.

임자(壬子)   계묘(癸卯)

임인(壬寅)   갑진(甲辰)

갑신(甲申)   을사(乙巳)

갑자(甲子)   병오(丙午)

                  정미(丁未)

                  무신(戊申)

갑목(甲木) 일간이 정월(正月)인 인월(寅月)에 출생(出生)되니 월령에서 녹(祿)을 얻으므로 뿌리를 뻗어 왕(旺)한듯하나 계절이 추워 화기(火氣)인 불을 요한다. 그런가운데 자신(子申)이 반합(半合) 수국(水局)을 이루고 년월(年月)간에 두개의 임수(壬水)가 있고 또 자수(子水)를 보니 물세력이 너무커서 물이 많아 나무가 뜨게 되었다.

그러나 인중(寅中) 에 무토(戊土)가 있기에 물에 떠내려가는 것을 방지하여 주고 병화(丙火)가 따뜻하게 하여주므로 겨우 의지하고 있다. 계묘(癸卯)의 계수(癸水)는 물이고 묘목(卯木)은 습목(濕木) 젖은나무라 불을 살릴 능력이 없으니 발전을 못하고, 갑진(甲辰)운은 갑목(甲木)이 물기를 뽑아가므로 좋으나 진토(辰土)가 습토(濕土) 진흙이라 화기를 돕지 못하여 불우에 쌓여 고생을 하고 병액도 많았다. 을사(乙巳)운이 오면 삼십일세(三十一歲) 신사년(辛巳年)운에 원사주와 대운과 인사신(寅巳申) 삼형이 되어 있는중 세운에서 다시 신금(辛金)이 물을 생(生)해주고, 사(巳)자가 다시 거듭 인사신(寅巳申) 삼형을 더 도우며 갑목(甲木)일간의 뿌리가 되는 인목(寅木)을 파괴하니 액운이 겹쳐 홍수가 져서 물에 떠내려가 죽으니 죽어도 관곽(棺槨)이 없었다. 을사운(乙巳運)이 오며 목화 대운이 되기에 생활이 차차 진전하여 가다가 사망을하니 원사주 구성이 조화를 이루지 못하였기에 그러함이다. 대개 운탓을 하지만 원사주가 잘 조화를 이루면 좋지아니한 대운을 만나도 큰 발전은 없으나 큰 불행도 없다. 그러나 원사주가 좋지 아니한데 대운조차 좋지 아니하면 빈천(貧賤)하게 된다.

혹(或) 장관의 운명(運命)은 대운이 좋지않아 장관직(長官職)에서 물러났다 하여도 보통사람에 비해 잘살고 있다.

사주(四柱)가 전국(全局)이 일색(一色) 목(木)으로 구성되어있는 것을 인수(仁壽) 곡직(曲直)격이라 한다. 또다른 명칭으로 이런 사주(四柱)를 전왕(全旺)이라 하겠으니 전왕격은 나를 극(剋)하는 관성(官星)이나 칠살(七殺)운을 무서워한다. 관성과 칠살은 경신신유금(庚辛申酉金)을 말한다.

적천수(適天髓)에 보면 약연성국성방목일색(若然成局成方木一色),만일 방을 이루거나 국을 이루어 나무일생 색인데 투관성(透官星)이 있으면, 왼편에 있으나 오른편에 있으나 고생을 하게된다. 좌변우변공록록(左邊右邊共碌碌)이라 하였다.

사주(四柱) 구성이 목일색(木一色)으로 되었는데 금수(金水)가 연결되어 있으면 금생수 수생목하며 막히는데 없이 회전하게 되어 크게 발전을 하게된다. 또 한예는 목일색(木一色)인데 금이 없이 사주천간(四柱天干)에 한곳만 임수(壬水)나 계수(癸水)가 있고 대운(大運)에서 금(金)인 관성(官星)을 만나도 금생수 수생목이 되니 역시 대발(大發)을 하게된다. 만일 목일색(木一色)으로 되고 사주내(四柱內)에 화가없이 약한 토(土)만 한 두개가 있으면 군비쟁재(群比爭財)가 된다. 이런 경우에 만일 대운에서 다시 재를 보지아니하면 무사하나 만일 다시 재운(財運)을 만나면 파산은 물론

이고 혹 약을 먹고 죽는수도 있다.   음독자살(飮毒自殺)

목일색(木一色)의 운명은 비견(比肩) 겁재운(劫財運)이나 인수운(印綬運)이나 식상운(食傷運)을 만나야 발전을 하게된 다. 양목(陽木)이 양목(陽木)을 비견(比肩)이라 하고 양목 (陽木)이 음목(陰木)을 겁재(劫財)라 한다.   인수(印綬) 는 수(水)를 말하고 양화(陽火) 음화(陰火)를 합하여 식 상(食傷)이라 명칭을 한다.   그러기에 극왕(極旺)하면 돕는 것이 **좋고 의조(宜助)**하여주는 것이 좋고 기운을 **뽑아(宜洩)** 주는 것이 좋다고 하였다.

인수곡직격(仁壽曲直格)   목일색(木一色)

계묘(癸卯)	갑인(甲寅)
을묘(乙卯)	계축(癸丑)
갑인(甲寅)	임자(壬子)
을해(乙亥)	신해(辛亥)
	경술(庚戌)
	기유(己酉)

갑목일간(甲木日干)이 이월목왕절(二月木旺節)에 출생(出生)되어 인해(寅亥) 합목을 이루어 사주전국이 목일색으로 이루어졌다.

대운로(大運路)를 보면 갑인운(甲寅運)이 십팔세(十八歲)까지 가는데 갑목 일간이 양목으로 구성된 비견운(比肩運)을 만나 비견(比肩)이 **일간을** 돕기에 태평(太平)하게 지나간다. 계축운(癸丑運)을 만나 계운오년은 잘 지냈으나 축운(丑運)

오년(五年)에 발전도 하락도 없이 평길하게 지나갔다. 혹 문기를 축운(丑運)은 재운이라 쟁재(爭財)가 되지 아니한가 하나 원사주내(原四柱內)에 재가 없으니 무관하다. 그 이유는 용신(用神)이 축토를 극하자 축토(丑土)가 용신목을 극재할 능력이 없기에 흉운이 되지 아니한다. 임자운(壬子運) 십년에 위아래가 물이라 수생목하며 목(木)의 왕세(旺勢)를 도우니 순조로운 행운이 되었다. 신해운(辛亥運)은 원사주에 계수(癸水)가 천간에 있기에 신금이 계수를 생(生)하고 계수(癸水)가 목을 생(生)하니 발전이 크게와서 일국의 재상(宰相)이 되었다. 해운(亥運)도 역시 왕목을 도와 주므로 모든일이 순성하였다. 경술운(庚戌運)에는 경금이 계수(癸水)를 생(生)하니 역시 대발하고 술운(戌運)에는 인술(寅戌) 화국을 이루어 왕목의 기를 설(洩)하니 크게 발전을 하였다. 기유운(己酉運)에는 기토가 계수를 극하니 사주가 유통이 아니되어 막히게 되므로, 인생의 운명도 회전이 아니되어 막히는 일이 많게되여 모든일이 부진하여 오다가 유운에 오니 원사주내의 묘목양인(卯木羊刃)을 충파(冲破)하므로 화가와서 교통사고(交通事故)로 사망하였다.

인수곡직격(仁壽曲直格)　목일색(木一色)

무인(戊寅)	을묘(乙卯)	一五
갑인(甲寅)	병진(丙辰)	二五
을묘(乙卯)	정사(丁巳)	三五
갑신(甲申)	무오(戊午)	四五

기미（己未） 五五

경신（庚申） 六五

　　을목일간（乙木日干）이 인월（寅月） 목왕한 시기에 출생（出生）되어 비견묘목（比肩卯木）과 갑인（甲寅） 겁재（劫財）를 만나니 목이 왕극（旺極）한데, 시지（時支）에 신금（申金）이 있어 목（木）의 왕기（旺氣）를 거슬리고 또는 무토재성（戊土財星）이 년간（年干）에 있으니 군목（群木）의 쟁재（爭財）가 된다. 그러기에 재（財）나 관성（官星）이 모두 쓸모가 없기에 이것들을 한신（閑神）이라 한다. 목일색（木一色）인데 관성（官星）이 좌편에 있으나 우편에 있으나 평생에 고생을 한다는 고서（古書）에 부합된다. 이 사주의 대운（大運）을 보면 을묘운（乙卯運）까지 십오세（十五歲）인데 을묘목（乙卯木）이 왕목을 도와주기에 길운이 되므로 부모의 덕에 잘살았던 것이다. 다음 병진운（丙辰運）에는 병화（丙火）가 왕목의 기를 설하여 무토재성（戊土財星）을 도우니 대길하고, 다음 진운（辰運）은 시지신금（時支申金）과 신진（申辰） 반합수국（半合水局）을 이루어 왕목을 도으니 어용득수격（魚龍得水格）, 고기와 용이 물을 얻어 자유 자재한 좋은 운（運）이 된것이다. 정사운（丁巳運）에는 위와아래 운（運）이 모두 화（火）라 하겠으니 왕목의 기를 설하여 주므로 대발하여 일국에 명성을 떨쳤다. 무오운（戊午運）에는 무토（戊土）가 쟁재（爭財）될 우려가 있으나 그렇치 아니하다. 그 이유는 바로밑에 오화（午火）가 있어 인오（寅午） 반합 화국（火局）을 만들어 왕목의 기를 설（洩）하니 우선 목

(木)이 생(生)하는 데에다 뜻을 두기에 무토(戊土)의 극을 아니하고, 다음은 무오(戊午)와 오화(午火)가 무토(戊土)를 생하기도 하는 작용도 있다. 또 한예는 무토(戊土) 오년(五年) 오화(午火) 오년(五年)이기에 오화와 관계가 없다 하겠지만 무오운(戊午運) 십년(十年)이 남방운(南方運)이기에 무토(戊土)에게도 영향이 있기에 무토(戊土)는 삼년운(三年運)을 보고 오화운(午火運)을 칠년(七年)으로 본다. 무오(戊午) 십년운에(三年運)도 대발하여 일국에 재상(宰相)이 되였다. 사십오세(四十五歲)부터 기미운(己未運)에는 미토(未土)가 일지묘목(日支卯木)과 합하여 반합목국(半合木局)을 이루어 왕목의 기(氣)를 돕는데, 기토(己土)가 독립되어 쟁재운(爭財運)으로 변하여 년간(年干)의 무토(戊土)만을 도우니 화액(禍厄)이 와서 국정실책(國政失策)의 죄명(罪名)으로 사형(死刑)을 당하였다.

쟁재(爭財)는 사주원국에 재(財)가 없으며 혹 대운(大運)에서 재운(財運)을 만나도 쟁재(爭財)가 아니된다.

一. 삼춘(三春)의 갑목(甲木)

봄철에 나무는 차차 생장(生長)하게 되니 정월(正月)에는 겨울기후가 남아 있으니 화(火)로써 따뜻하게 하여주어야 잘 자란다. 불이없고 물만 있거나 또는 불이있다 하여도 물로 꺼버리면 나무의 정신을 손상시키니 사람이 이와같은 운명을 타고나면 정신 이상이 있게된다.

나무가 너무 무성하면 경금(庚金)으로써 가지를 쳐주어야 한다. 나무가 잘 자라서 동량(棟樑)의 재목이 된다. 삼월(三月)경에 가면 햇빛이 더워지므로 수기(水氣)가 고갈되어 나무가 갈증을 느끼게 되므로 물로써 해갈시켜 주면 꽃이 잘 피고 잎이 무성하게 된다. 초봄에는 불이 없는데 물을 더주게 되면 습기가 과중하여 나무의 기운이 약하여지므로 뿌리가 썩고 잎이 마르게 된다. 인명(人命)의 사주팔자(四柱八字)가 이와 같다면 단명(短命)하거나 불구(不具)가 되거나 또는 불행(不幸)하게 된다.

늦은봄에 물은 없고 화기(火氣)만 있으면 양기가 너무 왕성하여 나무가 고갈하게 되니 잎이 마르고 가지가 죽게된다. 인생운명(人生運命)이 이와 같으면 일생(一生)에 불행(不幸)을 면치못한다. 그러기에 늦은봄에는 수(水)와 화(火)가 적당하게 배치되어야 한다.

정월(正月)에 갑목(甲木)은 초봄에 여한(餘寒)이 있으니 병화(丙火)를 얻고 계수(癸水)가 사주천간(四柱天干)에 있어 서로 방해가 없으면 부귀(富貴)한다. 혹(或) 계수(癸水)는 지지(地支)에 감추어져 있고 병화(丙火)가 천간(天干)에 나와있으면 크게 부귀(富貴)한다.

정월갑목(正月甲木)

식신제살격(食神制殺格)

경신(庚申)　　을묘(乙卯)

무인(戊寅)　　경신(庚辰)

갑인(甲寅)　　신사(辛巳)

병인(丙寅)　　임오(壬午)

　　　　　　계미(癸未)

　　　　　　갑신(甲申)

*투출(透出)　지지(地支)에서 천간(天干)으로 나온 것을 투출(透出)이라 하며 인중(寅中)에서 병화(丙火)가 천간(天干)에 투출(透出)하였음.

이 팔자(八字)는 정월(正月)이라 하여도 월간(月干)에 조(燥)한 무토(戊土)를 가지고 있으며 또는 시간(時干)에 병화(丙火)가 투출(透出)하니 수(水)는 없고 양기(陽氣)만 번조(繁燥)하고 뿐만아니라 목(木)의 성질도 따뜻(暖)한데 사목(四木)이 되므로 목(木)이 너무 왕하다.

경신금(庚申金)으로서 목(木)의 지엽(枝葉)을 쳐주어야 하는데 인월(寅月)이라 금(金)이 절지(絶地)에 있으니 목(木)을 다룰힘이 없어 금목(金木)이 교전(交戰)하게 되므로 이 운명은 일생(一生)에 성패가 많다. 대운(大運)에서 수운(水運)을 만났으면 금생수(金生水) 수생목(水生木)하여 최고 절정을 이룰것인데 대운을 만나지 못하였다. 그래서 결론은 경신금(庚申金)이 병(病)이니 식신(食神)으로 경금(庚金)을 제거(制去)하나 억지로 겨우 쓴다. 중년(中年) 임오운중(壬午運中) 오화(午火)가 경금(庚金)을 제거(制去)하므로 발전(發展)이 와서 진사(進士) 벼슬을 하였다.

대운(大運)을 살펴보면 기토(己土)가 묘목(卯木)위에 있으니 사토(死土)라 불미(不美)하고, 묘운(卯運)은 목(木)을 도우니 목(木)이 왕(旺)하여 지므로 불미(不美)하고, 경운(庚運)은 금목(金木)이 교전(交戰)하니 불미(不美) 하였고, 진운(辰運)은 갑진반(甲辰半)반합수국(合水局)이 되어 사주전체(四柱全體)를 유통(流通)시키니 일시적(一時的) 오년간(五年間)은 순풍괘범격(順風掛帆格)이 되었다.

신사운중(辛巳運中) 인사신(寅巳申) 삼형(三刑)이 되어 부부이별(夫婦離別) 또는 실패수가 많았다. 임오운중(壬午運中) 경신금(庚申金) 기신(忌神)을 제거하여 복이오므로 진사(進士) 벼슬을 하였다. 그후 계미운(癸未運)부터 금목(金木)이 교전(交戰)하니 업치락 뒤치락 불행(不幸)을 면치 못했다.

명리정종에 병이 있으므로 귀하게 되고 병도없고 약도 없으면 좋은 운명이라 할 수 없다. (命理正宗 有病方爲貴 無病無藥不足奇)

사주격국에서 병을 제거할 수 있으면 재와 녹이 같이 오게

된다고 하였다. (格中如去病 **財祿兩相隨**)

경신금(庚申金)을 병(病)이라 하고 화(火)를 약(藥)이
라 한다.

무인(戊寅)	을묘(乙卯)
갑인(甲寅)	병진(丙辰)
갑진(甲辰)	정사(丁巳)
을해 (乙亥)	무오(戊午)
	기미(己未)
	경신 (庚申)

갑목(甲木) 정월초(正月初)에 출생(出生) 하였으니 한기
(寒氣)가 제거되지 못하였기에 인중(寅中)의 병화(丙火)를
써 전국(全局)을 온난(溫暖)케 하는데 진중(辰中)에 계수
(癸水)와 해중(亥中)에 임수(壬水)가 있으므로 갑목(甲木
)이 고갈을 느끼지 아니한다. 그런중에 대운(大運)이 사오미
(巳午未) 남방화지(南方火地)로 향하니 부귀공명(富貴功名)
을 하였다.

무격국(無格局)

경신 (庚申)	기묘(己卯)
무인 (戊寅)	경진 (庚辰)
갑오 (甲午)	신사 (辛巳)
경오 (庚午)	임오 (壬午)
	계미 (癸未)
	갑신 (甲申)

이 운명(運命)은 갑목(甲木)이 정월목왕(正月木旺)의 시기에 출생(出生) 하였으나 인오반합(寅午半合) 화국(火局)을 이루니 춘한(春旱)이라 하겠다. 수기(水氣)가 없어 갑목(甲木)이 조갈(燥渴)하여 가지와 잎이 움추러들고 있는데 시간(時干)에 경금(庚金)과 년상(年上)의 경신금(庚申金)이 일간(日干)인 나무를 극벌(剋伐)하니 병(病)만 있고 약(藥)이 없으니 사주팔자(四柱八字)가 불행하게 태어났다. 그래서 일생(一生)을 고생하게 된다.

이 사주(四柱)는 화운(火運)에 사망(死亡)하지 아니하고 혹 살게된다면 쓰라린 고생을 겪게된다. 전번 사주(四柱)는 인목(寅木)이 세개나 되며 갑목(甲木)이 유력(有力) 하였기에 병화식신(丙火食神)으로 경신금(庚申金)을 제압 하였지만 이 운명은 갑목(甲木)이 비록 목왕(木旺)시기에 출생(出生) 하였으나 오인반합(午寅半合) 화국(火局)이 되어 갑목(甲木)이 무력(無力)하게된 시기에 경신금(庚申金)의 극(剋)을 받아 불행(不幸)하게 된것이다.

갑목(甲木)이 화(火)를 생(生)하므로 대운(大運)에서 화(火)를 만나면 화극(火剋) 금(金)하니 좋을듯하나 그러치 않다. 갑목(甲木)이 화(火)를 생(生)하여 약(弱)해 지는데 화(火)가 금(金)을 극(剋)하면 금(金)이 요동을 하게 되므로 금목(金木)이 교전(交戰)하게 되는중 약(弱)한 갑목(甲木)이 먼저 피해(被害)를 당한다는 이치에 적용됨이라 하겠다.

식신격 (食神格)　용인중　병화 (用寅中　丙火)

신축 (辛丑)　　기축 (己丑)

경인 (庚寅)　　무자 (戊子)

갑진 (甲辰)　　정해 (丁亥)

을해 (乙亥)　　병술 (丙戌)

　　　　　　　　을유 (乙酉)

　　　　　　　　갑신 (甲申)

사주 (四柱)　구성을　보면　갑목 (甲木)이　진토 (辰土)에　뿌리를　단단하게　뻗고　인중 (寅中)에서　녹 (祿)을　얻고　해중갑목 (亥中甲木)에　뿌리를　길게　뻗었으며　또　을목 (乙木)　겁재 (劫財)를　얻으니　나무가　왕 (旺)하고　윤 (潤)한중　두개의　경신금 (庚辛金)을　얻으니　외면 (外面)으로　보아서는　좋은　사주 (四柱)라　할것이다.　그러나　대운 (大運)을　잘　못만나　큰　발전 (發展)을　못한다.　그　이유는　봄철에　여한 (餘寒)이　미제 (未除)　되었는데　대운 (大運)이　해자축 (亥子丑)　신유술 (辛酉戌)　북서 (北西)　한냉 (寒冷)한　기후 (氣候)를　향 (向)해　가기에　운이　배치 (配馳)　됨이다.

적천수 (滴天隨)에서　득시현공 (得時顯功)이라　하였으니　시기를　얻으므로　공을　발휘할　수　있는　고사 (古詞)가　바로　이　운명에　합치된다.

사주 (四柱)　구성은　기가막히게　구성되어　있으나　시기에　불합리 (不合理)　하다는　것이다.　그러나　원사주 (原四柱)가　잘　구성되었기에　중인 (中人)의　복녹 (福祿)은　충분 (充分)하다고　보아야　하고　또　대운 (大運)　병술운 (丙戌運)에　약간의　발전 (

發展)이 있게된다. 병화(丙火)는 사주원국(四柱原局)을 도와주고 술토(戌土)는 조토(燥土)로서 원국(原局)의 인자(寅字)와 반합(半合) 화국(火局)을 이루어 사주(四柱) 용신(用神)을 돕기에 약간의 발전(發展)이 있다고 해석한다.

이월갑목(二月甲木)

월령(月令)에 묘목(卯木)이 있으니 묘목(卯木)을 양인(羊刃)이라 한다. 만일 경금(庚金)이 적당하게 있으면 양인가살(羊刃架殺)이라 하겠으니 출장입상(出將入相) 군에가면 장군(將軍)이요 내정(內政)에 오면 정승(政承)이 된다. 그러나 양인이 너무 많으면 성질이 포악하고 또 비명 횡사(橫死)한다. 목(木)이 왕(旺)하면 화(火)로서 설기(洩氣)함이 좋고 또는 목일색(木一色)이 되여 전왕(專旺)하면 화운(火運)이나 목운(木運)이나 수운(水運)이 순기세(順其勢)하니 좋다한다. 그 이유는 왕자(旺者)는 의설(宜洩) 의생(宜生) 의조(宜助)라 하기에 그러함이다. 화(火)로서 목기(木氣)를 뽑아내고 수(水)로서 목(木)을 생(生)하고 비견(比肩)겁재(刼財)로 도와 주어야 한다.

양인가살격(羊刃架殺格)

을해(乙亥)	무인(戊寅)	계유(癸酉)
기묘(己卯)	정축(丁丑)	
갑신(甲申)	병자(丙子)	
을해(乙亥)	을해(乙亥)	
	갑술(甲戌)	

갑목일간(甲木日干)이 이월(二月)인 묘월(卯月)에 출생(出生)하고 신금(申金)을 보니 이런경우를 양인가살(羊刃架殺)이라 한다. 이 사주팔자(四柱八字)를 보면 계묘(癸卯) 반합(半合) 목국(木局)에 년간을목(年干乙木)과 시간을목(時干乙木)이 있고 해중(亥中)에 갑목(甲木)이 숨어있으니 목(木)이 태왕(太旺)하다. 그러나 신금(申金)이 있어 목(木)의 왕세(旺勢)를 역(逆)하여 불길(不吉)할뜻 하나 다행(多幸)히 해수(亥水)가 있어 금생수(金生水) 수생목(水生木)하므로 사주팔자(四柱八字)가 막힘없이 유통(流通)이 잘되고있다. 그러기에 병자(丙子) 을해(乙亥) 갑이십오년(甲二十五年)간에 금수목(金水木)이 순류(順流) 상생(相生)하므로 대장(大將)을 거처 국무총리를 역임(歷任) 하였다.

대운(大運)은 무운(戊運) 오년(五年)에 원사주(原四柱) 천간(天干)에 화(火)가 없고 기토(己土)가 있기에 쟁재(爭財)의 액운(厄運)을 만나 부친(父親)을 조실(早失)하여 불행을 겪었다. 인운(寅運) 오년(五年)은 지지(地支)에 해수(亥水)가 있기에 인신충(寅申冲)의 위기(危機)를 면(免)하였으나 순운(順運)은 못되었다.

정축운(丁丑運) 십년(十年)은 왕목(旺木)의 기(氣)를 설(洩)하여 정화(丁火)가 축토(丑土)까지 보호(保護)되므로 태평(太平)하게 지나갔다. 그후부터 병자을해갑(丙子乙亥甲)까지 대발(大發) 하였다가 술운(戌運)에 와서 술토(戌土)가 해수(亥水)를 극재(尅制)하므로 사주(四柱)가 유통(流通)

되지 못하여 금목（金木）이 교전（交戰）하므로 교통사고（交通事故）로 사망（死亡）하니 악사（惡死）가 된것이다.

　　기미（己未）　　병인（丙寅）
　　정묘（丁卯）　　을축（乙丑）
　　갑술（甲戌）　　갑자（甲子）
　　경오（庚午）　　계해（癸亥）
　　　　　　　　　임술（壬戌）
　　　　　　　　　신유（辛酉）

　령（令）이란 월（月）을 령（令）이라 한다.

　그러기에 월（月）에서 얻은 힘을 얻다는 뜻이다.

　갑목일간（甲木日干）이 묘월（卯月）에 출생（出生）하니 양인（羊刃）을 갖고 다시 경금（庚金）을 얻으니 양인가살（羊刃架殺）이라 하겠다. 그러나 오술（午戌） 화국（火局） 위에있는 경금（庚金）이 무력（無力）한중 실령（失令）까지 되므로 무용（無用）의 경금（庚金）이 되어 한신（閑神）으로 변하였다. 그래서 양인가살（羊刃架殺）이 아니되고 상관（傷官） 생재（生財）격이된다. 대운（大運）을 보면 병인（丙寅） 정축（丁丑） 이십년（二十年）운은 목생화（木生火） 화생토（火生土） 하므로 유통（流通）이 잘되어 발전（發展） 하므로 소년（少年）에 행락（行樂）을 하였다. 갑자 계해 임술（甲子 癸亥 壬戌） 삼십년（三十年） 대운（大運）도 상하（上下）로 흐르는 대운（大運）이 수（水）로 되어있기에 수생목（水生木） 목생화（木生火） 화생토（火生土）하니 부귀공명（富貴功名）을 하였다.

신유(辛酉) 대운(大運)이 오면 금극목(金剋木)하므로 금목(金木)이 교전(交戰)되어 불행(不幸)한 사건들만 생겨 불미(不美)한중 유운(酉運)에 묘유충(卯酉冲)이 되며 목국(木局)을 파(破)하니 비명(非命) 횡사(橫死)를 하였다.

옛글에 말하기를 순천(順天)을 하면 살아있게 되고 역천을 하면 망한다는 말이 사주(四柱) 운명에도 부합된다. (古書, 順天者存 逆天者亡)

갑오(甲午)   무진(戊辰)

정묘(丁卯)   기사(己巳)

갑인(甲寅)   경오(庚午)

정묘(丁卯)   신미(辛未)

                      임신(壬申)

                      계유(癸酉)

일간갑목(日干甲木)이 이월(二月)에 출생(出生)하여 한기(寒氣)가 제거 되었는데 사주(四柱)전체가 목(木)과 화(火)로 구성되어 나무가 갈증을 느끼니 약간 부족한 형태로 사주가 구성되니 귀(貴)를 못하고 부(富)만 하게된다. 대운에 무진(戊辰) 기사(己巳)는 목생화(木生火) 화생토(火生土)가 순생(順生)하니 소년시절(少年時節) 이십전후(二十前後)에 태평(太平)한 세월을 보냈다. 경운(庚運)에는 목화금(木火金)이 상전(相戰)하니 잠시 불행(不幸)을 겪게 되었다. 그러나 경운(庚運)을 삼년(三年)으로 보고 오운(午

運)을 칠년(七年)으로 하여 십년운(十年運)을 계산함이 적합하다. 원래 경금(庚金)은 오화상(午火上)에 있는 금(金)이다. 사금(死金) 또는 단족금(斷足金)이니 간삼(干三) 지칠(支七)을 분등(分等)하여야 할것이다. 오운중(午運中)에 목화(木火)가 상생(相生)하여 잘 유통되니 발전운이 되었다. 신운(辛運)에는 금목화(金木火)가 교전(交戰)하여 불미(不美)하고, 미운(未運)에는 묘미(卯未)가 합(合)하여 목국(木局)을 이루며 목화(木火)가 상생(相生)하여 유통이 잘되니 모든 계획이 순조롭게 달성하였다. 임운(壬運)중 오년(五年)간에는 수생목(水生木) 목생화(木生火)하여 유통(流通)이 잘되다가 신운(申運)에 와서 인신(寅申) 충파(冲破)가 되므로 나무의 뿌리가 뽑혀 불행운(不幸運)이 오기에 사망(死亡)하였다.

삼월갑목(三月甲木)

나무가 튼튼해 졌으니 먼저 경금(庚金)을 쓰고 다음으로 임수(壬水)를 쓴다. 경금(庚金)과 임수(壬水)가 천간(天干)에 나와있으면 고문(高文)에 합격(合格)하나, 다만 대운에서 상생(相生)되는 것을 요(要)한다. 혹 무기토(戊己土)가 있는데 비겁(比劫)이 많으면 쟁재(爭財)가 되므로 일생(一生)을 고생(苦生)하게 된다. 여자(女子)의 운명이 이와 같으면 남자(男子)의 권리를 빼앗아가고 행실이 음악(淫惡)하다.

식신생재격 (食神生財格)

　　을축 (乙丑)　　　기묘 (己卯)

　　경진 (庚辰)　　　무인 (戊寅)

　　갑신 (甲申)　　　정축 (丁丑)

　　병인 (丙寅)　　　병자 (丙子)

　　　　　　　　　　을해 (乙亥)

　　　　　　　　　　갑술 (甲戌)

　　　　　　　　　　계유 (癸酉)

갑목일간 (甲木日干)이　삼월 (三月)에　출생 (出生)하여　신약 (身弱)하나 시지 (時支)　인 (寅)에서　녹 (祿)을 얻고 신진 (申辰)　수국 (水局)이 갑목 (甲木)을 생 (生)하니 금생수 (金生水) 수생목 (水生木)　목생화 (木生火)하기에　사주 (四柱)가　순유 (順流)하여　격국을 잘 이루었기 부귀공명 (富貴功名)을　하였다. 대운 (大運)을　보면　기토 (己土), 묘목 (卯木), 무토 (戊土), 인 목 (寅木), 정화 (丁火), 축토 (丑土)　삼십년 (三十年)운이　화 생토 (火生土)　토생금 (土生金)　금생수 (金生水)　수생목 (水生 木)　목생화 (木生火)하여　순류 (順流)　상생 (相生)하므로 발 전 (發展)운이　와서　고목봉춘격 (枯木逢春格)이　되었다.　그후 병자 (丙子), 을해 (乙亥), 갑술 (甲戌)운도　순류 (順流)　상생 되니　삼십년 (三十年)간　부귀공명 (富貴功名)을　하였다.　총합 육십년 (六十年)을　태평 (太平)하게　지냈다.

　그러나　술운 (戌運)중에　진술 (辰戌)이　상충 (相冲)되며　신 진 (申辰)　수국 (水局)을　파 (破)하니 화금목 (火金木)이　상

천(相戰)하므로 불행운(不幸運)이   와서 사망(死亡)   하였다.

   병인(丙寅)   계사(癸巳)

   임진(壬辰)   갑오(甲午)

   갑진(甲辰)   을미(乙未)

   정묘(丁卯)   병신(丙申)

                        정유(丁酉)

                        무술(戊戌)

   갑목일간(甲木日干)이   삼월(三月)   토왕(土旺)절에 출생(
出生) 하였으나 시지(時支)에서 묘목(卯木) 양인(羊刃)을
얻고 또 년지(年支)에서 인목(寅木)을 보니 목(木)이 습
(濕)한 진토(辰土)위에 앉았으니 윤기있고 왕성하다. 그런중
에 시간(時干)에 정화(丁火)를 보니 목화(木火)가 통명(
通明)이 되고 또는 상관생재격(相官生財格)이 되어 위인이 총
명(聰明)하기도 하고 역시 부자(富者)의 운명(運命)이다.
계사(癸巳) 십년(十年)운은 계수(癸水)가 갑목일간(甲木日
干)을 생(生)하고 일간(日干)이 정화(丁火)를 생(生)하
고 정화(丁火)가 진토재(辰土財)를 생(生)하니 유통(流通
)이 잘되어 크게 발전(發展)이 왔다. 갑오(甲午) 을미(乙
未)운 이십년(二十年) 목화토(木火土)가 상생(相生) 하므
로 발전(發展)이 와서 부귀(富貴) 쌍전(雙全)하였다.   병
신(丙申) 십년(十年)운은 병화(丙火)는 상생(相生)되어 무
방하나 신운(申運)은 불리(不利)할 뜻하나 신진수국(申辰水
局)이 되어 수생목(水生木) 목생화(木生火)하니 운명에 아

무 지장이 없이 발전(發展)이 온다. 정유(丁酉) 십년(十年)운은 정화(丁火)가 오년(五年)간 목화(木火) 상생(相生)되니 무사(無事)하다. 유운(酉運)은 묘유(卯酉) 충(冲)으로 인하여 불행(不幸)이 오기에 유운(酉運) 오년간(五年間) 대액(大厄)을 불면(不免) 하였다. 같은 신유운(辛酉運)이나 갑목일간(甲木日干)이 인목(寅木)에 의지한 것이 아니고 가까운 묘목(卯木)을 의지하였기 신운(申運)에는 무사(無事)하고 유운(酉運)에 액(厄)을 만나게 된다. 사주(四柱) 풀이의 묘법(妙法)이 여기에 있다.

임오(壬午)　　을사(乙巳)

갑진(甲辰)　　병오(丙午)

갑인(甲寅)　　정미(丁未)

무진(戊辰)　　무신(戊申)

　　　　　　기유(己酉)

　　　　　　경술(庚戌)

갑목일간(甲木日干)이 삼월(三月)에 출생(出生)되니 월령(月令)에 재성(財星)이 왕(旺)한중 또 시상(時上)에 유무성(戊財星)을 보았다.

그러나 목(木) 역시 삼목(三木)이 습윤(濕潤)한 토(土)를 끼고있으니 갈증은 면제된다. 그러나 오화(午火)가 멀리있어 목(木)과 연결이 못되므로 토목(土木)이 교전(交戰)을 하고있다.

대운(大運)에 있어 사병오정(巳丙午丁) 이십년(二十年)은 목생화(木生火) 화생토(火生土)하므로 사주(四柱)가 유통(流通)이 잘되므로 소년시절(少年時節)에 형락(亨樂)을 누리고 잘 지내다가 미운(未運) 부터 무운(戊運)까지 십년(十年)간 토목(土木)이 상전하므로 운세가 하락(下落)하기 시작하여 불운(不運)에 헤메이다가 신운(申運)이 되며 인신(寅申)이 상충(相冲)되므로 갑목(甲木)의 뿌리가 잘리니 나무가 고사하듯이 인생(人生)의 운명(運命)도 이와같이 사망(死亡)을 한것이다.

전번사주(前番四柱)에는 신진수국(申辰水局)이 되어 수생목(水生木)하므로 잘되었다 평을하고 이 사주(四柱)는 어찌 신진수국(申辰水局)을 보지 아니하는가 하는 의문이 있겠지만 전번(前番) 사주(四柱)는 인(寅)이 년지(年支)에 있어 충(冲)이 갑목(甲木)과 무관(無關)하므로 충(冲)을 하지 아니하고 합(合)으로 간주하고 이 사주(四柱)는 바로 일주하(日柱下)에 인(寅)이 있어 갑일간(甲日干)과 이해관계가 있기에 합(合)을 보지않고 충(冲)을 쓴것이다.

二. 삼하(三夏)의 갑목(甲木)

사월(四月)에 갑목(甲木)은 퇴기(退氣) 되었으니 먼저 계수(癸水)를 쓰고 다음 정화(丁火)를 쓴다.

경금(庚金)이 너무 많으면 갑목(甲木)의 병이 되므로 임수(壬水)가 있어야 중화(中和)가 된다. 이와같은 운명(運命)으로 태어나면 성질이 청고(淸高)하고 호인(好人)이 된다 뿐만아니라 부귀(富貴)를 겸하게 된다. 장난도 좋아하고 말주변도 좋으며 시(詩)를 잘짓는다. 계수(癸水)가 없고 경금(庚金)과 정화(丁火)가 있으면 혹 부(富)를 하는수도 있고 이도(異途)의 공직(公職)에 있게되는 수도있다. 이와같이 임수(壬水)가 투출(透出)되면 부(富)를 하게된다. 만일 한점의 물도 없고 경금(庚金)과 정화(丁火)가 없으며 병화(丙火)와 무토(戊土)만 있어 사주(四柱)가 조열(燥烈)하게된 운명으로 태어나면 무용지인(無用之人)이 된다.

사월갑목(四月甲木), 목화통명격(木火通明格)

정묘(丁卯)　　갑진(甲辰)

을사(乙巳)　　계묘(癸卯)

갑인(甲寅)　　임인(壬寅)

을해(乙亥)　　신축(辛丑)

　　　　　　　경자(庚子)

　　　　　　　기해(己亥)

갑목일간(甲木日干)이 사월(四月)에 출생(出生)하였으나 수(水)가 없어 건조하므로 고갈을 느끼게 된다. 해수(亥水)가 있으나 인해(寅亥)가 합(合)하여 목(木)으로 변(變)하였기 그러하다. 그러나 다행(多幸)한 것은 목(木)이 수(數)가 많아 왕성(旺盛)한데 정화(丁火)가 설기(洩氣)를 하여 주므로 목화(木火)가 통명(通明)의 좋은 점을 갖고있다. 사람의 운명이 이와같으면 총명(聰明)하고 인정(人情)이 있다. 대운(大運)을 보면 갑목(甲木)운은 원사주의 목(木)을 도우니 좋고 진토(辰土)는 습(濕)하며 재성(財星)이 되어 사주천간(四柱天干)의 정화(丁火)에서 생(生)을 받으니 발전이 오기에 소년시절(少年時節)에 태평(太平)하게 잘자랐다. 계묘(癸卯) 임인(壬寅) 이십년(二十年)운은 수(水)가 목(木)을 생(生)하고 목(木)이 화(火)를 생(生)하니 사주(四柱)가 상생(相生) 상조(相助)되기에 운수가 대발하여 고문(高文)에 합격(合格)하므로 일찍 출세를 하였다. 신축(辛丑) 경자운(庚子運) 이십년(二十年)에는 신금(辛金)과 경금(庚金)이 목화금(木火金) 삼상전(三相戰)을 하여 불리(不利)하다 할수 있으나 목(木)이 완전하고 강하기에 무난히 고비를 지나가게 되고, 축사 운(丑土運)은 화토(火土)가 상생(相生)되고 자해운(子亥運)은 수(水)가 지지(地支)로 오며 인목(寅木)을 생(生)하니 사주(四柱)가 순수하게 유통(流通)되므로 발전(發展)이 와서 지사(知事)를 역임하였다.

　　병오(丙午)　　갑오(甲午)

계사 (癸巳)   을미 (乙未)

갑자 (甲子)   병신 (丙申)

병인 (丙寅)   정유 (丁酉)

무술 (戊戌)

기해 (己亥)

갑목 (甲木) 일간 (日干)이 사월 (四月)에 출생 (出生)하니 목 (木)은 병지 (病地)가 되고 수 (水)는 절지 (絶地)가 되니 수목 (水木)이 무력 (無力)하다. 시지 (時支)에 인목 (寅木)이 있어 갑목 (甲木)의 녹지 (祿地)가 되나 화 (火)의 세력 (勢力)이 대세 (大勢)를 차지하고 있기에 용신 (用神)을 정하기 어렵다.

여름철에 출생 (出生)한 운명에는 양난지지 (陽暖之地)에 유한습지기 (有寒濕之氣)가 있으면 수 (水)를 쓴다 하였으나 이 운명에는 불합리 (不合理)하다. 그 이유는 금 (金)이 없어 건수 (乾水)가 되기에 수 (水)가 무용지물이 된것이다. 갑오 (甲午) 대운 (大運)에 오화 (午火)가 자수 (子水)를 충파 (冲破)하므로 손목 (損目)하고 그후 병신 (丙申) 대운 (大運)에 신금 (申金)이 인목 (寅木)을 충파 (冲破)하니 일간 (日干) 갑목 (甲木)의 뿌리가 파손되니 갑목 (甲木)이 고사 (枯死)하므로 이 운명도 최후를 마친것이다.

사주 (四柱) 풀이가 원칙 (原則)에 의한 상황에 따라 변화 (變化)가 많다. 그러니 역 (易)은 변역 (變易)이니 수시변역 (隨時變易)하여 이종도야 (以從道也)라 하였다.

정묘(丁卯)　　갑진(甲辰)

을사(乙巳)　　계묘(癸卯)

갑진(甲辰)　　임인(壬寅)

경오(丙午)　　신축(辛丑)

　　　　　　　경자(庚子)

　　　　　　　기해(己亥)

　　　　　　　무술(戊戌)

　갑목일간(甲木日干)이 사월(四月) 병지(病地)에서 출생(出生)되었으나 접재(劫財)와 묘목인인(卯木羊刃)을 얻어 유력(有力)하다. 시기(時期)가 조(燥)한데 화(火)의 세력(勢力)이 전국을 주도하니 우선 급한것이 화기(火氣)를 제거하는 것이다. 다행(多幸)히 습(濕)하고 윤(潤)한 진토(辰土)가 있어 화기(火氣)를 조용하게 설(洩)해 버리니 자연(自然)스럽게 안정한 운명을 만든다.　이와같은 양난지지(陽暖之地)에 유한습지기(有寒濕之氣)면 한습지지(寒濕之地)에 발복(發福)이라 하였으니 금수운(金水運)에 발전(發展)한다. 삼십전(三十前) 수목운(水木運)에 목(木)이 수기(水氣)를 저해하여 기복(起伏)이 많다가 삼십후(三十後) 신축(辛丑), 경자(庚子), 기해(己亥)운까지 삼십년(三十年) 금수(金水)의 운(運)을 만나 발전(發展)이 와서 고관(高官)을 지냈다.

　오육월 갑목(五六月　甲木)

　목(木)의 성질이 갈증이 심하여 허약(虛弱)하다. 오월(五

月)이나 육월(六月)을 같은 이치로 추리하라. 습기있는 진토(辰土)나 축토(丑土)를 요(要)한다. 그러나 충(沖)이나 합(合)되는 것을 불요(不要)한다. 경신금(庚辛金)이 그중에 한 개라도 있어 수(水)와 연결 되어있으면 진축토(辰丑土)가 없어도 좋다. 혹 금수(金水)가 없고 목화(木火)만 있는데 대운(大運)이 남방화왕지(南方火旺地)로 가면 나무가 타서 재가되니 헤아릴수 없는 재액(災厄)이 온다. 만일 목화(木火)로 운명이 구성되어 있으면 제극(制剋)하는 것이 불리하니 설기(洩氣)하는 것이 묘(妙)한 방법이다.

오월갑목(五月甲木), 용비격(用比格)

정사(丁巳)	을사(乙巳)
병오(丙午)	갑진(甲辰)
갑인(甲寅)	계묘(癸卯)
갑자(甲子)	임인(壬寅)
	신축(辛丑)
	경자(庚子)

갑목일간(甲木日干)이 오월(五月)인 사지(死地)에서 출생(出生)되어 일주(日柱) 좌하(坐下)에 인목(寅木)을 보고 시간(時干)에서 갑목(甲木)을 보고, 자수(子水)를 시지(時支)에서 얻었으나 자수(子水)가 독립된 물이라 무용지물(無用之物)이 되고 년상(年上) 월상(月上)에 병정사오(丙丁巳午) 사화(四火)가 하절(夏節)인 시기를 만나 기세가 위력을 떨치고 있다.

그러므로 갑목(甲木)이 조갈이 들어 사지(死地)에 서있다. 대운(大運)을 살펴보면 을사(乙巳) 갑진(甲辰) 계묘(癸卯) 임(壬)까지는 좋은 운은 아니나 그런대로 기복(起伏)이 있으며 지나갔다. 을(乙)은 초목(草木)이고 진(辰)은 습한(濕寒) 흙이고 묘목(卯木)도 초목(草木)이라 무난하고, 임계(壬癸)운은 수(水)가 대운(大運) 천간(天干)에 있어 사주천간(四柱天干)의 목(木)을 생(生)하니 수생목(水生木) 목생화(木生火)하여 순생(順生)되므로 대액(大厄)은 없었던 것이다. 그러나 인운(寅運)에 와서는 인오반합(寅午半合) 화국(火局)을 이루어 갑목(甲木)이 고갈을 더 느끼게되어 모든 불행(不幸)이 연속되다가 신금운(辛金運)에 와서는 화목금(火木金)이 상전(相戰)을 하니 약한 갑목(甲木)이 견디다 못하여 평지(平地)에서 풍파(風波)가 일어나 최후를 마쳤다.

　　명리정종에서 상관(傷官)에 우살(遇殺)하면 평지(平地)에서 풍파(風波)가 일어난다 하였으니 이 운명이 여기에 합치(合致)된다.

정사(丁巳)	을사(乙巳)
병오(丙午)	갑진(甲辰)
갑인(甲寅)	계묘(癸卯)
을축(乙丑)	임인(壬寅)
	신축(辛丑)
	경자(庚子)

갑목일간(甲木日干)이 사지(死地)인 오월(五月)에 출생(出生) 하였으나 좌하(坐下)에 인목(寅木)이 있고 다음으로 습윤(濕潤)한 축토(丑土)를 보니 사주(四柱)구성이 잘되어 있다. 그러나 대운(大運)이 을사갑(乙巳甲) 십오년(十五年)간 화(火)를 생(生)하여 주고있어 소년(少年)에 불운(不運)을 만나 부모(父母)를 조실(早失)하고 가산(家產)이 탕진되어 고생을 하다가, 진토운(辰土運)에 와서 화기(火氣)를 자연스럽게 설(洩)하니 좋은 운이 되어 오년(五年)간 태평(太平)하게 지내다가, 계묘(癸卯) 임인(壬寅) 이십년(二十年)운은 대운(大運) 천간(天干)으로 오는 임계수(壬癸水)가 수생목(水生木) 목생화(木生火)하여 좋을듯하나 지지(地支)의 인묘목(寅卯木)이 화기(火氣)를 돕고 축토(丑土)를 극제(剋制)하니 불행(不幸)한 운이되어 고생(苦生)을 많이 하다가, 경자(庚子) 신축(辛丑) 기해(己亥)운 삼십년(三十年)에 큰발전이 와서 부자가 되어 태평(太平)한 생활을 하였다. 양난(陽暖)의 땅에 한습(寒濕)한 축토(丑土)가 있었기 금수(金水)의 운에 발전(發展)된 것이다.

여인(女人)의 운명(運命) 상관우살격(傷官遇殺格)

병인(丙寅)　계사(癸巳)　무자(戊子)

갑오(甲午)　임진(壬辰)

갑술(甲戌)　신묘(辛卯)

신미(辛未)　경인(庚寅)

기축(己丑)

이 운명(運命)은 갑목일간(甲木日干)이 오월(五月)인 사지(死支)에서 출생(出生)되어 기진맥진 하는데 다시 시간(時干)에 신금(申金)이 갑목일간(甲木日干)을 극제(剋制)하니 사주(四柱)구성 자체부터 불미(不美)하다. 원국(原局)에 수(水)가 없으니 대운(大運)에서 수(水)를 만나도 화수(火水)가 상전(相戰)만 되니 불행(不幸)하고, 또 금(金)운을 만나도 화목금(火木金)이 상전(相戰)하니 불미(不美)하며, 인(寅)운은 인오술(寅午戌) 삼합(三合) 화국이 되어 갑목(甲木)이 타버리니 불행(不幸)하고, 자운(子運)은 자오(子午)가 충(冲)되니 불행(不幸)하고 축운(丑運)은 축술미(丑戌未) 삼형(三刑)이 되어 불미(不美)하다. 고서(古書)에서 불행(不幸)하게 태어난 운명은 비빈즉요라 하였으니 이 뜻은 고생을 하면 오래살고 잘살면 단명하다는 뜻이다. 이 사주가 여기에 부합되니 죽지아니하면 일생(一生)을 고생(苦生)하게 된다.

이인제 상관격(以印制傷官格)

기미(己未)	기사(己巳)
경오(庚午)	무진(戊辰)
갑진(甲辰)	정묘(丁卯)
임신(壬申)	병인(丙寅)
	을축(乙丑)
	갑자(甲子)
	계해(癸亥)

이 운명은 갑목일간(甲木日干)이 뿌리도 없이 오월(午月)인 사지(死地)에서 출생(出生)하였다. 출생(出生)의 시기는 신왕(身旺) 신약(身弱)을 논할것 없이 물이 필요(必要)하다. 그러나 다행히 시간(時干)에 임수(壬水)가 신금(申金)에서 장생(長生)을 띄고 있으니 사주를 잘 구성해 놓았다. 대운(大運)이 기사무진(己巳戊辰) 이십년(二十年)에는 순운이 되어 자기의 포부를 펼수있는 운을 만난 것이다. 그러나 정묘(丁卯) 병인(丙寅) 이십년(二十年)은 화목(火木)운이 원사주 운명의 화(火)를 도와주므로 불행(不幸)이 와서 매사(每事)가 부진(不辰)하여 크게 타격을 받았던 것이다. 그후 대운이 을축(乙丑), 갑자(甲子), 계해(癸亥)로 가며 삼십년(三十年) 대운이 화기(火氣)를 꺽고 금수(金水)를 보호하니 크게 발전이 와서 부귀공명(富貴功名)을 하였다.

육월갑목(六月甲木)

오육월(五六月) 갑목(甲木)은 목(木)이 성하였으면 먼저 경금(庚金)을 쓰고 다음으로 정화(丁火)를 쓰니 오월(五月)에 계수(癸水)와 경금(庚金)이 사주천간(四柱天干)에 튀어나와 있으면 상상지격(上上之格)이 된다. 육월(六月)에 경금(庚金)과 정화(丁火)가 사주천간(四柱天干)에 양투(兩透)되면 상상지격(上上之格)이라 하지만 지지(地支)에서 한개(一個)의 축(丑)이나 진(辰)이 있어야 한다. 목화통명(木火通明)되면 자연(自然)히 대부대귀(大富大貴)하게 된다.

혹 정화(丁火)가 너무많고 계수(癸水)가 너무 많아도 크게
출세하기 힘들다. 만일 사주내(四柱內)에 금(金)이 많으면
살(殺)이 과하고 몸은 양하니 운(運)이 서로 도와줌이 없
으면 이사람의 운명은 가난하지 아니하면 일찍 죽게된다. 혹
경금(庚金)이 많고 일이병정화(一二丙丁火)가 제복(制伏)을
하는중 또 임계수(壬癸水)가 천간(天干)에 나와 금기(金氣
)를 설(洩)하여 주면 이 운명은 먼저는 가난하지만 뒤에는
부자가 된다.

혹 사주(四柱) 전체에 병화(丙火)와 정화(丁火)가 있는
데 관성(官星)이나 살성(殺星)인 칠살(七殺)을 보지 아니
하면 상관(傷官)이 상진(傷盡)이라 하겠으니 최고(最高)로
기특한 사주(四柱)라 도리어 청귀(淸貴)한 벼슬을 하여 명
진사해(名振四海)한다.

이렇게되면 재주도 있고 학문도 잘하기에 고문합격(高文合格
)하여 유망하게 된다.

상관상진(傷官傷盡) 운명(運命)은 세운(歲運)에서도 수(
水)를 조심하여야 하고 대운(大運)에서도 수(水)를 만나면
가난하지 아니하면 악사(惡死)하게 된다.

대개 목화(木火) 상관(傷官)인 운명(運命)을 가지고 있
으면 총명(聰明)하고 지혜가 있으며 교묘한 재주가 있으나 사
물(事物) 처리가 달라 물건을 유심히 보고 의심이 많아 불
미(不美) 한점이 있으나 사람을 해(害)치는 일이 없다.

사주(四柱)에 토(土)가 많고 천간(天干)위에 을목(乙木)

이 있으면 기명종재(棄命從財)로 보지마라 오월(五月)은 양극(陽極)이 되고, 육월(六月)에는 미중(未中) 을목(乙木)이 보관되어 있으나 투출을 아니하였기 기명종재격(棄命從財格)이라 할 수 있다.

갑목일간(甲木日干)이 시(時)나 월(月)에 기토(己土)가 튀어나와 있으면 이 토(土)가 쟁합(爭合)이라 하겠으니 남자(男子)는 바람둥이가 되고 여자(女子)는 음천(淫賤)한 기생이 된다. 그러나 갑목(甲木)이 년(年)에 또 있으면 쟁합(爭合)을 면하게 된다. 그러나 평인(平人)으로 지내지 못하니 인생의 가치에 대하여서는 큰 자격은 없다.

사주내(四柱內)에 진토(辰土)가 있고 천간(天干)에 이기(二己) 이갑(二甲)을 가지고 있는 사람은 명리(名利)가 쌍전(雙全)하게 되므로 대부대귀(大富大貴)하게 된다.

갑진(甲辰)　　임신(壬申)

신미(辛未)　　계유(癸酉)

갑자(甲子)　　갑술(甲戌)

신미(辛未)　　을해(乙亥)

　　　　　　　병자(丙子)

　　　　　　　정축(丁丑)

이 운명운(運命運)은 유월염천(六月炎天)에 천지강산(天地江山)이 더워서 견딜수 없는중 다행(多幸)히 일지(日支)에 자수(子水)가 독립(獨立)되어 있고 또는 년지(年支)에 진토(辰土)가 습윤(濕潤)한 기(氣)을 가지고 있으며 열화(

烈火)의 기(氣)를 설(洩)하니 사주(四柱)가 중화(中和)되어 일생(一生)을 부귀공명(富貴功名)하게 되어있다.

이 사주(四柱)도 삼단논법(三段論法)에 하절(夏節)을 담당한 것이다. 대운(大運)이 신유술(申酉戌) 금왕지(金旺地)로 향(向)하니 금(金)이 수(水)를 생(生)하여 주기에 대통운(大通運)이 되며 해자축(亥子丑)은 북방수운(北方水運)이 되기에 역시 수(水)을 도와주게 되니 부귀(富貴)가 갈수록 더하게 되어있다.

그러나 갑술운(甲戌運)은 삼십(三十)과 사십(四十)사이의 운(運)으로서 갑목(甲木)은 수기(水氣)를 설(洩)하니 불미(不美)하고, 술토(戌土)는 서방운(西方運)은 되나 조토(燥土)라 수(水)을 활발하게 흘러가지 못하게 하므로 불미(不美)하여 일시적(一時的)으로 모든일이 중단되기도 하였으나 기타운(其他運)이 오십년(五十年)이나 금수지(金水地)로 향(向)하니 행운(幸運)을 가져와서 부귀공명(富貴功名)하게 되었다. 이 사람은 당년태세(當年太歲)의 신수운(身數運)은 당년운(當年運) 천간(天干)으로서 을자년(乙字年) 무자년(戊字年)이 불미(不美)하고, 병오(丙午) 정미(丁未) 갑술(甲戌) 갑인(甲寅) 병인(丙寅) 정사(丁巳) 무오(戊午)등등의 년(年)운이 오면 수(水)가 활동을 자유(自由)롭게 하지 못하여 불미(不美)하다.

이 사주(四柱)는 갑목(甲木)이 무근(無根)하니 신왕신약(身旺身弱)을 불론(不論)하고 금수(金水)을 만나면 대발(

-116-

大發）한다.

       을사（乙巳）   임오（壬午）
       계미（癸未）   신사（辛巳）
       갑자（甲子）   경진（庚辰）
       무진（戊辰）   기묘（己卯）
                   무인（戊寅）
                   정축（丁丑）

육월염천（六月炎天）에 자진수국（子辰水局）을 이루어 화기（火氣）를 제압하고 있는데 다시 월간（月干）에 계수（癸水）가 투출（透出）되니 화（火）가 곤（困）하게 되어있다. 그러기에 화（火）는 이 사주（四柱）에 자식（子息）이 되는바 화（火）가 무력（無力）하니 자식（子息）이 핍절（乏絕） 하였다. 다행（多幸）히 대운（大運）이 오사진묘（午巳辰卯） 화목지（火木地）로 향（向）하기에 벼슬도 못하고 자식도 없고 다만 재산（財產）은 부자（富者）라 하였다. 갑목（甲木）이 을목겁재（乙木刧財）가 있고 미중을목（未中乙木）의 기（氣）가 있고, 辰中에 을목（乙木）의 기（氣）가 있으니 갑목（甲木）이 약（弱）한것 같으니 실지는 약（弱）하지 아니하다. 년운（年運）의 천간자（天干字）기자（己字）정자（丁字）무자（戊字）임자（壬字）가 든해는 불미（不美）하다. 기타（其他） 경신（庚申）신유（辛酉）오술（午戌）축해년（丑亥年）도 기복（起伏）이 많다.

       신사（辛巳）   병신（丙申）
       을미（乙未）   정유（丁酉）

갑술（甲戌）　　무술（戊戌）

무진（戊辰）　　기해（己亥）

　　　　　　　경자（庚子）

　　　　　　　신축（辛丑）

* 여명（女命）：토（土）는　조（燥）하고　화기（火氣）는　열（烈）하여　생의（生意）가　없으니　불미（不美）하다.

　이　운명（運命）은　육월염천（六月炎天）에　출생（出生）되어　토조（土燥）하고　화열（火烈）하는데　시지（時支）에　습윤（濕潤）한　진토（辰土）가　있어　다행（多幸）인것　같더나, 일지（時支）에　술토（戊土）가　있고, 시（時）에　진토（辰土）가　있어　진술상충（辰戊相冲）으로　되어　진토길성（辰土吉星）이　파괴되니　사주금국（四柱金局）으로　변화（變化）가　된다.　만일　진토（辰土）가　건재（建在）하면　진토（辰土）가　용신（用神）이　되지만　진토（辰土）가　파괴（破壞）되니　사주전체（四柱全體）가　조열（燥烈）하며　티끌만치도　생의（生意）가　없으니　남편운（男便運）은　세번　시집가도　안정을　얻지못하고, 자식（子息）을　생산（生產）해볼　수가　없는　운（運）이며　월주（月柱）도　겁재（刧財）에　조토（燥土）를　겸하였으니　부모형제의　덕도없고　따라서　인덕도　없다.

　이　사주（四柱）는　평생（平生）을　곤란（困難）하게　사니　년운（年運）을　따질　필요도　없다.　이런　사주（四柱）를　불행（不幸）한　운명（運命）이라　한다.

三 . 삼추(三秋)의 갑목(甲木)

　칠월(七月)　팔월(八月)　구월(九月)의　갑목(甲木)을　삼추(三秋)의　갑목(甲木)이라한다. 나무의　성질이　말라있고　또　금(金)이　토(土)의　왕기(旺氣)를　받아　왕(旺)하기에　갑목(甲木)이　부지하기가　어렵다.　그래서　먼저　정화(丁火)를　써서　금(金)을　제압(制壓)한다.　정화(丁火)는　노화(爐火)라　금(金)을　다룰수가　있으나　병화(丙火)는　태양화(太陽火)이기에　조난(照暖)에　필요(必要)한　화(火)라　할뿐이다.　그래서　정화(丁火)가　투출(透出)되고　경금(庚金)이　투출(透出)되어　경금(庚金)이　벽갑(劈甲)하여　정화(丁火)를　인도하여　주면　정화(丁火)가　잘타오르기에　삼추(三秋)의　갑목(甲木)으로서　지지장간(地支藏干)에서　뿌리를　얻고　있는데　경금(庚金)　정화(丁火)가　양투(兩透)하면　고문합격(高文合格)은　자연(自然)히　하게된다.

　만일　갑목(甲木)이　무근(無根)하였는데　경정(庚丁)이　양투(兩透)하면　불미(不美)한　운명(運命)이　된다. 갑목(甲木)이　무근(無根)하고　금일색(金一色)이면　종금(從金)을　하여야　하는데　정화(丁火)가　금(金)을　극제(剋制)하면　이것도　아니고　저것도　아니기에　사주(四柱)가　좋은　운명이　못된다.

　만일　종금(從金)하면　화운(火運)이　금수(金水)의　지지(地支)로　흘러갈때　사불여의(事不如意)하게　된다. 경금(庚金)

이 투출(透出)하여 금일색(金一色)인데 정화(丁火)가 없으면 다만 부자(富者)라하고 갑목(甲木)이 유근(有根)한데 경다무정(庚多 無丁)하면 잔질(殘疾)을 갖게 된다.

경금(庚金)이 많고 계수(癸水)가 없으면 임수(壬水)라도 대용을 한다. 임수(壬水)가 많고 무기토(戊己土)가 역시 많으면 이 때는 일(一)점 정화를 써 금(金)을 제거하면 군토(群土)를 양성(養成)하니 이 운명은 대부(大富)가 된다. 정화(丁火)가 지(支)에 장(藏)되어 있어도 소부(小富)는 되고 정화(丁火)가 투출(透出)되어 있으면 대(大)부호가 된다. 삼개(三個)의 정화(丁火)를 얻었는데 정화(丁火)가 사절(死絶)의 지(地)에 있지 아니하면 필연(必然)코 부귀쌍전(富貴襍全)한다. 혹(或) 계수(癸水)가 첩첩(疊疊)하여 정화(丁火)을 제복(制伏)하면 비록 문장(文章)일지라도 끝까지 발전(發展)을 못하게 된다. 만일 계수(癸水)를 파괴시키면 약간의 공명(功名)을 할수가 있다.

지지(地支) 수국(水局)을 이루었는데 무기(戊己)가 사주천간(四柱天干)에 투출(透出)되어 계수(癸水)을 제거하고 정화(丁火)을 보존시키면 고문합격(高文合格)은 하여도 위인이 간사하고 송사와 시비를 좋아하며 남의 물건을 탐내다가 화액을 당하게 되니 간사하고 험한 인물(人物)이 된다. 결코 안분(安分)을 지키는 사람은 아니다.

　　을미(乙未)　　계미(癸未)

　　갑신(甲申)　　임오(壬午)

갑자 (甲子)   신사 (辛巳)

을해 (乙亥)   경진 (庚辰)

                  기묘 (己卯)

                  무인 (戊寅)

                  정축 (丁丑)

갑목일간 (甲木日干)이 칠월 (七月) 금왕지 (金旺地)에 출생 (出生)되여 있는데 다행 (多幸)히 신자수국 (申子水局)을 이루었고 또는 비겁 (比刦)이 많고 또는 해중 (亥中) 갑목 (甲木)이 암장되여 있으니, 목 (木)이 태왕중 (太旺中) 일정화 (一丁火)가 결여 (缺如)되었으니 사주 (四柱) 구성이 대기 (大器)라 할수 없고 중인복록 (中人福祿)에 관록 (官祿)이 장구 (長久)하겠다.

갑목일간 (甲木日干)이 좌하 (坐下)에 자수 (子水)가 있으니 목패어자 (木敗於子)하므로 재혼 (再婚)은 탈면 (脫免)하게 된다.

년운일 (年運日)에서는 무기년 (戊己年)이 불미 (不美)하고 경오년 (庚午年)은 천지 (天地) 충파 (冲破)운이라 하기에 매사 (每事)가 부진 (不振)된다. 사오미년 (巳午未年)에는 누구나 삼 (三)재 팔란이 들어오니 십이년 (十二年)을 일기 (一期)로 하여 구년 (九年)은 길년 (吉年)이 되고 삼년 (三年)은 불미년 (不美年)이라 한다.

병오 (丙午)   정유 (丁酉)

병신 (丙申)   무술 (戊戌)

갑인 (甲寅)   기해 (己亥)

정묘(丁卯)   경자(庚子)   갑경금(甲庚金)

신축(辛丑)

임인(壬寅)

계묘(癸卯)

갑목일간(甲木日干)이 칠월(七月) 경금왕절(庚金旺節)에 출생(出生)되였으나 병정화(丙丁火)가 있어 칠살(七殺)인 신금(申金)을 제거하므로 대(大)운이 재관(財官)의 지지(地支)로 향(向)함이 좋다. 이 운명(運命)은 기운(己運)에 연거푸 승진되고 경운(庚運)에 발탁되어 시랑(侍郎)의 지위(地位)에 올랐다. 신(身)이 강하고 관성(官星)이 칠월(七月)이라 왕(旺)하고 정화(丁火)가 고투(高透)하였으니 좋은 운명을 타고 난것이라 하겠다.

년운(年運)은 경년(庚年) 무년(戊年) 신년(辛年)을 싫어하고 무신(戊申) 경신(庚申)천지충파년(天地冲破年)을 싫어 한다.

갑목(甲木)의 양인(陽刃)은 묘자(卯字)인데 신금(申金)은 살(殺)이 된다. 고서(古書)에 양인가살(羊刃架殺)하면 출장입상(出將入相)한다 하였는데 이 운명이 이에 **부합된다.**

기해(己亥)   신미(辛未)

임신(壬申)   경오(庚午)

갑술(甲戌)   기사(己巳)

정묘(丁卯)   무진(戊辰)

정묘(丁卯)

-122-

병인（丙寅）

을축（乙丑）

갑목（甲木）의 양인（羊刃）은 묘（卯）인봐 갑목일간（甲木日干）이 시（時）에 양인（羊刃）은 같고 월령（月令）에 신금（申金） 살성（殺星）을 보니 양인가살격（羊刃架殺格）이라한다.

이십이전（二十以前） 신미경대운（辛未庚大運）에 정화（丁火）가 무력（無力）하므로 발전（發展）이 없어 어려서 곤고（困苦）한 일이 많았다. 이십이후（二十以後） 오운중（午運中） 정화（丁火）가 오（午）에서 녹（祿）을 얻으니 모든일이 뜻대로 되여 군부（軍部）에서 유력（有力）한 힘을 갖고 있었다. 그러나 그 후（後） 운이 기사무진（己巳戊辰）으로 향（向）하여 정화（丁火）의 기（氣）을 설（洩）하니 발전（發展）이 없다가 정묘（丁卯） 병인（丙寅） 대운（大運）에 목화（木火）가 정화（丁火）을 도우니 일약（一躍）하여 대장（大將）까지 역임한바 있다.

정화（丁火）를 존중하는 의미는 신월금왕지（申月金旺地）에서 임수（壬水）가 천간（天干）에 투출（透出）되고 또 년해（年亥）에 해수（亥水）가 있으니 수（水）의 세력（勢力）이 강（剛）하고 화（火）의 세력（勢力）이 약（弱）하므로 정화（丁火）의 돕는 운을 좋아한다. 년운（年運）은 계년（癸年） 병년（丙年） 무년（戊年） 신년（辛年）을 조심하여야 한다.

당년（當年）의 천간（天干）이 주인（主人）이 되기에 이것을 중요（重要）하게 여긴다.

무오 (戊午)　　신유 (辛酉)

경신 (庚申)　　임술 (壬戌)

갑인 (甲寅)　　계해 (癸亥)

병인 (丙寅)　　갑자 (甲子)

　　　　　　　을축 (乙丑)

　　　　　　　병인 (丙寅)

　　　　　　　정묘 (丁卯)

　　갑목일간 (甲木日干) 이　일시지 (日時支) 에서　녹 (祿) 을　얻어
왕 (旺) 하고　경신금 (庚申金) 이　칠월 (七月)　금왕절 (金旺節)
에　출생 (出生) 하니　신 (身) 과　살 (殺) 이　양왕 (兩旺) 하다.
그러기에　귀 (貴) 가　부족하다는　것이다.　　귀 (貴) 는　벼슬길인
데　시간 (時干) 에　정묘시 (丁卯時) 가　있었으면　경금 (庚金) 이
갑목 (甲木) 을　깨트려　정화 (丁火) 을　인도하면　강금 (強金) 을
자유 (自由)　자재 (自在) 로　다룰수　있기에　최고 (最高) 의　출
세 (出世) 길을　바라　볼수가　있다.　　그러나　이　운명은　정화 (
丁火) 가　아니고　병화 (丙火) 라　사주 (四柱)　구성이　중인복록
(中人福祿) 에　출세가　되어　군수 (郡守) 의　직 (職) 을　얻어　잘
지내다가　축대운 (丑大運) 에서　년지 (年支) 의　**병화기 (丙火氣)**
를　설 (洩) 하고　경신금 (庚申金) 이　축고 (丑庫) 에　들어가　불
미 (不美) 하므로　축운 (丑運) 에서　퇴직 (退職) 하게　된것이다.

　　년운상 (年運上)　임년간 (壬年干)　갑년간 (甲年干)　경년간 (
庚年干)　일지 (日支) 는　사년 (巳年) 이　불미 (不美) 하다.

　　팔월갑목 (八月甲木) 은　목 (木) 은　무기하고　금 (金) 은　왕 (

旺)하니 먼저 정화(丁火)를 쓰고 다음으로 병화(丙火)를 쓰고 경금(庚金)은 다음 다음이 된다.

정화(丁火)는 연금(煉金)에 필(必)요하고 병화(丙火)는 조후(調後)에 필요(必要)하기에 병정화(丙丁火)를 동시(同時)에 요(要)하는 바이다.

정화(丁火) 하나에 경금(庚金)이 하나면 과갑(科甲)은 틀림없이 한다. 그러나 원사주(原四柱) 천간(天干)에 계수(癸水)가 한개만 천간(天干)에 튀어 나오면 과갑(科甲)을 할 수없는 운명(運命)이 된다. 팔월(八月)은 유금(酉金)이 극왕(極旺)인데 정화(丁火)로써 정화(丁火)가 아니면 다루지 못하니 금(金)을 자유(自由)롭게 다루는데 계수(癸水)가 나와 정화(丁火)를 제거시키면 벼슬길의 꿈이 수포로 돌아간다. 병(丙)과 경금(庚金)이 양투(兩透)되면 부(富)는 크고 귀(貴)는 적다.

그러나 병정(丙丁)이 전혀 없으면 스님이될 운명이라 한다.

병화(丙火)가 높이 솟았는데 계수(癸水)가 없으면 부귀(富貴)가 쌍전하고 만일 계수(癸水)가 있어 병화(丙火)를 재복하면 보통사람에 지나지 아니한다.

병화(丙火)가 투출(透出) 했는데 계수(癸水)가 없으면 부귀(富貴) 쌍전(襪全)하되 혹(或) 계수(癸水)가 있더라도 지지(地支)에 화국(火局)을 이루고 무기토(戊己土)가 투출(透出)되면 벼슬을 못하나 부자 할아버지는 된다.

지지(地支)가 금국(金局)을 이루고 천간(天干)에 경금(庚金)이 투출(透出)되어 있으면 갑목일간(甲木日干)의 금(金)에 상처(傷處)를 입은 것이니 언제나 잔병(殘病)을 갖게된다. 혹(或) 병정화(丙丁火)가 있어 금(金)을 파한다 하지만 노년(老年)에 와서는 암질(暗疾)이 있기 마련이다.

지지(地支)에 목국(木局)을 이루어 있으면 천간(天干)에 비겁(比刼)이 투출(透出)되였으면 정화(丁火)를 쓰는 것이 귀격(貴格)에 해당된다.

을미(乙未)   갑신(甲申)   무인(戊寅)

을유(乙酉)   계미(癸未)

갑자(甲子)   임오(壬午)

정묘(丁卯)   신사(辛巳)

경진(庚辰)

을묘(己卯)

용신(用神)은 유금관성(酉金官星)

정화(丁火)가 높이 튀어 나와 사주전국을 빛내니 지사(知事)의 지위에 올라같다.

팔월유금(八月酉金)이 세력이 강하다 하여도 일지좌하(日支坐下)에 자수(子水)가 있어 왕금(旺金)의 기(氣)를 설(洩)하여 갑을목(甲乙木)을 생하게 하니 갑목(甲木)과 을목(乙木)이 윤(潤)하면서 생기(生氣)가 있는 중(中) 정화(丁火)가 높이솟아 왕목(旺木)의 기(氣)를 설(洩)하다가 유금(酉金)을 적의(適宜)하게 다루니 일비충천(一飛冲天)하여 경진(庚辰) 신사(辛巳) 금왕지(金旺地)에 출세(出世)를 한것이다.

당년운수(當年運數)는 기년(己年) 무년(戊年) 신년(辛年)등이 불의(不宜)하다. 지지(地支) 자오묘유년(子午卯酉年) 소소유액이(小小有厄) 있다.

관인상생격(官印相生格)

경인(庚寅)　　병술(丙戌)

을유(乙酉)　　정해(丁亥)

갑자(甲子)　　무자(戊子)

정묘(丁卯)　　기축(己丑)

　　　　　경인(庚寅)

　　　　　신묘(辛卯)

인중병화(寅中丙火)가 있고 시간(時干)에 정화(丁火)가 있으니 참정(參政)이란 벼슬을 하였다.

팔월(八月)에 유금(酉金)이 왕(旺)하고 일지(日支)에 자수(子水)가 있는데 자수(子水)를 유금(酉金)이 생(生)하여 주니 금생수(金生水), 수생목(水生木), 목생화(木生火)하므로 순류상생(順流相生)되고 또는 살성(殺星)인 경금(庚金)이 팔월금왕절(八月金旺節)을 이용(利用)하여 고투(高透)하니 목화통명(木火通明)도 되고 관인상생(官印相生)도 된다. 그러므로 참정(參政)이란 벼슬을 하니 대길(大吉)한 운명(運命)이 된다.

당년(當年) 운세는 갑년(甲年) 기년(己年) 신년(辛年)

무년(戊年) 등이 좋지않다.

삼재(三災)는 신유술년(申酉戌年)이라 한다.

년운(年運)에 따라 흥망성쇠가 있는 것이니 그해의 흐름을 보아 길흉(吉凶)을 판단한다.

을사(乙巳)   갑신(甲申)

을유(乙酉)   계미(癸未)

갑자(甲子)   임오(壬午)

갑자(甲子)   신사(辛巳)

                  경진(庚辰)

                  기묘(己卯)

                  무인(戊寅)

원문(原文)에 사유(巳酉)가 회국(會局)을 하고 갑자(甲子)가 되여 수목상생(水木相生)하니 대길조(大吉兆)라 하였는데 사축(巳丑)에 금국(金局)으로 변(變)하면 다시 사중병화(巳中丙火)를 쓸수가 없고 사축(巳丑) 금국(金局)만 쓰게 되기에 금수(金水)가 삼각순(三角順)으로 상생(相生)하니 사주(四柱)가 순수하고 상하좌우(上下左右)가 유정(有情)하며 상생상부(相生相扶)하여 대길조(大吉兆)라 아니할수없다. 이 운명은 사축(巳丑)으로 변하였으니 다시 지중병화(支中丙火)를 쓸수가 없다는 상식을 알아야 할것이다. 만일 병화(丙火)를 내다쓴다면 적천수에 합이(合而) 불의(不宜) 합이유의(合而有宜)가 필요없는 말이된다. 이 사주(四柱)는 팔월절(八月節)이니 기후(氣候)를 중요시 하지않고 삼각순위(三角

順位）를 찾는 것이 원칙이다. 그러나 삼십대（三十代）대운 임오운중（壬午運中） 오화（午火）가 자오충（子午冲）이 되고 또는 화극금（火克金）이 되기에 모든일이 뜻과 같지 아니하고, 그후 신사운（辛巳運）은 사유금국（巳酉金局）이 되어 금생수（金生水） 수생목（水生木）하니 대길（大吉）하고 경진운（庚辰運）도 을（乙） 경합금（庚合金）이 되고 자진수국（子辰水局）이 되어 금생수（金生水） 수생목（水生木）하니 대발（大發）의 요소가 있다.

기묘（己卯） 무인（戊寅）도 금생수（金生水） 수생목（水生木）이 되기에 아무지장이 없으니 중국대륙（中國大陸）에서 이름 높은 주문단공（朱文端公）의 사주팔자（四柱八字）라 한다.

이 사주（四柱）의 기신（忌神）은 화（火）가 되고 년운（年運）의 기신（忌神）은 사（巳） 무자（戊字）라 한다.

구월갑목（九月甲木）은 나무가 잎이 떨어지고 말라비틀어 졌으니 정화（丁火）를 좋아하고 임계수（壬癸水）가 자양하며 복돋아 주어야 좋다. 혹（或） 정임계（丁壬癸）가 투출（透出）되고 무기토（戊己土）가 투출（透出）되면 중화사주（中和四柱）가 되니 고문（高文）에 합격（合格）하게 된다.

그러나 일간（日干）이 유근（有根）할때를 말한다. 무근（無根）하면 모든일이 잘 풀어지지 아니한다.

구월갑목（九月甲木）에 일이비견（一二比肩）이 있는데 경금（庚金）의 제압이 없으면 평상인（平常人）에 불과하다. 거기에다 역시 운（運）까지 얻지 못하면 가난하되 송곳하나 꽂을 땅이 없게된다.

사주（四柱）에 목（木）이 많으면 병화（丙火）와 정화（丁火）를 쓴다. 하지만 전적 경금（庚金）을 쓰는 것이 묘（妙）하다.

삼월（三月）, 육월（六月）, 구월（九月）, 십이월（十二月） 사계절목（四季節木）은 경금（庚金）이 있어야 한다. 비교해 말하면 갑목（甲木）은 쟁기가 되니 계토（季土）를 갈아주는데 경금（庚金）이 아니면 쟁기의 날이 없게되는 것이니 어떻게 소토（疏土）를 하겠는가, 비록 병정화（丙丁火）를 쓴다하여도 결（決）코 경계（庚癸）가 없어서는 아니된다. 혹（或）한가닥 병정화（丙丁火）가 금（金）을 상（傷）하게 되면 남이 보기에는 학자（學者）같이 보이나 만일 임계수（壬癸水）가 병정화（丙丁火）를 파괴（破壞）시키면 기예（技藝）의 사람이라 한다. 임계수（壬癸水）가 화기（火氣）를 파함이 없고 다시 지지（地支）에 화국（火局）을 이루면 이것은 마르고 썩은 나무가 되기에 경금（庚金）이 있다 하여도 도와줄 힘이 없으니 남녀（男女）가 고빈하천（孤貧下賤）의 무리가 되며, 남녀（男女）가 동일（同一）한 이치라 한다.

갑진（甲辰）　　을해（乙亥）　　　신사（辛巳）

갑술（甲戌）　　병자（丙子）

갑진（甲辰）　　정축（丁丑）

갑술（甲戌）　　무인（戊寅）

　　　　　　　기묘（己卯）

　　　　　　　경진（庚辰）

비견분재위갑용신 (比肩分財爲甲用神)

천원 일기 지원일기 (天元 一氣 地元一氣)인바 전용 진중습기 (專用 辰中濕氣)가 유 (有)한 진토 (辰土)가 또 진중 (辰中)에 목 (木)의 여기 (餘氣)가 있고 구월 (九月)의 갑녹 (甲木)은 장기가 되는데 장기가 살아있는바 경금 (庚金)의 제압이 없으니 인묘진 (寅卯辰)을 무사 (無事)히 지나가 부귀수고 (富貴壽考)를 한것이다.

이 사주 (四柱)의 당년운 (當年運)은 무인 (戊寅)을 싫어하고 지지 (地支)로는 진술년 (辰戌年)이 좋지않다.

기축 (己丑)　　계유 (癸酉)

갑술 (甲戌)　　임신 (壬申)

갑자 (甲子)　　신미 (辛未)

갑자 (甲子)　　경오 (庚午)

　　　　　　　기사 (己巳)

　　　　　　　무진 (戊辰)

구월갑목 (九月甲木)이 무근 (無根)하므로 불가불재 (財)를 종 (從)하지 아니할수 없다. 기사 (己巳) 무진 (戊辰) 재왕지 (財旺地)에 만년 (晩年) 대부 (大富)가 된것이다.·

전운도 (前運途)를 보면 미 (未)대운 축술미 (丑戌未)는 삼형 (三刑)이 되고, 오 (午)대운은 자오충 (子午冲)이 되어 불미 (不美) 하다가 미운 (未運)에 부명 (富名)을 떨치게 된 것이다.

당년(當年) 운수는 무년(戊年)을 싫어하고 계년(癸年)을 싫어한다. 무오년운(戊午年運)이 온다면 액(厄)운이 수신(隨身)하게 된다.

四. 삼동(三冬)의 갑목(甲木)

십월(十月)의 갑목(甲木)은 경금(庚金)과 정화(丁火)를 중요한 것으로 알고 병화(丙火)를 다음으로 친다.

임수(壬水)가 많으면 갑목(甲木)이 뜰까 두려우니 무토(戊土)로 제제하는 것이 좋다.

만일에 경금(庚金)과 정화(丁火)가 튀어 나오고 또 무토(戊土)가 출간(出干)함을 더하면 탁한것을 버리고 일청(一淸)을 취해오니 부귀가 최상(最上)이 된다.

그러나 정화(丁火)가 없더라도 약간의 부자(富子)는 된다.

혹(或) 갑목(甲木)이 많아 무토(戊土)를 제압하면 경금(庚金)이 뿌리를 잃어버리게 되니 보통사람에 불과하다. 경금(庚金)과 무토(戊土)가 약간 튀여나오면 비록 비견(比肩)이 나온다 하여도 부(富)하고 수(壽)하는 것은 당연한 이치이다. 혹(或) 비겁(比劫)이 많드라도 다만 일경금(一庚金)이 천간(天干)에 튀여나오면 앉아서 녹(祿)을 만난것이니 이렇게 되는 경우에는 정화(丁火)를 버리고 경금(庚金)을 따르는 현상이 되므로 이렇게 되면 약간 부귀(富貴)를 하게된다. 지지(地支)에 신금(申金)과 해수(亥水)를 보았는데 무토(戊土)와 기토(己土)가 자리를 얻어 경금(庚金)과 정화(丁火)를 구제해주면 이 사람도 고문(高文)에 합격(合格)을 할수가 있다.

혹(或) 단독으로 기토(己土)만 튀여 나오면 그 힘이 약라고 적으니 생산(生産)하는 자에 지나지못할 따름이다.

　　　기사(己巳)　　갑술(甲戌)　　경오(庚午)

　　　을해(乙亥)　　계유(癸酉)　　기사(己巳)

　　　갑자(甲子)　　임신(壬申)

　　　갑자(甲子)　　신미(辛未)

기토(己土)와 사중경금(巳中庚金)이 위치를 얻었으니 좋은 듯하나 월지해(月支亥)와 년지사(年支巳)가 상충(相沖)을 하니 양상불미(兩相不美)하다. 그러나 임계수(壬癸水)가 지(支)에 장(藏)되고 천간(天干)에 투출(透出)을 하지 아니하기에 수해(水亥)하나가 목부(木浮)할 염려는 없다. 사주(四柱) 천간자(天干字)가 무근(無根)하나 수목상생상의(水木相生相依)하므로 중년운계유임신(中年運癸酉壬申) 이십년(二十年)에 제사(諸事)가 여의(如意)터니 신미운(辛未運)부터 수토교전(水土交戰) 또는 금목교전(金木交戰)하니 산업(産業)이 일일(日日) 소모되어 결국 패가(敗家)한 것이다.

　　　임진(壬辰)　　임자(壬子)　　정사(丁巳)

　　　신해(辛亥)　　계축(癸丑)

　　　갑술(甲戌)　　갑인(甲寅)

　　　병인(丙寅)　　을묘(乙卯)

　　　　　　　　병진(丙辰)

이 운명(運命)은 갑목일간(甲木日干)이 천간(天干)에 임수(壬水)가 해중(亥中)에서 뛰여 나오고 신금(辛金)이 해수(亥水)를 도우니 수왕목부(水旺木浮) 하려한다. 그러나 다

-134-

행(多幸)이 시상(時上)에 병인(丙寅)이 있어 인중(寅中)에 병갑술(丙甲戌)를 다쓸수 있게 되였으니 이것이 식신생재격이 된다. 이렇게 되므로 좋은 운명으로 전환되어 말년 사오미(巳午未) 남방운(南方運)에 부자(富者)가 되니 선곤후태(先困後泰)한 운명이다.

십일월(十一月) 갑목(甲木)

십일월(十一月)에는 갑목(甲木)의 성질이 차거우니 먼저 정화(丁火)를 쓰고 뒤에 경금(庚金)을 쓰며 병화(丙火)로 도와준다.

계수(癸水)가 권력을 가지고 있으니 화(火)와 금(金)의 병(病)이 된다. 경정(庚丁)이 양투(兩透)하고 또 지지(地支)에서 사자(巳字)나 인자(寅字)를 보면 고문합격(高文合格)할 희망이 있다. 그러나 계수(癸水)가 정화(丁火)를 상(傷)했는데 무토(戊土) 기토(己土)로 보조하여 구제해주면 임시 구급은 되나 항상 포 병(病) 격이 된다. 정화(丁火)가 전적없는 사람은 보통 일꾼에 지내지 않는다. 그러나 병화(丙火)만 얻으면 묘(妙)한 사주(四柱)로 돌아간다.

혹(或), 지지(地支)에 수국(水局)을 이루고 천간(天干)에 임수(壬水)가 높이 뛰여나오면 이름을 수왕목부(水旺木浮)라 하니 죽어도 관각이업는 팔자가 된다.

총 십일월갑목(十一月甲木)은 가지가 추우니 봄나무에 비교가 안된다. 전적 경금(庚金)과 정화(丁火)를 취한다.

임수(壬水)가 뛰여나오면 병(病)이 되니 무(武)직을 할

수 있다.

　　기사(己巳)　　을해(乙亥)
　　병자(丙子)　　갑술(甲戌)
　　갑진(甲辰)　　계유(癸酉)
　　경오(庚午)　　임신(壬申)
　　　　　　　　　신미(辛未)
　　　　　　　　　경오(庚午)

　경금(庚金)이 천간(天干)에 튀어나오고 병화(丙火) 정화(丁火)가 지지(地支)에 숨어있으니 조후로서 적합하다. 남방운(南方運)에 대장이 되었다.

　신자수국(申子水局)되면 목부(木浮)할 염려가 있는데 무토(戊土)가 천간(天干)에 투출(透出)하여 제방을 하니 사주묘미(四柱妙味)가 이러한 곳에 있다. 그래서 출세(出世)한다는 것이다.

　　을사(乙巳)　　정해(丁亥)
　　무자(戊子)　　병술(丙戌)
　　갑진(甲辰)　　을유(乙酉)
　　임신(壬申)　　갑신(甲申)
　　　　　　　　　계미(癸未)
　　　　　　　　　임오(壬午)

　지지(地支)에 신자진수국(申子辰水局)을 하고 임수(壬水)가 시간(時干)에 높이 튀어나오니 물이 나무를 떠내려 가게 하는 형상이다. 비록 사중(巳中)에 무토(戊土)와 천간(天

干)에 무토(戊土)가 투출하였으나 운(運)이 서방운(西方運) 금수지(金水地)로 향(向)하니, 무토(戊土)도 무력(無力)하며 사화(巳火)도 무력(無力)한중 다시 중년 운(運)에서 신대운(申大運)을 만나 이 운에 물에 빠져 죽으니 시체가 떠내려간 것이다. 그래서 죽어도 시체도 찾지 못하는 신세가 되였다.

십이월(十二月) 갑목(甲木)

찬 기운이 한냉(寒冷)하고 나무성질이 극히 추우니 발생(發生)할뜻은 전혀없다.

먼저 경금(庚金)을 써서 벽갑(劈甲)을 하여야한다. 갑목(甲木) 나무를 경금(庚金)으로 깨뜨려서 정화(丁火)를 살리면은 목화통명(木火通明)의 상이된다. 경정(庚丁)이 양투(兩透)하면 고문합격(高文合格)하고 경(庚)이 나오고 정(丁)이 감추어져 있으면 조그만 귀(貴)를 하고, 정(丁)이 투출(透出)되고 경(庚)이 감추어져 있으면 조그만 부귀(富貴)를 한다. 또 경금(庚金)이 없는 자(者)는 빈천한 운명이 된다. 정화(丁火)가 없는 자(者)는 남보기는 좋으나 실속이 없다. 또 혹 정화(丁火)가 거듭 튀어나오면 부귀(富貴)가 중인(中人)이 되고, 만일 비겁(比刦)이 있어서 정화(丁火)의 불꽃을 피어나게해주면 자기손으로 자수성가하여 자신의 재물을 갖게된다. 또 비견(比肩)이 없으면 심상한 사람이되고 약간의 의식이 있을 따름이다. 또 지지(地支)에 물을 많이 가지고 있으면 비견이 있다해도 보통사람의 운명에 불과하다.

-137-

전부설달 갑목(甲木)은 비록 경금(庚金)이 있다하더라도 정화(丁火)가 적어서는 아니되니 경(庚)은 없다해도 조금은 쓸잘으나 정화(丁火)가 없으면 쓸모가 없게된다.

갑목(甲木)이 뿌리가 없으면 남녀간에 요수한다.

기축(己丑)	병자(丙子)
정축(丁丑)	을해(乙亥)
갑진(甲辰)	갑술(甲戌)
갑자(甲子)	계유(癸酉)
	임신(壬申)
	신미(辛未)

화기(火氣)가 지지(地支)에 하나도 없으니 이냉치냉 법으로써 한냉(寒冷)한 대세를 종(從)하는데 다행(多幸)이 운이 해자축(亥子丑) 신유술(申酉戌)로 흘러가니 대부(大富) 행락을 하게 되었다.

기해(己亥)	병자(丙子)
정축(丁丑)	을해(乙亥)
갑술(甲戌)	갑술(甲戌)
경오(庚午)	계유(癸酉)
	임신(壬申)
	신미(辛未)

오술(午戌)이 화국(火局)을 이루고 정화(丁火)가 튀어나와 재왕생관(財旺生官)도 되며 차가운 갑목(甲木)이 양기(陽氣)를 향(向)해서 가니 발전(發展)의 상이있다.

五. 삼춘(三春)의 을목(乙木)

을목(乙木)은 난초같고 풀같은 꽃나무로 되어있으니 병화(丙火)와 계수(癸水)가 곁을 떠날수가 없다. 봄에 을목(乙木)이 병화(丙火)를 보면 꽃나무가 양기(陽氣)을 향(向)한 것이니 만가지 물건이 봄이돌아온 현상을 말한다.

계수(癸水)로써 그 뿌리를 자양(滋養)해 주어야 한다. 병화계수(丙火癸水)가 사주천간(四柱天干)에 가지런히 튀어나오면 자연히 고문합격(高文合格)을 하게된다. 옛글에 말하기를 을목(乙木)이 뿌리를 해수(亥水) 깊이 뻗으면 다만 양지(陽地)가 좋고 음지(陰地)를 좋아하지 않는다. 물이 많으면 을목(乙木)이 떠나갈 염려가 많으니 금(金)을 요(要)하지 아니한다.

봄철에 을목(乙木)은 금(金)을 싫어한다.

정월(正月)의 을목(乙木)

반드시 병화(丙火)을 쓰서 찬기운의 여한을 제거하고 물이 있으면 나무가 얼까 염려되니 병화(丙火)가 제일이고 계수(癸水)는 다음으로 친다.

병화계수(丙火癸水)가 둘다 튀어나오면 고문합격(高文合格)은 무난하나 혹 병(丙)이 있고 계수(癸水)가 없으면 춘한(春旱)이니 문호를 빛나게 하지 못한다. 혹 병(丙)이 많고 계수(癸水)가 아주 없으면 이것을 춘한(春旱) 이라하니 고양(孤陽)에는 풀이 자라나지 못하니 혹 인명(人命)이 이와같은 운명(運命)을 만나면 잘된다 하여도 독부(濁富)에 불과하다. 혹 병화(丙火)가 적고 계수(癸水)가 많으면 병화(丙火)을 곤란하게 만든 것이니 남보기에는 그럴듯한 선비 같으나 무슨일이 잘되지 아니하여 허송세월만 하게되니 집은 부자(富者)집에 난한 사람이 되니 허울만 보기좋을 뿐이라한다. 혹 계수(癸水)와 기토(己土)가 많이 보이면 **적토(積土)**가 많으니 이런 운명을 타고난 사람은 하격(下格)에 불과하다.

정축(丁丑)	신축(辛丑)	정유(丁酉)
임인(壬寅)	경자(庚子)	병신(丙申)
을묘(乙卯)	을해(乙亥)	
병자(丙子)	무술(戊戌)	

초춘(初春)에 여한이 미진하였는데 인수가 자양(滋陽)하는데에 증한(增寒)하여 방해되는것을 정임합화목(丁壬合化木)하여 수기(水氣)을 제거하고 월령인중(月令寅中)에서 병화(丙火)가 높이 튀어나오니 좋은 증세를 가지고 있고 시상(時上)에 자중계수(子中癸水)가 갈증을 해갈해주니 찬나무가 양기(陽氣)을 향(向)하여 발전(發展)이 있으니 일국(一國)에 총리대신이 되었다.

무자(戊子)	을묘(乙卯)	기미(己未)
갑인(甲寅)	병진(丙辰)	경신(庚申)
을해(乙亥)	정사(丁巳)	신유(辛酉)
을유(乙酉)	무오(戊午)	

초춘(初春)에 출생(出生)하여 여한이 미진되어 있는데 병

화(丙火)와 계수(癸水)가 좋은 위치을 얻고 있으니 나무가 윤기(潤氣)있고 활발하다. 그런중 금기(金氣)가 하나도 없으니 목(木)이 청순(淸順)하므로 사오미남방운(巳午未 南方運)에 관(官)이 대학사(大學士)가 되었다. 이런때는 신왕신약(身旺身弱)을 가릴것없이 남방운(南方運)으로 향(向)해 감을 좋게 여긴다.

갑인(甲寅)	정묘(丁卯)	신미(辛未)
병인(丙寅)	무진(戊辰)	임신(壬申)
을묘(乙卯)	기사(己巳)	
경진(庚辰)	경오(庚午)	

양기(陽氣)가 서승하여 조후를 긴요하게 생각하지를 아니한다. 시지진중(時支辰中)에 계수(癸水)가 감추고 월령(月令)의 인중(寅中)에 병화(丙火) 식신이 있어 조화를 이루고 있는데 시상(時上)에 경금(庚金)이 있어 이 사주에 병(病)이 되니 병(病)을 버리므로 귀(貴)하게 된다. 을묘목(乙卯木)의 병을 월상(月上)에 병화(丙火)가 경금(庚金)을 충(沖)하여 병(病)을 제거시키니 사오미(巳午未) 남방운(南方運)에 어사로써 크게 이름을 떨쳤다.

2월(二月)에 을목(乙木)은 양기(陽氣)가 점점 높아가니 나무가 춥지 않다. 그러나 병화(丙火)와 계수(癸水)을 요(要)하니 병화계수(丙火癸水)가 두개 다 튀어나오면 상격(上格)이 되어 대부대귀(大富大貴)하게 된다.

그러나 경금(庚金)이 투출되면 모든 사정(事情)이 달라진다. 그러기 때문에 격(格)을 잘 이루어야한다. 혹 천간(天干)에 경금(庚金)이 튀어 나오고 지지(地支)에 진자(辰字)가 없으면 화금(化金)을 이루지 못하나 계수(癸水)가 튀어나서 목(木)을 양성(養成)해주면 귀(貴)를 할 수 있다. 그러나 만일 신자진(申子辰) 수고(水庫)를 보면 가화(假化)가 되니 행상인(行商人)에 불과하다.

이월(二月)에 을목(乙木)은 전적 병화(丙火)을 쓰는 것이나 혹 지지(地支)에 목국(木局)을 이루었는데 계수(癸水)가 천간(天干)에 튀어나오면 귀(貴)하게 된다.

그런 중(中)에 다시 병화(丙火)을 얻어서 목기(木氣)를 설(洩)하면 상상운명(上上運命)이 된다.

계수(癸水)가 투출(透出)되는것을 요구하나 혹 물이 많아서 병화(丙火)을 곤(困)하게 만들 수 있으니 이런 속에 무계화합(戊癸化合)을 이루면 하격(下格)이 된다.

임오(壬午)　　　　갑진(甲辰)　　무신(戊申)

계묘(癸卯)　　　　을사(乙巳)　　기유(己酉)

을축(乙丑)　　　　병오(丙午)　　경술(庚戌)

기묘(己卯)　　　　정미(丁未)

물은 많고 불은 적으니 오화(午火)가 묘목(卯木)에 간격되어 있으므로 축토(丑土)를 생(生)하지 못하니 사주(四柱)가 편고하다.

육친이 서로 연결되지 못함으로써 자손의 실패도 많고 처와 이별수도 있고 불행한 일이 많았다. 그러나 이 운명은 상관생재(傷官生財)가 됨으로 귀(貴)는 못하였으나 약간의 부자(富者) 노릇은 한 것이다.

갑인(甲寅)　　　무진(戊辰)　　　임신(壬申)

정묘(丁卯)　　　기사(己巳)　　　계유(癸酉)

을미(乙未)　　　경오(庚午)

병자(丙子)　　　신미(辛未)

병화(丙火)가 높이 튀여나와 자중게수(子中癸水)가 꽃나무를 자양(滋養)하니 사오미(巳午未) 남방운(南方運)에 참모총장의 벼슬을 하였다.

계해(癸亥)　　　갑인(甲寅)　　　경술(庚戌)

을묘(乙卯)　　　계축(癸丑)　　　기유(己酉)

을미(乙未)　　　임자(壬子)

경진(庚辰)　　　신해(辛亥)

이 운명은 이월(二月) 꽃나무로써 해묘미(亥卯未) 목국(木局)을 이루어 있고 계수(癸水)가 천간(天干)에 투출(透出)되어서 생(生)하여 주고 있으며 격(格)은 인수곡직격(仁壽曲直格)을 이루고 있는데 나무끼리 잘 살아보자고 동맹을 하고있는데 난데없는 시상(時上)에서 경금(庚金)이 왕목(旺木)을 극(剋)하니 사주(四柱)가 파격이 되어서 모든 일이 수포로 돌아가고 만다.

고서(古書)에 전왕사주(全旺四柱)는 전부 일색(一色)으로 이루어져 있는데 만일에 관성(官星) 하나가 원편에서 나오든지 오른편에서 나오든 그사람은 일생(一生)을 고생하고 만다라 하였다. 바로 이 운명이 여기에 해당된다.

병자(丙子)   임진(壬辰)   병신(丙申)

신묘(辛卯)   계사(癸巳)   정유(丁酉)

을묘(乙卯)   갑오(甲午)

병자(丙子)   을미(乙未)

병화(丙火)와 자중계수(子中癸水)가 자리를 제대로 잡고있으니 나가면은 장수가 되고 들어오면은 정승이 된다.

월상(月上)에 신금(辛金)이 병(病)인데 년상(年上)에 병화(丙火)가 합화수(合化水)를 만드니 신금(辛金)은 병(病)이 해제된다. 그러기 때문에 사주기세가 청순(淸順)하니 복록(福祿)이 진진하다. 시상(時上)에서는 병화(丙火)가 조난(照暖)하고 계수(癸水)가 자양하니 당연히 귀(貴)를 해야 하는것은 사실이다

삼월을목(三月乙木)

양기(陽氣)가 더욱 올라오니 계수(癸水)를 먼저 쓰고 병화(丙火)을 뒤에 쓴다.

삼월(三月) 을목(乙木)이 지지(地支)에서 해묘미(亥卯未)목국(木局)을 하고 천간(天干)에 갑을목(甲乙木)이 튀어나오면 인수곡직격(仁壽曲直格)으로 부귀(富貴)을 의심할 여지가 없으나, 만일 지지(地支)에 금(金)이 묻혀있다면 결국은 그 나무가 썩게되니 오래지 못하여 망하게 된다. 삼월(三月)달에는 계수병화(癸水丙火)가 튀어나오고 기토경금(己土庚金)을 보지아니하면 옥당(玉堂) 벼슬을 하게된다. 만일에 기토

（己土） 경금（庚金）을 보면 평범한 사람에 지나지 않는다.

혹 일을목（一乙木）에 경금（庚金）을 만난 자（者）는 기토
（己土）를 보지 아니함으로써 좋은 운명으로 전환한다. 만일
에 물이 많고 기토（己土）을 보면 아무리 재주가 좋다해도
급제를 못한다.

사주내（四柱內）에 경금（庚金）과 기토（己土）가 섞여있고
병계（丙癸）가 온전하더라도 하격（下格）에 지나지 않는다. 혹
（或） 수국（水局）을 보더라도 병화기토（丙火己土）가 사주천
간（四柱天干）에 튀어나오면 역시 고문합격（高文合格）을 하게
된다. 혹（或） 사주내（四柱內）에 병화（丙火） 무토（戊土）
가 전적없고 지지（地支）에 수국（水局）만 있으면 고향을 떠
나는 격이된다. 혹 한가닥 계수（癸水）가 있고 신금（辛金）
이 있으면 왕（旺）하다 보겠으나 무토（戊土）가 있어 수（水）
을 제압함이 있으면 조그만 무직을 하게된다.

임계수（壬癸水）가 세력이 있으면 특별히 가난하고 천할뿐만
아니라 요절까지 하게된다. 그러나 무토（戊土）가 있으면 수
（壽）는 할 수 있다. 이와 같으면 기술자 사주（四柱） 는
된다.

혹 경진시（庚辰時） 경진월（庚辰月）이면 이경（二庚）이 쟁
합되기에 빈천객이 된다.

그러나 년（年）에서 정화（丁火）을 얻어 경금（庚金）을 파
하면 종（從）하게 되고 이렇게 되면 무관으로 나갈수 있다.

경오（庚午）

경진 (庚辰)   임오 (壬午)   병술 (丙戌)

을유 (乙酉)   계미 (癸未)   신사 (辛巳)

정해 (丁亥)   갑신 (甲申)   을유 (乙酉)

을경 (乙庚)이 합 (合)하고 진유합 (辰酉合)이고 양정화 (兩丁火)가 년시 (年時)에 있어 금 (金)의 세력을 역하니 정화 (丁火)가 복성이 된다.   을목이진중 (乙木이辰中)에 통근 (通根)하고 해중 (亥中)에 통근 (通根)하니 신왕 (身旺)적살 하므로 벼슬을 못하고 부자 (富者)는 된 것이다.

갑인 (甲寅)   기사 (己巳)   계유 (癸酉)

무진 (戊辰)   경오 (庚午)   갑술 (甲戌)

을해 (乙亥)   신미 (辛未)

병자 (丙子)   임신 (壬申)

을목 (乙木)이 해수 (亥水)에 뿌리를 깊이 뻗었으며   년상 (年上)에 겁재 (劫財)가 유력 (有力)하고 월령 (月令)에 무진 (戊辰)의 강력한 재 (財)가 자리를 잡고있는중 (中) 병화 (丙火)가 높이 튀어 나왔고 해자수 (亥子水)를 무토 (戊土)가 제압하니 행운 (幸運)이 와서 관 (官)이 안찰사를 한것이다.

시 (時)가 자시 (子時)가 됨으로서 이련격 (格)은 육을서기격 (六乙鼠貴格) 이라하나 실지는 기후조절에 있는것이라 하겠다.

을목 (乙木)이 해수 (亥水)에 뿌리를 깊이 뻗으면 양지 (陽地)로 향 (向)함이 발전 (發展)상이 있기 마련이니 이 운명이 여기에 적합하다.

정유(丁酉)	계묘(癸卯)	기해(己亥)
갑진(甲辰)	임인(壬寅)	무술(戊戌)
을사(乙巳)	신축(辛丑)	
갑신(甲申)	경자(庚子)	

을목(乙木)이 진토(辰土)에 뿌리를 뻗었으나 진유(辰酉)가 합(合)되니 목(木)이 자랄힘이 없다. 그러하기에 형제가 전무(全無)고 사신상형(巳申相刑)이 되니 자식을 손해보고 처를 극하니 사주(四柱)가 균형을 이루지 못하여 불행을 초래한 운명이라한다.

六 · 삼하(三夏)의 을목(乙木)

여름철의 나무성질이 마르고 타는것 같으니 전적 계수(癸水)를 써야한다.   오뉴월에는 병화(丙火)가 뒤에 있어야하고 계수(癸水)가 먼저 있어야 해염(解炎)을 하게된다.

하지(夏至) 전(前)에는 계수(癸水)을 먼저쓰고 병화(丙火)를 뒤에 쓴다.   먼저 병화(丙火)가 튀어나오고 지지(地支)에 병화(丙火)가 있으면 나무는 수기(水氣)가 있고 불은 밝은데 한 계수(癸水)가 투출한것을 얻으면 고문합격(高文合格)이 되고 혹시 병화(丙火)가 두개가 나오고 계수(癸水)가 하나가 나오면 나무꾼에 지나지 않는다. 혹 한가닥 계수(癸水)가 정화(丁火)가 있고 병화(丙火)가 없으면 또는 한 계수(癸水)가 천간(天干)에 튀어나오면 다른길이라도 출세(出世)를 한다.   계수(癸水)가 신자진(申子辰) 위에 있으면 다른길이라도 조그만 직업을 갖게된다.

혹 병(丙)이 지지(地支)에 감추어져 있고 년간(年干)에 계수(癸水)가 튀어나오면 비록 가갑(고문합격)을   아니한다 하더라도 다른길로 공명(功名)을 하게된다. 계수(癸水)가 중중(重重)하고 혹 지지(地支)에 계수(癸水)가 감추어져 있으면 조그만 무직은 가질수 있다.

사월(四月)에 을목(乙木)은 스스로 병화(丙火)가 있으니 전적 계수(癸水)을 쓰게된다.   사월을목(四月乙木)은 계수(癸水)을 전적쓰되 병화(丙火)을 참작해 쓰고, 경금(庚金)

신금(辛金)으로 계수(癸水)의 도움을 만드니 신금(辛金)이 천간(天干)에 튀어나오면 청순(淸順)한 인물(人物)이 된다.

계수(癸水)가 튀어나오고 경신금(庚辛金)이 튀어나오면 고문합격(高文合格)은 받아논 밥상이요 혹 일점 계수(癸水)가 금(金)이 없으면 이 물은 뿌리가 없는것이니 수(水)가 천간(天干)에 나왔다해도 수재나 소부(少富)에 지나치 않는다. 모름지기 대운에 도와주는 것이 좋다. 혹 토(土)가 많아 계수(癸水)을 곤하게 하면 빈천한 사람이다.

병화(丙火) 무토(戊土)가 너무 많고 지지(地支)에 화국(火局)을 이루면은 눈을 멀거나 또는 안질을 가진 사람이 많다.

병오(丙午)	갑오(甲午)	무술(戊戌)
계사(癸巳)	을미(乙未)	기해(己亥)
을묘(乙卯)	병신(丙申)	경자(庚子)
정해(丁亥)	정유(丁酉)	

사월(四月)에 을목(乙木)이 해묘미(亥卯未) 목국(木局)을 이루고 시간(時干)에 정화(丁火)가 튀어나오니 목화통명상(木火通明相)이 된다. 상관상진상이 됨으로써 사주가 청순하니 비록 벼슬은 못했으나 일국(一國)의 재벌가로써 명성을 떨친 것이다. 사주(四柱)를 살펴볼 때에 삼십삼(三十三)에서 삼십팔(三十八)까지 오년(五年)간, 사십삼(四十三)에서 사십팔(四十八)까지 오년(五年)간 합십년(合十年)이 금목교전(金木交戰)이 되어 무수한 애로를 겪었다. 그러나 사십구

세(四十九歲)부터 육십팔(六十八)까지 이십년(二十年)간 고목봉춘격(枯木逢春格)이 되어 일국(一國)의 재벌가가 되었다. 육십구(六十九)로써 금운(金運)에 관재로서 말썽이 되었으니 상관상진에 관성운(官星運)이 불미하다는 것을 예측할 수 있다.

오월을목(五月乙木)

오월(五月)에 을목(乙木)은 정화(丁火)가 권세를 맡고 있으니 산천초목이 다같이 가뭄을 타고 있다. 상반월은 양(陽)에 소관되니 계수(癸水)을 쓰고 하(下)반월에는 음(陰)에 속하니 병화(丙火)을 쓴다. 삼(三)복에 추운 기운이 나온다. 그래서 병화계수(丙火癸水)을 일제히 써야한다. 사주(四柱)에 금수(金水)가 많으면 병화(丙火)를 먼저 쓰게됐으니 계수(癸水)와 병화(丙火)을 선후구분를 하여 잘 써야한다.

을목(乙木)이 화(火)을 많이 만나면 기운이 빠지니 지지(地支)에 화국(火局)을 이루며 을목(乙木)의 정신을 설기하니 모름지기 계수(癸水)로써 자양을 하여야 한다. 그러기에 계수(癸水)가 투출되서 뿌리가 있으면 부귀(富貴)가 쌍전한다.

혹 경신년(庚申年)이고 시간(時干)에 계수(癸水)가 튀어나오면 좋은 운명이 된다. 가갑을 하는데 계수(癸水)가 없는 사람은 심상한 사람이 된다. 만일 병화(丙火)가 투출된 것을 보고 지지(地支)에 화국(火局)을 이루면 양기(陽氣)

가 목(木)의 성질을 타버리게 만든 것이니 이 사람은 남모르는 병(病) 있다. 만일 계수(癸水)가 없으면 반드시 요사를 한다. 그러나 임수(壬水)를 보면 풀어진다. 그런중에 화토(火土)가 니무 많으면 어리석고 천하니 시골에 가서 밭이나 이루어 먹고 있어야 한다.

오월(五月)의 을목(乙木)

갑술(甲戌)	신미(辛未)	을해(乙亥)
경오(庚午)	임신(壬申)	병자(丙子)
을해(乙亥)	계유(癸酉)	
정축(丁丑)	갑술(甲戌)	

을목(乙木) 일주가 경금(庚金)을 오화(午火)가 제지하고 일시(日時)에 해수(亥水)와 습토(濕土)를 얻으니 을목(乙木)이 윤(潤)하고 왕(旺)하여 중화(中和)을 이루었다. 대운(大運)이 임신(壬申) 계유(癸酉)를 거쳐 좋은 운을 지냈는데 갑술십년(甲戌十年)이 목생화(木生火)하고 조(操)한 술토(戌土)가 오술합화국(午戌合火局)을 이루니 운(運)이 불미(不美)하여 잠시 곤고를 겪다가 다시 을해병자정축(乙亥丙子丁丑) 북방수지(北方水地)로 향(向)하니 행복(幸福)이 와서 일국(一國)에 고관이 된 것이다. 뿐만 아니라 재산도 대부(大富)가 된것이다.

병인(丙寅)	을미(乙未)	기해(己亥)	무술(戊戌)
갑오(甲午)	병신(丙申)	경자(庚子)	
을사(乙巳)	정유(丁酉)	신축(辛丑)	

신축(辛丑)

을목일간(乙木日干)이 년월화왕절(年月火旺節)에 출생하였는데 인오화국(寅午火局)을 짖고 일시(日時)에 사오화(巳午火)를 가졌으며 년상(年上)에 병화(丙火)가 높이 튀어나와 있으니 사주전국(四柱全局)이 왕화(旺火)로 변했다.

그래서 종왕을 해야 하겠는데 시간(時干)에 임수(壬水)가 왕화의 길을 역하니 파격이 된것이다.

그런중(中) 대운(大運)마져 신유술(申酉戌) 해자축(亥子丑) 수지(水地)로 향(向)하니 운(運)을 한번도 만나본 예가 없다. 일생(一生)동안 불운을 면치 못하였다.

무오(戊午)	기미(己未)	계해(癸亥)
무오(戊午)	경신(庚申)	갑자(甲子)
을축(乙丑)	신유(辛酉)	
신사(辛巳)	임술(壬戌)	

외관상으로 볼 때 화왕절(火旺節)에 축토(丑土)가 있으니 좋은듯 하나 실은 시지(時支)의 사자(巳字)가 있어서 사축전국(巳丑全局)으로 이루어지니 축토(丑土)가 멸화(滅火)의 기능을 손실하므로써 사주(四柱)가 목화금상전(木火金相戰)으로 전국(全局)을 이루었다.

그런데 운(運)이 신유술(申酉戌) 해자(亥子) 좋은운으로 향(向)하나 서로 운(運)이 상조가 없으니 결국 불행한 운명으로 되고 만다.

이와같은 사주는 인덕도 없고 처(妻)덕도 없으며 자손의

덕도 없어 일생(一生)을 외롭게 지낸다.

　　　육월(六月)의 을목

　나무성질이 차거워오니 사주(四柱)에 금수(金水)가 많으면 병화(丙火)을 존중한다.

　지지(地支)에 수국(水局)을 이루어서 을목(乙木)이 상(傷)함이 없이 천간(天干)에 계수(癸水)가 튀어나오면 대부 대귀(大富大貴) 할 수 있다.

　그러나 계수(癸水)가 없으면 보통 사람의 운명과 다르니 운(運)이 북쪽으로 가는 것이 좋지않다. 만일에 간다면 일생(一生)을 고생하게 된다.

　목기(木氣)가 물러가니 마르고 타는 현상이다. 계수(癸水)을 쓰는데에 무토(戊土)나 기토(己土)가 서로 와서 수(水)을 극하는 것을 싫어한다. 무기토(戊己土)의 재압을 받으면 하격(下格)이 된다.

　그러나 천간(天干)에 갑목(甲木)이 토신(土神)을 제거하면 탁을 버리고 맑은 기운을 보류하는 현상이니 이리된 운명은 준수한 인물(人物)이라 하겠다.

　토(土)는 많고 갑목(甲木)이 빠지면 을목(乙木)이 허탈한 기색이 많으니 이러한 운명은 노동자에 불과하다. 혹 병계(丙癸)가 양투하고 갑목(甲木)이 나와서 무토(戊土)을 제거하면 고문합격(高文合格)은 당연하다. 만일에 병화(丙火) 계수(癸水)을 보지 못하고 다만 정화(丁火) 하나만 있다면 역시 노동자에 불과하다. 그러나 임수(壬水)가 있으면 의식은 풍족하다.

사주내(四柱內)에 수(水)가 없고 비견겁재(比肩劫財)가 사주천간(四柱天干)에 나오지 아니하면 기명종재격이라 하니 부자(富者)는 크게되나 벼슬은 크게할 수가 없다. 이러한 운명은 얌전한 부인을 얻게 된다. 혹 한가닥 무토(戊土)가 천간(天干)에 나와 있는데 비견(比肩)을 보지못하면 재다신약(財多身弱)한 사주(四柱)라 하겠으니 집은 부자같으나 실지는 가난한 사람이 된다.

혹 병신(丙辛)이 화수(化水)하면 도박을 좋아하고 투기를 좋아함으로써 패가망신(敗家亡身)할 운명이니 조업을 이어받을수가 없다.

혹 한가닥 을목(乙木)이 병화계수(丙火癸水)을 보지못하면 난신에 주인이 없는 현상이니 어려운 세파를 겪게돼고 그중에 지지신금(地支申金)이 많으면 수도승이 된다. 혹 한가닥 갑목(甲木)이 계수(癸水)도 없고 병화(丙火)도 없고 경금(庚金)도 없으면 이 사람은 일생(一生)을 거짓말만 하니 불성실한 사람이 된다. 만일 경금(庚金)이 있어서 갑(甲)을 제거하면 소개업이나 해먹고 사는 사람이니 술을 즐기고, 여자를 좋아하며 욕심이 많아 폐덕을 하니 행실과 품행을 닦지 못한 사람이다. 이 위치는 남녀가 동일(同一)하다.

여름에 을목(乙木)은 계수(癸水)을 쓰고 병화(丙火)을 참작해서 쓰며 경금(庚金)을 다음으로 쓴다.

경술(庚戌) 갑신(甲申)

계미 (癸未)   을유 (乙酉)   기축 (己丑)

을미 (乙未)   병술 (丙戌)   병인 (丙寅)

병자 (丙子)   정해 (丁亥)   무자 (戊子)

육월염천 (六月炎天) 에 경금 (庚金) 이 있어   계수 (癸水) 을 생 (生) 하니 사주전국 **(四柱全局)** 이   시원하므로 중화 (中和) 를 이루고 있다.   시 (時) 에는 병화 (丙火) 와 계수 (癸水) 가 자리를 잡고 있으니 사주 (四柱) 가 최고 (最高) 로 좋은 사주라 하겠다.   하물며 운이 중년후에 해자축 (亥子丑)   북방운으로 가면 금생수 (金生水) 수생목 (水生木) 하니 일생 (一生) 에 관 (官) 이 최고장관 까지 이르렀다.

신사 (辛巳)   병신 (丙申)   경자 (庚子)

을미 (乙未)   정유 (丁酉)   신축 (辛丑)

을유 (乙酉)   무술 (戊戌)   임인 (壬寅)

임오 (壬午)   기해 (己亥)   여인운명 (女人運命)

오뉴월염천에 천지강산 (天地江山) 이 더운데   시간 (時干) 에 임수 (壬水) 가 있고 일지 (日支) 에 유금 (酉金) 이 있어 사주 전국을 중화 (中和) 시키었다.   그러나 중년후 기해 (己亥) 경자 (庚子) 신축 (辛丑) 북방수지 (北方水地) 에 좋은운을 발휘 하니 이런 사주을 선빈후부라 한다.

중년전 (中年前) 을 보면 병신 (丙申) 정유 (丁酉) 가   물을 돕기 어렵고 무술십년 (戊戌十年) 이 위아래가 모두   조토 (燥 土) 라 수 (水) 를 생 (生) 하지 못하니 사십 (四十) 이전에 곤 궁함을 면할길이 없다가 해자축북방수운 (亥子丑北方水運)   이후 부터 좋은 운으로 전환하니 좋지않을리가 없다.

七. 삼추 (三秋)의 을목 (乙木)

금 (金)이 월령 (月令)에 사령 (司令) 하였으니 (칠팔구월 (七八九月)이 모두 금왕월 (金旺月)이기 때문에 금 (金)이 사령 (司令)이라 한다 먼저 병화 (丙火)를 쓰고 뒤에 계수 (癸水)를 쓴다. 그러나 구월 (九月) 만큼은 전적 계수 (癸水)를 써서 병화 (丙火)가 따뜻하고 병화 (丙火)의 더운병 (病)을 제거하여야 한다. 그래서 구월 (九月)은 계수 (癸水)만 써야한다.

칠월 (七月)에 을목 (乙木)은 신중경금 (申中庚金)이 사령 (司令)을 하였으니 을경합 (乙庚合)을 좋게 여기지 않는다. 사주내 (四柱內)에 경금 (庚金)이 많으면 을목 (乙木)이 어려움을 받으니 병화 (丙火)가 천간 (天干)에 튀어 나와서 있고 또 기토 (己土)을 더하면 혹 (或) 고문합격 (高文合格)할 수 있다. 이때는 기토 (己土)가 있고 병화 (丙火)를 더하면 상격 (上格)이 된다. 칠월 (七月)에 기토 (己土)는 기쁜 용신이 되니 혹 병계 (丙癸)는 없다하더라도 기토 (己土)는 적어서는 아니된다. 혹 계수 (癸水)가 튀어나오고 병화 (丙火)가 감추어져 있는데 경금 (庚金)이 적으면 이런 경위는 기토 (己土)가 필요 (必要)치 아니하니 사주 (四柱)가 편고하여 이런 운명을 타고난 사람은 기술자에 불과하다.

병 (丙)이 없고 계수 (癸水)가 있는자 (者)는 글을 잘 하게 되고 지지 (地支)에 경 (庚)이 많고 계수 (癸水)가 감추

어져 있으면 병화(丙火) 없이 기토(己土)만 두개있으면 보통 사람이다. 혹 진시(辰時)에 낳으면 그 일주(日柱)에 경진시(庚辰時)면 이것이 중화(中和)되니 도리어 부귀를 하게된다. 화격(化格)은 정임화목격(丁任化木格) 이든지 무계화격(戊癸化格)이든지 을경합화금(乙庚合化金)이든지 갑기합화토격(甲己合化土格)이든지 병신합화수격(丙辛合化水格)등에 대(對)해서는 시(時)가 진시(辰時)가 되므로써 진화(眞化)가 되니 부귀공명은 하나 시(時)가 진시(辰時)가 아니면 가화가되니 사주(四柱)에 따라 배치가 잘되면 좋을수가 있으나 만일에 편고하게되어 배치가 잘못되면 일생(一生)을 불행하게산다.

경오(庚午)	을유(乙酉)	기축(己丑)
갑신(甲申)	병술(丙戌)	경인(庚寅)
을묘(乙卯)	정해(丁亥)	
정축(丁丑)	무자(戊子)	

칠월금왕절(七月金旺節)에 을목(乙木)이 출생하여 좌하에 묘목(卯木)을 얻고 월간(月干)에 갑목(甲木)을 얻어 정화(丁火)를 생(生)하여 경금(庚金)을 극제하고 하물며 운(運)이 중년에 해자(亥子)를 만나니 금생수(金生水) 수생목(水生木) 목생화(木生火) 화생토(火生土)하여 순수하게 회전(回轉)을 하니 행복(幸福)이 와서 일국(一國)의 고관을 지냈다.

전(前)에 병술운(丙戌運)이나 후에 기축운(己丑運)은 융통이 안되니 매사가 여의치 못하여 애로가 많았다. 이 운명은 해자이십년(亥子二十年)간 잠시 좋은 운을 지낸것이라 하 겠다.

무오(戊午)   신유(辛酉)   을축(乙丑)

경신(庚申)   임술(壬戌)   병인(丙寅)

을축(乙丑)   계해(癸亥)   정묘(丁卯)

무인(戊寅)   갑자(甲子)

을목일주(乙木日柱)가 칠월(七月) 경신금왕절(庚申金旺節)에 출생(出生)하여 목(木)은 약하고 금(金)은 왕(旺)한데 이 사주(四柱)도 역시 계해(癸亥) 갑자이십년(甲子二十年)에 금생수(金生水) 수생목(水生木)하여 을목(乙木)이 극(剋)을 받지 아니함으로 좋은운을 얻어서 한때 부귀(富貴)을 누렸던 것이다. 그런데 전임술운(前壬戌運)이나 후기축(己丑)운은 금목(金木)의 기(氣)가 소통이 되지아나하므로 모든 고락을 겪게된다. 처(妻)가 어질다함은 무토(戊土) 축토(丑土)의 재성(財星)이 연결된 소치요 자식이 얌전하다는 것은 인목(寅木)이 을목(乙木)을 도와주는 형상이라 하겠다.

가을 을목(乙木)이 금(金)을 만나면 가난하지 아니하면 바로 요사하게 되니 가을에는 을목(乙木)의 뿌리가 상(傷)하는 것을 무서워한다. 만일 을목(乙木)의 뿌리가 상(傷)하면 일생(一生)을 늙도록 고생만 한다. 그러기때문에 가을에 을목(乙木)은 금수목상생(金水木相生)이 되어야 좋다.

팔월을목(八月乙木)은 단계(丹桂)라 하니 백로후에 있으면 꽃망우리가 터지지 아니했으니 전적 계수(癸水)만 써서 나무를 부양해주고 추분후가 되면 꽃이 피였으니 양기(陽氣)을 향(向)함이 좋으므로 병화(丙火)를 쓰게되고 다음으로 계수(癸水)를 쓴다. 병화(丙火)와 계수(癸水)가 사주천간(四柱天干)에 튀어나오면 고문합격(高文合格)을 한 국가의 명신이 된다.

혹 지지(地支)에 **금국(金局)**을 이루면 정화(丁火)가 암장된 것이 좋다.

정화(丁火)가 없어 금(金)을 제거할 물건이 없으면 나무가 금(金)에서 상처를 입게되나 이런 사주로써 만일 물이 없다면 이 사람은 평생동안 고통만 받다가 만다.

혹 계수(癸水)를 얻으면 자식이 어미를 얻는것 같으니 그 사람은 일생(一生)을 풍족하게 산다.

혹 병화계수(丙火癸水)가 양투하였는데 무토(戊土)가 섞여 있으면 다른길로 출세하게 된다.

추분후에 병화(丙火)는 있고 계수(癸水)가 없으면 약간 부귀를 하고 만일에 계수(癸水)가 있고 병화(丙火)가 없으면 명리(名利)가 허사니 일생(一生)을 고생한다. 만일에 사주내(四柱內)에서 병화계수(丙火癸水)를 보지 못한 운명은 하격(下格)이 된다. 혹 상반월(月)에 나서 계수(癸水)가 없으면 임수(壬水)로 대용을 하라. 그것도 못하면 고목(枯木)이 쓸데가 없으니 반드시 가난한 사람이 된다. 거기에다 무토(戊土) 기토(己土)가 많으면 하격(下格)에 하격(下格)이다.

을목（乙木）이 팔월（八月）에 나서 지지（地支）에 사유축
（巳酉丑）을 만나지 말아라. 만일 이궁（離宮）을 만나면 부귀
（富貴）를 할 수 있으나 신유（申酉）를 만나면 나무가 금
（金）에 상（傷）하게 되니 불행한중 또 다시 금（金）을 만
나니 어찌 수명（壽命）이 길수 있겠는가?

정미（丁未）	무신（戊申）	갑진（甲辰）
기유（己酉）	정미（丁未）	계묘（癸卯）
을사（乙巳）	병오（丙午）	임인（壬寅）
정해（丁亥）	을사（乙巳）	

을목（乙木）이 팔월（八月）에 출생하였는데 일지（日支）좌하
에 사자（巳字）가 있어 사축금국（巳丑金局）을 이루고 시지
（時支）에 해수（亥水）가 금기（金氣）를 뽑아서 을목（乙木）
을 생（生）하니 사주（四柱）가 윤（潤）하고 생기（生氣）가
있다. 그런중 을목（乙木）이 해중（亥中）에 뿌리를 깊이
뻗고 양지（陽地）로 향（向）하고 있으니 사주（四柱）가 식신
재살이 분명하구나. 하물며 을미（乙未） 편재가 있고 정화
（丁火）가 있으니 목화통명（木火通明）뿐만 아니라 상관상재
을 겸하여 사주가 좋은 가운데 정미（丁未） 병오（丙午） 을
사（乙巳） 남방（南方）으로 향（向）하니 일생（一生）을 부귀
**공명（富貴公名）하여 중국대륙 천지에서 명예와 부（富）을 독
점한 것이다.**

계미（癸未）	경신（庚申）	무오（戊午）
신유（辛酉）	기미（己未）	정사（丁巳）

기유(己酉)　　병진(丙辰)

정해(丁亥)　　을묘(乙卯)

을목일간(乙木日干)이 팔월(八月)에 출생하였는데 일지(日
支)에 유(酉)가 있고 월간(月干)에 신금(辛金)이 있어 금
(金)의 세력이 번창한데 시지(時支)에 계수(癸水)가 금기
(金氣)을 설(洩)하여 을목(乙木)을 생(生)하니 을목(乙
木)이 해수(亥水)에 깊이 뿌리를 뻗었다. 그런중 정화(丁
火)가 시간(時干)에 튀어나와 금기(金氣)을 제압하고 또는
년간(年干)에 계수(癸水)가 투출하여 신금(辛金)의 기(氣)
를 설(洩)하여 을목(乙木)을 도우니 사주가 청수하다. 하
물며 운이 남동으로 흘러가니 부귀공명을 아니할 수가 없다.
이 사주(四柱)는 중국에 부귀한 염석산의 운명이라 한다.

계축(癸丑)　　경신(庚申)　　　병진(丙辰)

신유(辛酉)　　을미(乙未)　　　을묘(乙卯)

을묘(乙卯)　　무오(戊午)　　　갑인(甲寅)

계미(癸未)　　정사(丁巳)

을목일주(乙木日柱)가 팔월금왕절(八月金旺節)에 출생하였는
데 년월(年月)이 유축금국(酉丑金局)을 하고 신금(辛金)이
투출 하였으며 일시묘미목국(日時卯未木局)을 하고 일간(日
干)에 을목(乙木)이 튀어나왔는데 계수(癸水)가 금기(金
氣)를 설(洩)하여 을목(乙木)을 생(生)하니 살인상생이
되어 좋으나 대운이 흘러가며 목화금토수(木火金土水) 혼전을
하니 대운을 만나지 못하여 일생(一生)을 고생하고 말았다.

-162-

만일에 정화(丁火)가 있으면 식신재살이 되지만 화(火)가 없으니 일생(一生)을 곤고하게 지낼 팔자라 하겠다.

구월(九月) 을목(乙木)

구월(九月)의 을목(乙木)은 뿌리가 마르고 잎이 떨어졌으니 반드시 계수(癸水)로써 자양을 해야된다. 만일에 갑(甲)을 보면 등나무 넝쿨과 덩덩이 넝쿨같이 갑을목(甲乙木)이 얼킨것을 등나게 갑이라한다. 이것은 가을도 좋고 겨울도 좋다고 한다. 만일에 계수(癸水)을 보고 신금(辛金)이 발수(發水)하여주는 근원을 보게되면 고문합격(高文合格)은 정해놓고 딴다.

혹 계수(癸水)가 있고 신금(辛金)이 없으면 보통 사람에 불과하고 또 신금(辛金)이 있고 계수(癸水)가 없으면 가난하고 천한것은 말할것도 없고 혹 사주에 임수(壬水)가 많으면 을목(乙木)을 살리기가 어려우니 역시 심상한 사람밖에 안된다.

혹 지지(地支)에 무토(戊土)가 많으면 또 사주천간(四柱天干)에 무토(戊土)가 튀어나오면 기명종재로보니 비견겁재만 없다면 묘(妙)한 사주라한다. 그러나 혹 비견(比肩)을 보면 집은 부자 같으나 가난한 사람이다.

갑인(甲寅)   을해(乙亥)   기묘(己卯)

갑술(甲戌)   병자(丙子)   경진(庚辰)

을유(乙酉)   정축(丁丑)

병자(丙子)   무인(戊寅)

을목일간(乙木日干)이 구월금왕절(九月金旺節)에 출생하였으나 시지(時支)에 자수(子水)가 있어 금기(金氣)를 설(洩)하고, 갑갑인(甲甲寅) 삼겁재(三却財)가 있어서 을목(乙木)을 도우며 병화(丙火)가 높이 투출(透出)하였으므로 목화통명상(木火通明相)을 이루고 있으니 사주(四柱)가 청순함으로써 가갑명신이 된것이다.

경진(庚辰) 정해(丁亥) 신묘(辛卯)

병술(丙戌) 무자(戊子) 임진(壬辰)

을해(乙亥) 기축(己丑)

경진(庚辰) 경인(庚寅)

을목일주(乙木日柱)가 구월금왕절(九月金旺節)에 출생하여 시(時)에 경금(庚金)을 만나고 시지(時支)에 진토(辰土)를 보니 가히 진화격(眞化格)이라 보겠다. 그리고 월간(月干)에 병화(丙火)을 보니 칠살(七殺)이 되므로 화상(化象)이 파격이 된 것이다. 사주가 잘못되어 유병무약(有病無藥)이면 무슨 운을 향(向)해 가더라도 되는일이 없어서 일생(一生)을 고생을 하게된다.

사주(四柱)보다 운(運)이 좋아야 한다는 말이 있는데 실지는 그렇지 않다. 원사주(原四柱)가 좋고 운(運)도 좋으므로써 부귀공명(富貴功名)을 할 수 있다. 원사주(原四柱)가 잘못되었는데 운이 아무리 좋은데로 향(向)한다 하더라도 이 사람에 대(對)해서는 큰 성공이 없다.

예컨데 장관의 사주로써 잠시 운이 나빠 장관직을 내났다 하

더라도 남에게서 존경받는 것이나 최소한도 남보다 잘살고 있
으니 모두 이것이 원사주가 중화(中和)된 소치라 하겠으니
대운(大運)이전에 원(原) 사주가 잘되야 된다는 것을 알아
둘 필요가 있다.

八. 삼동(三冬)의 을목(乙木)

시월을목(十月乙木)은 나무가 기운을 받지 못하고 또는 임수(壬水)가 사령관 노릇을 하니 병화(丙火)를 취하여 쓰고 무토(戊土)를 다음으로 쓴다. 병화(丙火) 무토(戊土)가 둘 다 튀어나오면 고문합격(高文合格)할 일은 필연하다.

병화(丙火)가 있고 무토(戊土)가 없으면 비록 고문합격은 못해도 선비란말은 듣는다. 지지내(地支內)에 병화(丙火)가 많으면 운(運)이 화지(火地)를 향(向)하여 들어간 것이니 크게 발전(發展)을 한다. 혹 물이 많고 무토(戊土)가 없으면 나무성질이 떠내려가니 사람의 행동도 투기를 좋아하고 사기를 좋아하며 나쁜곳으로 빠지게된다. 그런 속에도 병화(丙火) 기토(己土)를 보지못하면 전적으로 처(妻)와 자식(子息)이 없게된다.

혹 한가닥 임수(壬水)가 무토(戊土)의 많은것을 보게되면 묘(妙)하지 못하니 갑목(甲木)을 얻어서 무토(戊土)을 제거해야 조금났다. 그러나 이런 사람은 환란을 일으키고 송사시비를 좋아하며 남을 해치려더니 남녀간에 똑같은 위치를 가지고 있다. 지지(地支)에서 목국(木局)을 이루면 시월(十月)은 소양(小陽)의 절(節)이라 하기에 봄나무와 성질이 동일(同一)하다.

만일에 계수(癸水)가 나왔으면 무토(戊土)로 누르고 여기에다 병화(丙火)가 튀어나오면 당연히 고문합격을 하게된다.

-167-

만일에 병화(丙火)와 무토(戊土)가 없으면 자수성가한다. 그러나 부모의 재산을 이어받을수가 없다.

을축(乙丑)	병술(丙戌)	임오(壬午)
정해(丁亥)	을유(乙酉)	신사(辛巳)
을미(乙未)	갑신(甲申)	경진(庚辰)
기묘(己卯)	계미(癸未)	

을목일주(乙木日柱)가 시월(十月)에 출생하여 해묘미(亥卯未) 목국(木局)을 이루고 월간(月干)에 정화(丁火)가 투출하여 목화통명(木火通明)을 이루며 상관생재격을 이루니 부귀(富貴)할 사주(四柱)라 하물며 운(運)이 미오사(未午巳) 남방운(南方運)으로 향(向)하니 대부(大富)는 틀림 없는 것이다.

기해(己亥)	갑술(甲戌)	경오(庚午)
을해(乙亥)	계유(癸酉)	기사(己巳)
을사(乙巳)	임신(壬申)	
정해(丁亥)	신미(辛未),	

을목일간(乙木日干)이 해월(亥月)에 출생하여 수다목(水多木)부 할 지경이다.

일지하(日支下)에 사해상충(巳亥相冲)이 되고 정화(丁火)가 고단(孤單)한데 하물며 운(運)이 계유(癸酉) 임신 금수(壬申金水)로 향(向)하여 정화(丁火)가 제극을 당하니 사람의 운명도 이와 같이 사망한 것이다.

사주(四柱)을 살펴볼 때 기토(己土)는 물을 흐르게 할 뿐

지수(止水)작용을 못한다. 즉 많은 물을 기토(己土)가 막지 못한다.

사중(巳中)에 무토(戊土)가 있어서 막으려 하였으나 사해(巳亥) 상충(相沖)이 되어 무토(戊土)가 파극(破剋)되니 지수(止水)의 작용이 이루어지지 않는다. 이러한중 운이 금수지(金水地)로 향(向)하니 어찌 편안하리요.

십일월(十一月) 을목(乙木)

십일월(十一月)에 을목(乙木)은 꽃나무가 차가워 얼었는데 일양(一陽)이 다시오는때라 병화(丙火)로써 해동작업을 하는 것이 좋다. 그러면 꽃나무가 양기(陽氣)을 향하는 뜻이 있으니 계수(癸水)로써 꽃나무를 얼게하는것이 좋지 않다. 그러므로 십일월(十一月)에는 전적 병화(丙火)만 쓰게된다. 일이 병화(一二丙火)가 천간(天干)에 나오면 계수(癸水)가 무력(無力)하게 되니 이와같은 운명을 가지면 고문합격(高文合格) 하게된다. 병화(丙火)가 지중(地中)에 감추어 있더라도 선발될 희망이 있다. 임계(壬癸)가 출간 했는데 무토(戊土)가 제거시켜주면 이 사람은 유능한 사람이 된다. 바로 병화(丙火)가 사주내(四柱內)에 있으면 준수한 사람이 되나 만일 임수(壬水)가 튀어나오고 무토(戊土)가 없으면 가난하고 천한 사람이 된다. 지지(地支)에서 수국(水局)을 이루고 천간(天干)에 임계수(壬癸水)가 튀어나와 병화정화(丙火丁火)가 전혀 없으면 비록 무토(戊土)가 수(水)를 제거시켜준다 해도 늙도록까지 고생을 하게된다. 그러나 대운이 남

-169-

방으로 향(向)해가면 조그만 의식은 갖는다. 정화(丁火)는 등잔불이나 같은 것이니 엄동설한에 추위를 녹일수가 없으니 병화(丙火)가 있어야 한다.

만일 병정(丙丁)이 없고 무기토(戊己土)가 많으면 금수(金水)가 다투어 흘러가니 하격(下格)이 되어 빈천하다. 혹 무기토(戊己土)가 있고 화(火)가 없으면 보통사람에 불과하고 혹 한가닥 정화(丁火)가 있다면 크게 사기치고 크게 간사한 무리이니 만일에 갑목(甲木)이 정화(丁火)을 인도함이 없 다면 늙도록까지 부모 자식, 형제, 처자가 없이 외로운 고생을 한다. 정화(丁火)가 갑목(甲木)을 보면 복록은 진진하게 되니 큰 희망이 있다.

혹 지(地)에 수국(水局)을 이루고 임계수(壬癸水)가 양투하면 나무가 수다목부(水多木浮)하게 되니 특별히 가난하고 천할뿐만 아니라 쉽게 요절한다. 그러나 한 무토(戊土)가 있어 구조하여주면 요절은 면할 수가 있다. 동월(同月)에 을목(乙木)은 무토(戊土)로써 수(水)를 제거하는것도 좋고 병화(丙火)을 쓰는것도 좋다.

경신(庚申)	기축(己丑)	계사(癸巳)
무자(戊子)	경인(庚寅)	갑오(甲午)
을사(乙巳)	신묘(辛卯)	을미(乙未)
병자(丙子)	임진(壬辰)	

병화(丙火) 무토(戊土)가 천간(天干)에 높이 솟아서 자진수국(子辰水局)을 제거하고 하물며 대운이 인묘진(寅卯辰)

-170-

사오미(巳午未)로 향(向)하니 귀(貴)를 하지 아니할 수가 없다. 그런데 일지(日支) 좌하사중(巳中)에서 병화무토(丙火戊土)가 일제히 튀어나와 사주전국을 중화(中和)시키니 사주(四柱)가 정순(情純)하다. 그러기에 부귀공명(富貴功名)을 하게된다.

무인(戊寅)	을축(乙丑)	기사(己巳)
갑자(甲子)	병인(丙寅)	경오(庚午)
을해(乙亥)	정묘(丁卯)	신미(辛未)
갑신(甲申)	무진(戊辰)	

을목일간(乙木日干)이 십이월(十二月)에 출생(出生)하였는데 무토(戊土)가 해자수(亥子水)을 제거하고 인중병화(寅中丙火)가 찬골짜기에 봄이오는 현상이 되니 사주(四柱)가 중화(中和)를 이룬 것이다. 하물며 대운(大運)이 병인(丙寅) 정묘(丁卯) 무진(戊辰) 기사(己巳)로 향(向)하니 부귀공명(富貴功名)을 하였다.

십이월(十二月) 을목(乙木)

십이월(十二月) 을목(乙木)은 나무성질이 한랭(寒冷)하므로 병화(丙火)를 쓰는것이 좋다. 병화(丙火)를 쓰면 찬골짜기에 봄이 오는 현상이 되니 병화(丙火)를 얻고 계수(癸水)가 없다면 특별히 고문합격하여 명관(名官)이 된다. 병화(丙火)가 지지(地支)에 감추어 졌고 천간(天干)에 병화(丙火)가 높이 솟으면 대부대귀(大富大貴)하게된다.

사주(四柱)에 기토(己土)가 많고 비겁(比刦)을 만나지 아니하면 종재격(從財格)이 되니 부자를 왕후에 비교할 수 있다. 그러나 한 비겁(比刧)만 본다면 가난하여 송곳하나 꽂를 땅이 없다.

혹 한가닥 무토(戊土)에 갑목(甲木)을 보면 의록(衣祿)은 있으나 병화(丙火)를 씀으로써 묘(妙)하게 되는 것이다.

임오(壬午)	갑인(甲寅)	무오(戊午)
계축(癸丑)	을묘(乙卯)	기미(己未)
을묘(乙卯)	병진(丙辰)	
신사(辛巳)	정사(丁巳)	

을목일주(乙木日柱)가 십이월(十二月)에 출생하였으나 다행(多幸)히 지지(地支)에 물이 없고 년시사오중(年時巳午中)에 병정화(丙丁火)가 있어 추운 골짜기에 봄이 오는 현상이니 사주(四柱)가 중화(中和)를 이루었다. 하물며 운(運)이 인묘진(寅卯辰) 사오미(巳午未) **동남(東南)으로** 향(向)하니 부귀(富貴)가 아니될 수 없다.

이때는 천지강산(天地江山)이 극도로 한랭(寒冷)하니 신왕신약(身旺身弱)을 가리지말고 화(火)로써 조후를 하는것이 좋다는 것이다.

임신(壬申)	갑인(甲寅)	무오(戊午)
계축(癸丑)	을묘(乙卯)	기미(己未)
을축(乙丑)	병진(丙辰)	
신사(辛巳)	정사(丁巳)	

을목일주(乙木日柱)가 십이월(十二月)에 출생(出生)하니

사축 금국(巳丑金局)을 이루고 신중(申中)에서 임계수(壬癸水)
가 투출(透出)하니 사주내(四柱內)에 천지가 냉동하니 일점
화기(火氣)도 없으므로 하는수 없이 종왕을 해야 하는데, 운
(運)이 해자축(亥子丑) 신유술(申酉戌)로 가지아니하고 인
묘진(寅卯辰) 동방(東方)으로 향(向)하니 대운이 어긋나게
향(向)하여가니 일생(一生)을 곤고하게 지내는 것이다.

九 · 삼춘 (三春) 의   병화 (丙火)

활활타오르는 진짜불이 남방에 자리잡고 있으니 불빛이 밝지 아니할리가 없다. 그러나 너무 빛나면 오래가지 못하니 지지 (地支) 에 숨어있는 것을 좋게 여긴다. 그러므로 꺼질 염려 가 없다. 불은 나무로써 몸 (體) 을 삼는데 목 (木) 이 없으 면 불빛을 내기가 어렵다. 화 (火) 는 수 (水) 로 용신 (用 神) 을 삼으며 만일 물이 없다면 불이 너무 사나워서 나쁘므 로 불이 많해도 실속이 없다. 불이 너무 혹독하게 뜨거워도 만물을 상 (傷) 하게되니 목 (木) 이 인묘진 (寅卯辰) 에 오면 불이 생을 받게되고 신유 (辛酉) 로 가게되면 불이 반드시 죽 을 것이니 유신 (酉申) 쪽은 이롭지 못하다 물은 이 오 (午) 에 있 으면 과단성있고 감궁에 있으면 조심이 많아서 예의을 잘 지 키는 사람이 된다. 금 (金) 이 불을 얻어서 중화되면 능히 그릇을 만들수가 있고 물이 불을 얻어 중화 (中和) 가 되면 기 제 (旣濟) 공이 있고, 토 (土) 을 만나면 빛을 뺏겨 밝지못함으 로 막히는 일이 많고 목 (木) 이 왕 (旺) 한곳을 만나면 결단 코 영화를 얻게된다. 나무가 죽으면 불이 허망하게되니 영구 함을 얻기 어렵다. 그러기에 인생 (人生) 의   운명 (運命) 이 공명 (功名) 을 얻었다 해도 오래가지 못한다.

춘화 (春火) 는 나무을 만나는 것을 좋아하지 않으니 나무가 불타버리는 것을 근심하기에 그러는 것이다. 여름철에는 토 (土) 가 모여있는 것을 싫어하니 토 (土) 가 화기 (火氣) 을 설(洩)하여 화(火)을 무력(無力)하게 만들기 때문에 그러하다. 가을에는 금(金) 보는것을 꺼려하니 금(金)을 극제하기 어려워서 그렇다.

겨울에는 물보는 것을 꺼려하니 물이 왕(旺)하면 불이 자연히 죽기에 그러함이다.

봄불은 밝아야 하지만 너무 지나치게 타오르는 것을 싫어하고 가을 불은 지지(地支)에 감추어져 약간 밝지 않는듯 해야 한다. 너무 밝으면 토(土)나 나무가 모두 타버리기 때문에 그렇다. 겨울불은 살려야하니 살리지 못하면 불이 꺼지게 된다.

불이 봄철에 낳으면 어미인 목(木)이 왕(旺)하고 자식인 화(火)가 강하니 세력이 병행되므로 나무로써 생부하는 것을 기꺼워한다. 그러나 화(火)가 너무 과다하게 왕(旺)하는것이 좋지않다. 왕(旺)하면 불이 열렬하여 만물이 타버릴 지경이니 이때에는 물로써 약간 조절해줌이 좋다. 토(土)가 많으면 화(火)빛이 없어지고 화(火)가 성하면 만물이 조열하여 상(傷)하게 되니 금(金)으로써 나무를 제거하여야 시공해주면 적당하게 중화(中和)되니 행복(幸福)을 누릴수가 있다.

여름철에 불은 일진이 화(火)라면 월령(月令)이 불이 되므로 사령(司令)을 얻고 권세(權勢)를 얻으므로 물로써 제저해줌을 만나면 스스로 불에탈 염려가 없을 것이다. 그러나 목(木)에 보조(補助)를 받게되면 불이 너무 강해서 수명이

단축된다.

금(金)을 만나면 물이 있으므로 중화(中和)를 이루고 토(土)를 만나면 진축(辰丑) 습토(濕土)를 얻어야만 가색을 이루니 사주(四柱)가 중화(中和)되므로 행복을 누리게 된다. 불이 금(金)도 없고 토(土)는 조(燥)한데 여기에다 목(木)이 와서 도와주면 태과(太過)하니 인생(人生)의 운명(運命)이 위태롭게 된다.

가을은 불의 성질이 약해지니 목(木)의 생(生)을 얻으면 다시 밝아지는 경사가 있어 좋으나 만일에 물을 만나면 운명을 손상할 염려가 있다.

토(土)가 중해서 화기를 설(洩)했는데 목(木)이 와서 토(土)을 제거해주면 반드시 좋은 운명(運命)으로 발전(發展)을 하게된다.

겨울에 불은 형체가 끊어지고 형상이 망가졌으니 목(木)으로써 생(生)하여 구제함이 있음을 기뻐하고 그러나 만일 물을 만나면 수극화(水剋火)가 되므로 재앙이 오게된다. 수(水)가 많으면 토(土)로써 제압을 하여 화(火)를 구제하면 영화가 되니 행복이 올수 있다.

삼춘(三春)에 병화(丙火)는 만물이 회춘(回春)할 시기니 양기(陽氣)가 대지(大地)에 돌아오므로 화(火)가 기운을 얻으니 눈과 서리를 무서워하지 않는다. 병화(丙火)의 다음에는 임수(壬水)가 따라야 한다. 임수(壬水)가 따르면 수보양광(水輔陽光)하니 이리되면 천지가 화윤(和潤)하며 기제의 공(功)이 있다.

정월(正月)에 임수(壬水)을 쓰면 경신금(庚辛金)이 도움이 된다. 이월(二月)에는 전적 임수(壬水)을 쓰고 삼월(三月)에는 월영에 진토(辰土)가 세력을 가지고 있으니 불빛을 어둡게 할 염려가 있으니 갑목(甲木)을 얻어 진토(辰土)을 제압하면 좋은 운명(運命)으로 전환이 된다.

계수(癸水)와 병화(丙火)가 봄에 나면 개인것도 아니고 비온 것도 아닌 현상이 되니 병일간(丙日干)으로써 봄에 낳고 시(時)나 월(月)에 계수(癸水)가 튀어나면 하늘에 구름과 안개가 끼어 천지가 명랑치 못한 상이니 이러한 운명(運命)을 타고나면 일생(一生)을 고생하게 된다.

봄철에는 여러말 길게할것 없이 병일간(丙日干)이 계수(癸水)를 보면 좋지않은 현상이니 임수(壬水)로써 병화(丙火)를 돕는것이 좋은 운명(運命)이 되는 것이다. 수보양광(水輔陽光)이란 뜻은 석양에 해가 지는데 햇빛이 물위에 반사되면 햇빛이 밝은 현상을 나타내기에 그러함이다.

정월(正月)에 병화(丙火)를 삼양개태(三陽開泰)하므로 화기(火氣)가 점점 올라서니 임수(壬水)로써 도와주고 경금(庚金)으로 도우면 좋으니 임수경금(壬水庚金)이 사주천간(四柱天干)에 튀어나오면 고문합격(高文合格)은 필연코 한다. 임수(壬水)가 튀어나오고 경금(庚金)이 지지(地支)에 암장되어 있어도 이러한 운명(運命)은 다른길로라도 출세(出世)을 한다. 만일 한 경금(庚金)이 높이 튀어나오고 지지(地支)에 한두개의 병화(丙火)을 감추고 있으면 재복(財福)도 있고 이름도 나니 위인이 영웅이 되며 마음씨도 좋아서 남의 슬픈 마음을 달래주는 좋은 심정을 가지고 있다. 뿐만 아니라 재주가 만사람 중(中)에 뛰어난다. 그러나 한가닥 경신금(庚辛金)이 혼잡하면 보통 상인으로 지나지 않게된다.

시(時)나 월(月)에 경금(庚金)이 두개나 튀어나오고 신금(辛金)이 없는 자(者)는 청(淸)한 벼슬을 하게된다. 혹 신시(辛時)면 병신합(丙辛合)이 되니 이름을 탐합이라 하겠으니 주색을 즐기고 투기도 잘하고 사기을 잘하는 무리이니 남녀가 다 동일(同一)하다. 혹 병(丙)이 적고 임(壬)이 많은데 무토(戊土)가 제거함이 없다면 몸은 약하고 살은 무거우니 이런 사람은 웃는속에다 칼을 품고 있으며 남을 해치기를 좋아한다. 그러나 한가닥의 무토(戊土)라도 있어서 임수(壬水)을 제거해주면 도리어 부귀하게 된다. 따라서 한두개의 비견(比肩)과 한두개의 병화(丙火)를 봐도 묘(妙)한 사주(四柱)가 된다. 혹 한가닥 무토(戊土)에 갑목(甲木)이 천간(天干)에 나오지 아니하면 종래까지 큰 그릇이 되지 못하니 고단하고 가난하게 산다.

정월(正月) 병화(丙火)는 무토(戊土)가 빛을 가리는 것을 무서워하니 혹 지지(地支)에 화국(火局)을 이루었다면 임수(壬水)를 취함으로써 귀(貴)하게 된다. 임수(壬水)가 없으면 계수(癸水)라도 대용하는데 임수계수(壬水癸水)가 다 없다면 무토(戊土) 단독으로 화기(火氣)를 설기(洩氣)해 버리니 위인이 보통사람에 불과하다.

혹 지지(地支)에 화국(火局)을 이루면 염상격(炎上格)이라 하겠는데 시기(時期)를 만나지 못하였으므로 운(運)이 동남운(東南運)으로 가야하지 그렇지 아니하고 서북(西北)으로 향(向)하면 고독하고 가난하게 된다.

혹 사주(四柱)에 갑목(甲木)이 있는데 경금(庚金)이 갑목(甲木)을 제거해버리면 수재에 불과하다. 임수(壬水)가 없어서 계수(癸水)를 쓰는자(者)는 약간 부귀(富貴)를 하나 또한 관살(官殺)이 왕성(旺盛)하면 뿌리가 있는것을 좋아한다. 병화(丙火)는 임수(壬水)가 없으면 빈천하다. 이것은 몇번이고 실험해 봐도 틀림없는 이론이다. 혹 사주내(四柱內)에 불이 많고 물이 없는데 대운(大運)이 해자축(亥子丑)으로 갈때 반드시 사망하게 된다.

오직 오월병화(五月丙火)가 수(水)를 만나면 파격(破格)이 된다니 좋지 못하다. 사주(四柱)에 계수(癸水)를 쓰는데 계수(癸水)가 뿌리가 없으면 안질이 있게된다.

경인(庚寅)　　기묘(己卯)　　계미(癸未)

무인(戊寅)　　경진(庚辰)　　갑신(甲申)

병인(丙寅)　　신사(辛巳)　　을유(乙酉)

임진(壬辰)　　임오(壬午)

병화일간(丙火日干)이 정월목왕절(正月木旺節)에 출생(出生)하니 신왕(身旺)한 중(中) 인(寅)이 세개나 있어서 화기(火氣)을 너무 조열하게 해주는데 임수(壬水)가 보양을

해주고 경금(庚金)이 임수(壬水)를 도우며 인목(寅木)을 제거해주고 무토(戊土) 진토(辰土)가 화기(火氣)를 설(洩)하는데 인(寅)이 제거하니 사주(四柱)가 기묘하게 구성이 되었다. 경금(庚金)과 임수(壬水)가 양투(兩透)해서 병화(丙火)가 이내 상승을 하고 있으니 목화(木火)가 왕기(旺氣)을 향(向)하고 재(財)가 살(殺)을 생(生)하는데 무토(戊土)의 제압을 얻으니 어찌 귀(貴)하지 못하겠는가? 일국(一國)의 장관이 되었다.

신해(辛亥)　　　　기축(己丑)　　　을유(乙酉)

경인(庚寅)　　　　무자(戊子)　　　갑신(甲申)

병자(丙子)　　　　정해(丁亥)

정유(丁酉)　　　　병술(丙戌)

병화일주(丙火日柱)가 인월(日月)에 출생(出生)하여 병화(丙火)를 생(生)하고 또는 시(時)에 겁재(刦財)을 얻었는데 경신금(庚辛金)이 일주(日柱) 좌하 관성(官星)을 도우니 **인해(寅亥)가 합(合)하여** 인수를 이루고 재(財)와 관(官)이 서로 방해가 없으니 어찌 귀(貴)을 못하겠는가? **익국(一國)의 국회의원이 되었다.**

경신금(庚辛金)이 비록 인해(寅亥) 목(木)을 극(剋)할 듯하나 일주(日柱) 좌하에 자수(子水)가 있어서 금생수(金生水) 수생목(水生木) 목생화(木生火)하여 서로 어긋남이 없으니 사주가 중화(中和)되어서 귀(貴)를 하게 되었다.

정유（丁酉）　　　신축（辛丑）　　정유（丁酉）

임인（壬寅）　　　경자（庚子）　　병신（丙申）

병자（丙子）　　　기해（己亥）

무술（戊戌）　　　무술（戊戌）

이　사주（四柱）는　초정월（初正月）이　아니고　이월（二月）이

가까워지니　양기（陽氣）가　상승（上昇）하므로　나무가　갈증을

느끼게　된다.　그런중（中）　정임（丁壬）이　화목（火木）을

하여　무토（戊土）도　자수（子水）을　제극하고　자수관성（子水官

星）이　제극을　받으니　재산（財産）은　있으나　자식이　없다.　중

년（中年）후에　부자가　되었다.　이런　사주는　선빈후부라　하고

공부는　보통사람에　지나지　않는다.　이　사주는　병화（丙火）의

자식이　임수（壬水）인데　정임화목（丁壬化木）이　되고　무토（戊

土）에서　자수（子水）가　극을　받으니　그래서　자식이　없다.

　이월（二月）의　병화（丙火）는　양기（陽氣）가　천천히　올라오

니　전적임수（壬水）을　쓰고,　임수（壬水）가　천간（天干）에　투

출했는데　정임화목（丁壬化木）을　보지　아니하고　경（庚）,　신

（辛）,　기（己）의　투출을　가하면　수（水）가　유근（有根）하게

되니　고문합격은　따논　것이나　마찬가지다.

　혹　임수（壬水）가　없으면　기토（己土）라도　대용하는데　위인

이　재주와　배움이　있지만　능히　이름을　내지　못한다.　그러나

의식만　그립지　않게　산다　혹　한가닥　임수（壬水）가　한　무

토（戊土）의　제극함을　보면　비록　가갑은　못하나　사장이라도

할　수가　있다.　무토（戊土）의　투출（透出）이　없으면　진술충

미(辰戌蟲未)의 무토(戊土)라도 있어야하니 단 진궁(辰宮)에 계수(癸水)가 무토(戊土)와 화합(化合)을 이루면 능히 임수(壬水)를 제거하지 못하니 이런 사람은 보통 사람으로서 의식은 그립지 않다. 만일 지지(地支) 아래에 전적무토(戊土)가 없다면 이 사람은 노름잡기도 하고 주색으로 방탕하는 사람이 된다. 그 중에다 금(金)이 많아서 수(水)를 생(生)하면 하격(下格)인 운명이 된다.

혹 한가닥 무토(戊土)가 있는데 임수(壬水)을 쓰게되면 운(運)이 동방(東方)으로 가는것이 좋다. 만일에 토(土)를 보면 불상사가 나니 화운(火運)으로 향(向)해도 이롭지 못하다.

혹 병자일(丙子日) 신유시(辛酉時)면 화격(化格) 이라고 하는데 때을 만나지 못한 것으로 재(財)을 탐해서 인수를 파괴시키는 것이니 조업을 가질수도 없는 사람이요 또는 일생(一生)을 불행(不幸)하게 지낸다. 만일에 일이병정화(一二丙丁火)을 거듭 얻어 신금(辛金)을 파하면 임수(壬水)가 위치를 얻으므로 역시 부귀(富貴)을 하게된다. 만일에 이런 사주(四柱)로써 벼슬길에 못나가면 다른 길로도 출세(出世)하는수가 있고 또는 이름을 얻게된다. 이 격(格)에 들면 처(妻)도 얌전하고 자식도 많다.

혹 월시(月時)에 신묘(辛卯)을 보면 일간(日干)이 병자일(丙子日)이면 이름을 쟁합이라 한다. 천간(天干)에 정화(丁火)가 튀어나오고 신금(辛金)을 제거하지 못하면 주색에

혼미하여 파산을 하게된다. 년(年)에 정화(丁火)가 투출(透出)되면 오히려 길(吉)하고 지지(地支)에 목국(木局)을 이루면 간사스럽게 재물을 얻고 또 술로 인해 이름을 얻는다.

을해(乙亥)	무인(戊寅)	갑술(甲戌)
기묘(己卯)	정축(丁丑)	계유(癸酉)
병신(丙申)	병자(丙子)	
기해(己亥)	을해(乙亥)	

해묘목국(亥卯木局)에 을목(乙木)이 튀어나오고 병화(丙火)가 왕기(旺氣)를 얻어서 유력(有力)하니 상관생재(傷官生財)도 될뿐 아니라, 신금(申金)이 병화(丙火)의 양기(陽氣)를 도와주고 해중(亥中)에 임수(壬水)를 생(生)하니 신중경금(申中庚金)을 써서 고관벼슬을 한 것이다.

하물며 운(運)이 중년(中年)에 해자관성왕(亥子官星旺)지(地)에서 높은 벼슬을 하게된 것이다. 이와 같은 사주(四柱)는 신금(申金)이 병화(丙火)을 도우니 처복(妻福)이 좋고 시지(時支)가 유력(有力)하니 자손운이 무한한 영화(榮華)을 얻게된다.

기해(己亥)	병인(丙寅)	임술(壬戌)
정묘(丁卯)	을축(乙丑)	신유(辛酉)
병신(丙申)	갑자(甲子)	
기해(己亥)	계해(癸亥)	

전사주(前四柱)는 을목(乙木)이 있어서 사주(四柱)의 융

통을 잘 시켰고 이 운명(運命)은 기토(己土)가 극(剋)이 없이 임수(壬水)를 제거하니 사주(四柱)가 청순하지 못하므로 무관에 출세한 것이다. 그러나 관성(官星)이 제극을 받아서 자식 두기가 어렵다. 이둘 사주(四柱)도 병화(丙火)가 신(申) 위에 있어서 경임(庚壬)을 썼는데 경임(庚壬)이 지지(地支)에 암장되어 있고 해묘미(亥卯未)가 목국(木局)을 지어 인수로써 병화(丙火)를 생(生)하니 무관에 출세한 것이다.

신금(辛金)이 병화양광(丙火陽光)을 돕는다는 것은 어찌 화금상전(火金相戰)인데 병화(丙火)를 돕는다는 것은 이해가 아니간다. 고서(古書)에 병임신위(丙臨申位)에 수보양광(水輔陽光)이라 하였다. 그 이치는 신중(申中)에 임수(壬水)가 있기에 임수(壬水)를 가르켜 말한다.

삼월(三月)의 병화(丙火)

화기(火氣)가 점점 뜨겁게 올라오니 임수(壬水)을 써서 화기(火氣)을 제거해야 하고 혹 사주내(四柱內)에서 토국(土局)을 이루었으면 갑목(甲木)으로 소토를 해주어야 한다. 그러기에 임수(壬水)가 떠날수 없으므로 임수갑목(壬水甲木)이 둘다 천간(天干)에 튀어나오면 가갑이 정연하다. 오직 경금(庚金)이 나와서 갑목(甲木)을 제거하면 토국(土局)을 제거하지 못하니 이와같은 운명(運命)을 가지고 있으면 수재에 지나지 않는다. 갑목(甲木)이 없어 경금(庚金)만 쓰면 경금(庚金)이 토기(土氣)를 설(洩)하여 임수(壬水)을 도

와주게된다.   임수(壬水)가 튀어나오고 갑목(甲木)은   지지
(地支)에 있으면 부자는 크지만 귀(貴)는 적다.

갑목(甲木)이 있고 임수(壬水)가 없으면 어렵고   힘들게
재산을 모아 부자가 되고 임수(壬水)가 감춰지고   갑목(甲
木)이   천간(天干)에 없으면 한개의 한유(寒儒)에 지
나지 않는다.   임수(壬水)와 갑목(甲木)이 둘다 없다면 어
리석고 천한 사람이 된다.

을목(乙木)과 정화(丁火)가 섞여서 어지럽게 있으면 보통
범부(凡夫)에 지나지 않는다.

계축(癸丑)   을묘(乙卯)   신해(辛亥)

병진(丙辰)   갑인(甲寅)   경술(庚戌)

병오(丙午)   계축(癸丑)

임진(壬辰)   임자(壬子)

임수(壬水)가 천간(天干)에 높이 튀어나오고 병화(丙火)
가 월간(月干)에 비견(比肩)을 얻고 좌하에 양인(羊刃)을
떠고 있으니 출장 입상격이라 한다.

삼월(三月)달에 목(木)도 없고 금(金)도 없으나 진중
(辰中)에 계수(癸水)가 있고 시간(時干)에 임수(壬水)가
튀어나오니 신왕(身旺)적살하기에 출장 입상격(格)이다.

월상(月上)에   상관비견(傷官比肩)이 있으므로 자수성가하게
되고 병오양인(丙午羊刃)을 얻으니 처궁의 힘을 얻어 출세
(出世)한 것이다.   하물며 대운(大運)이 해자축(亥子丑)으
로 향(向)하여 관성(官星)을 도우니 출세(出世)를 하지 않

겠는가?

신묘 (辛卯)	신묘 (辛卯)	정해 (丁亥)
임진 (壬辰)	경인 (庚寅)	병술 (丙戌)
병술 (丙戌)	기축 (己丑)	
계사 (癸巳)	무자 (戊子)	

병화 (丙火) 가 시지 (時支) 사중 (巳中) 에 녹 (綠) 을 얻고 월간 (月干) 에 임수 (壬水) 을 얻었는데 신금 (辛金) 이 임 (壬) 을 도와주니 사주 (四柱) 가 청순하다. 만일에 월상 (月上) 에 임수 (壬水) 가 아니고 계수 (癸水) 라면 부운폐일상이 되어서 사주을 버리게되나 이 사주는 깨끗한 임수 (壬水) 를 얻었기 때문에 사주가 청순하게 된 것이다. 이 두 사주는 임수 (壬 水) 가 튀어나오고 갑목 (甲木) 은 없으나 일간 (日干) 이 왕 (旺) 해서 당연히 을목 (乙木) 여기를 활용하여 쓴 것이라 하 겠다.

十. 삼하(三夏)의 병화(丙火)

삼하(三夏)의 병화(丙火)는 양기(陽氣)가 위험이 있고 성질은 조하여 임수(壬水)을 써야한다. 만일 해중(亥中)에 임수(壬水)가 있으나 갑목(甲木)이 수기(水氣)를 설기(洩氣)하는 연고라 하겠다. 그러기 때문에 신궁장생(申宮長生)된 임수(壬水)을 쓰면 자연히 부귀(富貴)를 한다. 사월병화(四月丙火)는 전적으로 임수(壬水)를 쓰고 금(金)으로 도움을 하고 오월병화(五月丙火)도 전적 임수(壬水)를 쓰니 사오월(四五月)에 임수(壬水)가 사주천간(四柱天干)에 투출한 사람은 부귀를 한다. 겸하여 계수(癸水)도 쓰고 임수(壬水)도 쓰면 경금(庚金)의 도움을 받아야 한다. 양인(羊刃)인 병오(丙午)에 일(日)주의 오자(午字)가 양인(羊刃)이다.

살(殺)과 합(合)하면 위엄이 만리(萬里)에 떨친다. 오중병화(午中丙火) 양인(羊刃)이 태강하면 양인(羊刃)도 극이라 하니 무두(無頭)의 귀신이 된다.

병화(丙火)가 임수(壬水)를 쓰는데 생왕지(生旺地)에 앉으면 실지로 좋고 임수(壬水)가 너무 많으면 살은 무겁고 몸은 가볍기 때문에 요사하게 된다.

사월(四月)의 병화(丙火)는 사궁(巳宮)에 녹(綠)을 띄고 있으니 불세력이 왕성하다. 전적 임수(壬水)을 써서 더운 위력을 풀어주면 기제의 공(功)이 있다. 만일 임수(壬

水)가 없으면 고단한 양기(陽氣)가 도움을 잃어버리니 경금(庚金)을 얻어 수원(水源)을 발하면 뿌리 있는 물이 되니 경임(庚壬)이 양투하고, 무토(戊土)가 튀어남을 보지 아니하면 태양을 비추어 준다하니 빛나고 빛나는 것이니 문명(文明)한 사람이 된다. 이 사람이 이 격(格)에 합(合)하면 가갑은 못한다 하더라도 다른 길로 공명할 수가 있고 앞으로 희망이 있는 사주(四柱)다.

혹 임수(壬水)가 없고 계수(癸水)라도 쓴다면 경금(庚金)이 계수(癸水)가 튀어나오는 것을 보게되니 부(富)는 못해도 출세는 한다. 심성이 괴벽해서 임시응변도 잘하고 우스운 소리도 잘한다. 혹 임수계수(壬水癸水)가 전혀 없으면 미련한 몸이니 화(火)를 제거 못하면 중이 되거나 그렇지 않으면 요절을 한다. 혹 한가닥 경금(庚金)이 비겁(比刦)을 보지 아니하면 부(富)는 있으나 귀(貴)는 없다. 병오일간(丙午日干)이 사주(四柱)에 임수(壬水)가 많으며 무토(戊土)의 제극이 없으면 음형살(陰刑殺)이 중하니 싸움터에 돌아다니는 사람이 된다.

혹 지지(地支)에 수국(水局)을 이루어서 임수(壬水)가 중중히 튀어나와 사주전국을 제복하지 아니하면 도적의 운명(運命)이 된다. 만일에 기토(己土)를 보면 하천한 사람이며 용렬한 사람이 된다.

사월(四月)의 병화(丙火)는 전적임수(壬水)을 쓰니 금(金)으로 임수(壬水)을 도와준다. 오월(五月)도 임수(壬

水)을 쓰니 사오월(巳午月)의 일간(日干)에 출간(出干)한 병화(丙火)는 임수(壬水)가 높이 튀어나오면 부귀을 한다.

투출(透出)이란 것은 임수(壬水)가 진중(辰中)에나 축중(丑中)에나 해중(亥中)에나 신중(申中)에 뿌리을 뻗고 있는 것을 말하는 것이다.

임수출간(壬水出干)이란 것은 뿌리가 없이 독립하면 혹 쓸데없는 물건이 될때가 있다.

정화(丁火)가 많아서 계수(癸水)를 보면 반드시 임수(壬水)를 써야되니 경금(庚金)을 빌여서 도움을 해야한다. 병화일주(丙火日柱)의 양인(羊刃)은 오화(午火)니 만일에 수기(水氣)을 띄고 있으면 양인합살(羊刃合殺)로 위엄이 만리를 떨치게 된다.

오화(午火)의 양인(羊刃)이 태(太)과하면 양인(羊刃)도 극이라 하여 무두의 귀신이라 한다.

병화(丙火)는 임수(壬水)를 써므로써 생왕(生旺)되는 자리에 앉아 보배를 갖는 것이니 임수(壬水)가 너무 많으면 꺼려하는 바이니 그 이름을 살중신경이라하여 오래 살기가 어렵다. 사월(四月)의 병화(丙火)는 월령사(月令巳)에 녹(祿)을 띄고 있으니 화(火)의 세력이 팽창해 올라간다. 전적 임수(壬水)를 써서 더운 위력을 해제해 주면 기제의 공이 이루어 지기에 운명이 이런 시기를 타고 나오면 부귀공명을 하게된다. 만일에 임수(壬水)가 없으면 외로운 불을 도와줌이 없으니 밝은 빛을 떨치기 어렵다. 그러나 경금(庚

金)을 얻어서 수원(水源)을 발하는 방향으로 유근(有根)의 물이 되니 경금(庚金)과 임수(壬水)가 양투하고 무토(戊土)을 보지 아니하면 호수가 왕양한 현상이요 태양이 널리 비치는 현상이니 광휘가 빛나므로 문명(文明)의 상을 갖게 된다. 사람이 이 격(格)에 합(合)하면 고문합격 뿐만 아니라 높은 벼슬을 하게된다. 혹 임수(壬水)가 없으면 계수(癸水)라도 대용하니 경금(庚金)에 계수(癸水)가 튀어나온 것을 보면 반드시 부자는 못되어도 귀(貴)는 하게된다. 그러나 이렇게 운명을 타고나면 심성이 괴벽해서 임시응변을 잘하고 농담을 잘한다. 혹 임계수(壬癸水)가 없으면 어리석고 미련한 무리가 된다. 그리고 거센불을 제거 못하면 요절하기 쉽다. 혹 한가닥 경금(庚金)에 비견을 보지 아니하면 부(富)는 있어도 귀(貴)는 못한다. 혹 병오일간(丙午日干)이 사주(四柱)에 임수(壬水)가 많고 무토(戊土)의 제압이 없으면 음형살이 중하다 하겠으니 싸움패로 풀리고 지(支)에 수국(水局)을 이루어서 임수(壬水)가 중중 투출하면 하나도 제복할 수 없으니 도둑놈 운명(運命)이 된다. 그러나 기토(己土)를 보면 하천하고 어리석은 사람이 된다.

정사(丁巳)   갑진(甲辰)   경자(庚子)

을사(乙巳)   계묘(癸卯)   기해(己亥)

병자(丙子)   임인(壬寅)   무술(戊戌)

무자(戊子)   신축(辛丑)

사월(四月)의 병화(丙火)가 월간(月干)에서 녹(祿)을

얻어 신왕 (身旺) 하는 중 (中) 일지 (日支) 시지 (時支)에
서 자수 (子水)을 보아 배합이 적당하게 되어있다.   경자운
(庚子運)에 향교에서 제일가는 합격 (合格)을 한 것이다.

을미 (乙未)	경진 (庚辰)	병자 (丙子)
신사 (辛巳)	기묘 (己卯)	을해 (乙亥)
병오 (丙午)	무인 (戊寅)	갑술 (甲戌)
갑오 (甲午)	정축 (丁丑)	

이 격 (格)은 염상격 (炎上格)으로써 갑 (甲)이 있어 화(火)
를 생 (生)해주고 불이 왕성하여 불꽃이 있다.   사오 (巳午)
가 왕신인데 화일색 (火一色)으로 순순 (順純)하니 관 (官)이
태위에 올랐다.

경자 (庚子)	임오 (壬午)	병술 (丙戌)
신사 (辛巳)	계미 (癸未)	정해 (丁亥)
병인 (丙寅)	갑신 (甲申)	
병신 (丙申)	을유 (乙酉)	

삼형유기 (三刑有氣)와 무기 (無氣)의 구분 (區分)

인사신삼형 (寅巳申三刑)이 되었으나 하절 (夏節)에 수 (水)
를 요 (要) 하는데 경자 (庚子)가 있으니 금생수 (金生水)하
여 전국유리 (全局有利)하게 하니 삼형 (三刑)이 유기 (有氣)
라 한다.   삼형무기 (三刑無氣)는 단순 (單純)한 인사신 (寅巳
申)만 있고 사주국내 (四柱局內)에 일간 (日干)의   보호신이
없는것을 말한다.   축술미 (丑戌未)도 일반 (一般)이다.

인사신 (寅巳申) 삼형 (三刑)이 유기 (有氣)하니   위진만리

-193-

하였다. 그런속에서 경금(庚金)이 투출하여 사주(四柱)를 중화(中和)시켜 금생수(金生水)하여 사주(四柱)가 청하게 되니 신운(申運)에 고문합격을 한 것이다.

오월(五月)의 병화(丙火)

오월(五月)의 병화(丙火)는 화(火)력이 너무 더우니 임수(壬水)와 경금(庚金)이 높이 튀어나오는 것을 얻는 방향으로 상격운명(上格運命)이 된다.

혹 임(壬)은 하나고 경(庚)이 없으면 기술자 사주(四柱)에 불과하고 정임(丁壬)이 나와 합화목(合化木)되면 평상인이 된다. 혹 신궁(申宮)에 상생의 수가 있어서 금(金)으로 도와주면 지극히 묘(妙)한 운명(運命)으로 변하니 고문합격은 틀림없이 한다. 그러나 무기(戊己)가 섞여서 어지럽게 잡출되면 다른길로 공명(功名)을 하게된다.

또 혹 화국(火局)을 이루면 적수를 보지 못하면 고독한 운명(運命)이 되니 혹 일이계수(一二癸水)가 있고 화토(火土)을 많이 만나면, 쓰려고하나 힘이 없으므로 장님(눈먼 사람)이 된다. 무토(戊土)가 튀어나와서 화기(火氣)를 설(洩)한다 할지라도 형극과 고갈은 면하기 어렵다. 운(運)이 북방으로 향(向)할 때 흉(凶)한 것이 많다.
소위 뜨거운 불이 물에 반격이 되므로 흉(凶)하게 된다.
혹 염상격을 이루면 (염상격은 오월(五月)이고 사주구내가 화(火)로 되어있는것을 염상격이라 한다.) 사주내(四柱內)에서 경신금(庚申金)을 보지말고 갑을목(甲乙木)이 많이   나오는 것을 보면 도리어 대부귀(大富貴)을 하게된다. 그러나 수운(水運)을 보면 일시에 망해버린다. 혹 경금계수(庚金癸水)가 있어 천간(天干)에 튀어나온 자(者)는 의록(衣祿)이 충족하고, 지(支)에 화(火)가 적은 사람은 안질이 있고, 지(支)에서 수(水)을 보지 아니한 사람은 다른길로 공명을 하게되고, 혹 토국(土局)을 이루어서 설기(洩氣)가 태과하면 임수(壬水)를 얻어 갑목(甲木)을 자양해서 천간(天干)에 투출하게 하면 토(土)가 제극을 받게되니 불이 생(生)부함을 얻게된다. 이렇게 됨으로서 수부귀(壽富貴)를 하게 된다.

경인(庚寅)	계미(癸未)	정해(丁亥)
임오(壬午)	갑신(甲申)	무자(戊子)
병술(丙戌)	을유(乙酉)	
기해(己亥)	병술(丙戌)	

이 사주(四柱)는 경임(庚壬)이 양투(兩透)하니 임수(壬水)를 용신(用神)으로하고 금(金)으로 도움을 하니 신유·해자(申酉亥子), 금수운(金水運)에 대부대귀(大富大貴) 하게 된 것이다.

인오술(寅午戌) 화국(火局)을 짖고 병화(丙火)가 너무 왕(旺)한데 경금(庚金)이 있어 임수(壬水)로써 병화(丙火)를 제압하니 재생관(財生官)이 되므로 부귀공명(富貴功名)을 하게 된 것이다.

무술(戊戌)	기미(己未)
무오(戊午)	경신(庚申)

기축 (己丑)　　　　신유 (辛酉)　　　게해 (癸亥)

경오 (庚午)　　　　임술 (壬戌)　　　갑자 (甲子)

　시지 (時支) 에 습윤한 축토 (丑土) 가 해염을 하니 사주 (四柱) 가 중화 (中和) 되므로 일생 (一生) 을 무난하게 살았으나 큰 명성을 떨치지 못했다.

무신 (戊申)　　　　기미 (己未)　　계해 (癸亥)

무오 (戊午)　　　　경신 (庚申)　　갑자 (甲子)

병진 (丙辰)　　　　신유 (辛酉)

갑오 (甲午)　　　　임술 (壬戌)

　오월 (五月) 염천 (炎天) 에 병화 (丙火) 가 출생 (出生) 하였으나 신중 (申中) 에 임수 (壬水) 가 있어서 화기 (火氣) 를 제거하고 일지 (日支) 좌하에 진토 (辰土) 가 있어 화기 (火氣) 를 설 (洩) 하니 비록 오월 (五月) 이라도 설기 (洩氣) 가 너무되는것 같다. 그런데 시상 (時上) 에 갑목 (甲木) 이 무토 (戊土) 와 진토 (辰土) 의 병 (病) 을 제거하고 병화 (丙火) 를 생 (生) 하니 사주 (四柱) 의 묘 (妙) 미가 갑목 (甲木) 에 있다

　조후로 보아도 신중임수 (申中壬水) 와 진중 계수 (辰中癸水) 가 있어서 화기 (火氣) 를 제거하니 고문합격은 무난하다.

　육월 (六月) 의 병화 (丙火)

　육월병화 (六月丙火) 는 퇴기가 되니 삼 (三) 복에 한기가 나오기 시작한다. 그러나 임수 (壬水) 을 써서 용신 (用神) 을 하고 경금 (庚金) 으로 도움을 한다.

　경임 (庚壬) 이 양투 (兩透) 하면 몸에 붙어서 상생 (相生) 을

하니 고문합격은 물론이고 따라서 명신（名臣）이 된다고 한다.
만일에 경（庚）이 없고 임수（壬水）가 있는데 무토（戊土）가
출간（出干）함을 보지 못하면 소부소귀（小富小貴）는 한다.
무토（戊土）가 임수（壬水）를 제극하면 그 고을에서 얌전한
사람만 될뿐이다. 그기에다 기토（己土）가 천간（天干）에 나
와 혼잡되면 어리석고 하천한 격（格）이 된다. 혹 임수（壬
水）는 조금 나오고 기토（己土）가 천간에 나오면 그 사람은
빈곤한 사람이니 임수（壬水）라도 없으면 하격（下格） 노릇을
한다. 남녀（男女）가 다 한가지인 이치다.

혹 천간（天干）에 한가닥 병화（丙火）가 있으면 양（陽）이
다해서 음（陰）이 생기는 것이니 사주간지（四柱干支）에서 경
임（庚壬）을 보면 고문합격을 하게된다. 총 육월병화（六月丙
火）는 임수（壬水）을 쓰는데 남은달이 한가지가 아니되니 임
수（壬水）를 쓰면 운（運）이 서북으로 가는것이 좋고 수（水)
를 쓰면 운이 서남으로 가는것이 좋다.

임인（壬寅）　　　무신（戊申）　　임자（壬子）

정미（丁未）　　　기유（己酉）　　계축（癸丑）

병신（丙申）　　　경술（庚戌）

임진（壬辰）　　　신해（辛亥）

정화（丁火） 하나가 천간（天干）에 나오고 임수（壬水） 두
개가 천간（天干）에 나오니 사주（四柱） 구성이 잘되어서 벼
슬길이 국무총리까지 올라갔다.

임인 (壬寅)	무신 (戊申)	임자 (壬子)
정미 (丁未)	기유 (己酉)	계축 (癸丑)
병신 (丙申)	경술 (庚戌)	
무술 (戊戌)	신해 (辛亥)	

정임 (丁壬) 이 화목 (化木) 하고 신금 (申金) 이 목 (木) 을 제거하는데 신 (申) 궁에 임수 (壬水) 가 도리어 흙에 막히는 바가 되어서 투출을 못하니 쓸데없는 임수 (壬水) 가 되었다. 토 (土) 는 무거웁고 몸은 약하니 하물며 운까지 해자축 (亥子丑) 수지 (水地) 로 가니 불행이 와서 거지로 사망한 것이다.

무술토 (戊戌土) 가 화 (火) 를 설 (洩) 하니 병화 (丙火) 가 너무 약하므로 좋지않은중 운 (運) 이 동남목지 (東南木地) 로 아니가고 신약 (身弱) 한 사주가 해자축 (亥子丑) 수지 (水地) 로 향 (向) 하니 불행할것은 사실이다.

十一. 삼추 (三秋)의 병화 (丙火)

칠월 (七月)의 병화 (丙火)는 태양이 서쪽으로 기울어지기 시작하니 햇빛이 차차 쇠하여 간다. 날이 서산에 가까우니 흙을 보면 기운이 더 빠지고 오직 해가 바다나 호수에 비치면 저문 밤에 하늘을 광채나게 만드므로 임수 (壬水)가 해의 빛을 돕는다 하는 것이다. 만일에 임 (壬)이 많으면 무토 (戊土)를 취해서 제압하는 것이 좋으니 임 (壬)이 있어 천간 (天干)에 투출하고 또 무토 (戊土)가 천간 (天干)에 투출함을 보면 고문합격은 틀림없이 한다.

무토 (戊土)가 진토 (辰土)에 감추어져 있으면 생원에 지나지 못하고 임 (壬)이 많고 무토 (戊土)가 없으면 보통사람에 불과하다.

혹 무토 (戊土)가 많고 임수 (壬水)가 적어도 보통사람에 불과하다. 또한 임수 (壬水)가 많은데 일무토 (一戊土)가 제압하면 모든 살 (殺)을 제거시킨다라 하였으니 반드시 권위있는 직업을 갖게 된다. 한가닥 신금 (辛金)이면 기명종재가 되니 비록 가갑은 못해도 은영을 얻을수가 있으니 친척을 의지해서 출세의 길을 올라서게 된다.

종살격 (從殺格)

임술 (壬戌)	기유 (己酉)	계축 (癸丑)
무신 (戊申)	경술 (庚戌)	갑인 (甲寅)
병진 (丙辰)	신해 (申亥)	
임신 (壬申)	임자 (壬子)	

임수(壬水) 두개가 출간(出干)하고 무토(戊土)가 나와서 많은 물을 제압하니 벼슬이 태사에 이르렀다. 이 사주를 분석해보면 무토(戊土)가 금(金)을 생(生)하고, 술토(戌土)가 신금(申金)을 생(生)하고, 진토(辰土)가 신금(申金)을 생(生)하니 뿐만아니라 그 위에 임수(壬水)가 둘이 투간을 하니 이 사주자체가 수(水)의 색(色)이라 하겠다. 종재격으로써 금수(金水)운에 대발(大發)한 것이다.

을미(乙未)　　　　계미(癸未)　　　　기묘(己卯)

갑신(甲申)　　　　임오(壬午)　　　　무인(戊寅)

병신(丙申)　　　　신사(辛巳)

경인(庚寅)　　　　경진(庚辰)

이 사주(四柱)는 칠월(七月)에 병화(丙火)로 출생(出生)하니 금왕지(金旺地)로 될뿐만 아니라 병화(丙火)도 인목(寅木)과 갑을목(甲乙木)을 얻으니 재(財)와 인수가 교착되었다. 이 병(病)을 나을려면 수(水)가 있어야 하는데 대운(大運)마저 수(水)가 없으니 앞으로 전도가 희박하다.

　　　　팔월(八月)의 병화(丙火)

날이 황혼에 가까우니 병화(丙火)의 남은 빛이 호수나 바다에 있으므로 임수(壬水)로 써서 도와 주어야 한다. 사주(四柱)에 화(火)가 많으면 일임수(一壬水)가 높이 튀어나오면 기특한 것이 되고 벼슬도 하고 부귀쌍전도 한다. 일임수(一壬水)가 지중(地中)에서 볼수가 없으면 수재에 불과하고 혹 무토(戊土)가 많아 수(水)을 곤하게 하면 허망한 인생(人生)살이를 하게되고 혹 신금(辛金)이 투출하는 것을 보고 능히 중화을 이루지 못하면 늙도록 가난하게 사니 혹, 정화(丁火)가 신금(辛金)을 제거하면 간사한 사람이 된다. 직업에 귀천을 따지기 전(前)에 여명(女命)이 이에 합(合)하게 되면 혀가 길며 음천하게 된다. 혹 금국(金局)을 이루고 신금(辛金)이 출간된 것이 없으면 종재격이 아니니 관청에 심부름꾼만 한다. 만일에 신(辛)이 천간에 나오고 비겁(比刼)을 보지 아니하면 종재격이 되니 도리어 부귀을 주장하고 친척이 끌어주면 잘되며 부인이 어질고 내조가 있다.

    병자(丙子)   무술(戊戌)   임인(壬寅)
    정유(丁酉)   기해(己亥)   계묘(癸卯)
    병오(丙午)   경자(庚子)
    정유(丁酉)   신축(辛丑)

    병화일주(丙火日柱)가 오화(午火)를 보니 양인(羊刃)을 얻고 년지(年支)에 자수(子水)을 보니 살(殺)을 더함이다. 그래서 양인(羊刃)가 살이니 출장입상하는 사주가 된다. 신왕(身旺)하고 재왕(財旺)하고 관왕(官旺)하니 삼기사주로써 출세는 틀림없이 한다.

    병인(丙寅)   무술(戊戌)   임인(壬寅)
    정유(丁酉)   기해(己亥)   계묘(癸卯)
    병진(丙辰)   경자(庚子)
    정유(丁酉)   신축(辛丑)

    병화일간(丙火日干)이 양정화(丁火)의 겁재을 얻고 비견

병화(丙火)를 봤으며 인목(寅木)이 병화(丙火)를 생(生)하여 겁재를 연결하여 일진(日辰)까지 강하게 되니 이런 경위는 재인교착이 아니라 재왕신왕(財旺身旺)하니 좋은 운명으로 전환하기 때문에 벼슬이 상서의 직업을 가졌다.

구월(九月)의 병화(丙火)

구월(九月)의 병화(丙火)가 화(火)기가 차차 물러가니 무서워 하는것은 토(土)가 설기하는 것을 꺼려한다. 그러기에 먼저 갑목(甲木)을 취해 토(土)를 제거하고 다음으로 임수(壬水)를 취해야한다.

임갑(壬甲)이 양투하면 부귀가 비범하다. 만일에 임수(壬水)가 없으면 계수(癸水)라도 대용하나 천간(天干)에 튀어나온 것을 얻어도 가한 것으로 보아 비록 가갑은 못하나 마 다른길로 공명을 할수가 있다. 임계수(壬癸水)가 지지(地支)에 장되면 기술자에 불과하고 갑(甲)이 장(藏)되고 임수(壬水)가 튀어나왔는데 경금(庚金)이 갑목(甲木)을 파함이 없으면 수재라고는 할 수 있다. 혹, 경무(庚戊)가 수목(水木)을 곤하게 해주면 미련한 사람이 되니 갑(甲)도 없고 임계(壬癸)가 없는 사람이면 하천한 사람이 된다. 한가닥 화토(火土)가 태왕하지 아니하더라도 스스로 조(燥)할 염려가 있으니 고향을 떠나게 된다. 경신(庚辛) 임계(壬癸)가 천간(天干)에 나오지 아니하면 요사하게 된다. 혹 지지(地支)에 ‘화국(火局)을 이루면 염상격이 되지만 실시하였으니 운이 남방으로 간들 가난하게 살수 밖에 없다.

기해 (己亥)　　　임신 (壬申)　　　기사 (己巳)

갑술 (甲戌)　　　계유 (癸酉)　　　무진 (戊辰)

병자 (丙子)　　　신미 (辛未)

무자 (戊子)　　　경오 (庚午)

갑목 (甲木)이 높이 솟아서 무토 (戊土)를 제거하고 병화 (丙火)가 갑목 (甲木)에서 생 (生)을 얻으니 관성이 상함이 없이 건재 (健在)하니 효렴벼슬을 하게된 것이다.

무술 (戊戌)　　　계해 (癸亥)　　　정묘 (丁卯)

임술 (壬戌)　　　갑자 (甲子)　　　무진 (戊辰)

병인 (丙寅)　　　을축 (乙丑)　　　기사 (己巳)

임진 (壬辰)　　　병인 (丙寅)

갑목 (甲木)은 지지 (地支)에 감추어져 있고 양임수 (壬水)는 천간 (天干)에 투출하니 부는 크도 귀는 적다. 임수 (壬水)가 출간 (出干)하여 살을 이용해서 병화 (丙火)를 살린다. 인목 (寅木)을 생 (生)하고 인목 (寅木)이 병화 (丙火)를 생 (生)하니 이것은 인수를 써서 살을 화하여 용신을 삼는다는 격 (格)이다.

사주내 (內)에 토 (土)가 많으나 일주 (日柱)에 인 (寅)이 제거되니 임수 (壬水)도 살고 병화 (丙火)도 살아서 묘(妙)한 사주로 변한 것이다.

十二. 삼동 (三冬)의 병화 (丙火)

시월병화 (十月丙火)가 태양이 실령 (失令)하니 갑목 (甲木) 무토 (戊土) 경금 (庚金)이 출간 (出干)함을 보면 고문합격을 한다. 사람의 성질이 맑고 높은것을 좋아하니 글재주있고 고귀 (高貴)한 인격 (人格)이 된다.

시에 진시 (辰時)를 보면 이름이 화합의 때를 만난 것이니 크게 귀 (貴)를 하는 것이다. 이것은 진실을 만나 진화 (眞化)를 만났기에 그러함이다. 임 (壬)이 많고 갑목 (甲木)이 없으면 기명종살이라하니 가갑을 못한다 하더라도 다른길의 공명 (功名)길에 나갈수가 있다.

임수 (壬水)가 많고 갑목 (甲木)이 있고 무토 (戊土)가 없으면 기명종살이 안되니 기토 (己土)를 이용하여 임수 (壬水)와 섞여서 적당하게 나누어 쓴다.

총시월 (十月)의 병화 (丙火)는 나무가 너무 왕 (旺)하면 경금 (庚金)으로 제압하는 것이 좋고 수 (水)가 왕 (旺)하면 무토 (戊土)로 제압하는 것이 좋고 화 (火)가 왕 (旺)하면 임수 (壬水)로 제압하는 것이 좋으니 그때 형편에 따라서 적당하게 용신 (用神)을 취해 쓰는것이 좋으리라.

갑신 (甲申)	병자 (丙子)	경진 (庚辰)
을해 (乙亥)	정축 (丁丑)	신사 (辛巳)
병술 (丙戌)	무인 (戊寅)	
경인 (庚寅)	기묘 (己卯)	

경금(庚金)과 갑목(甲木)이 튀어나오니 비록 시월(十月) 달에 낳다하더라도 인수도 강하고 자신도 강하니 경금재살(庚金財殺)로 약(弱)한 관성(官星)을 도와 용신(用神)을 하니 귀(貴)가 염사라 하는 벼슬까지 올라갔다.

임진(壬辰)	임자(壬子)	병진(丙辰)
신해(辛亥)	계축(癸丑)	정사(丁巳)
병술(丙戌)	갑인(甲寅)	
무자(戊子)	을묘(乙卯)	

이 사주(四柱)는 자신이 약하기에 무토(戊土)를 써서 수(水)를 제압하고 일간병화(日干丙火)를 화고인 술(戌)에 통근하니 술자(戌字)가 화고가 된다. 그리고 해중갑목(亥中甲木)이 병화(丙火)를 생(生)하니 사주(四柱)가 중화(中和)되어 출세(出世)하게 되니 효렴벼슬을 하게된 것이다.

십일월 병화(十一月丙火)

십일월 병화(十一月丙火)는 동지에 일량이 생하니 약한가운데 다시 강해진다.

임수(壬水)가 최상이 되니 무토(戊土)로 도움을 하라. 임수무토(壬水戊土)가 둘다 튀어나오면 고문합격을 하게되고 무토(戊土)는 없고 기토(己土)만 있으면 다른길로 공명하게 된다. 혹 임수(壬水)가 없고 계수(癸水)가 출간하면 금(金)에 자양하는 뜻이 있고 상(傷)함이 없으니 여기에다 또 병화(丙火)가 높이 튀어나와 해동을 해주면 의식은 걱정없이 먹고살게 된다. 또 한가닥 임수(壬水)가 전적 무토(戊土)를 쓰게된다면 이 사람은 이름을 내기가 어려우니 문장이 출중하다해도 명리(名利)가 허무하니 어쩔수 없다. 무토(戊土)로 인하여 화기(火氣)를 설기해버리면 갑목(甲木)이 약이 되나 임수(壬水)가 없으면 계수(癸水)라도 대용을 하여야 한다. 사주(四柱)에 임수(壬水)가 많고 갑목(甲木)이 없으면 기명종살격이니 고문합격이 틀림없다. 혹 수(水)가 많고 목(木)이 있고 무토(戊土)가 없으면 종살이 아니므로 기토(己土)를 써서 임수(壬水)를 제기하면 좀 나은 편이다. 십일월 병화(十一月丙火)는 시월 병화(十月丙火)와 같은 형편이 된다.

신해(辛亥)	기해(己亥)	을미(乙未)
경자(庚子)	무술(戊戌)	갑오(甲午)
병인(丙寅)	정유(丁酉)	
경인(庚寅)	병신(丙申)	

년월(年月)에 금수기(金水氣)가 왕(旺)하고 일시(日時)에 두 병화(丙火)를 얻으니 인중(寅中)에 갑목(甲木)이 암장되어 있다. 이런 가운데 병화(丙火)의 도움이 있어 대운이 남방(南方)으로 향(向)해 가니 어찌 부자가 되지 않겠는가? 고관을 지낼 운명이 분명(分明)하다.

신축(辛丑)	기해(己亥)	을미(乙未)
경자(庚子)	무술(戊戌)	갑오(甲午)
병자(丙子)	정유(丁酉)	계사(癸巳)
계사(癸巳)	병신(丙申)	

기꺼운 것은 병화(丙火) 일간이 시(時)에 녹(祿)을 얻으므로써 일간(日干)이 뿌리를 얻게 되어 좋고, 대운이 중년 후에 을미(乙未) 갑오(甲午) 목화상생(木火相生)의 지(地)로 향(向)해가니 어찌 소부귀(小富貴)를 하지 않겠는가? 소부귀를 한다는 것은 임수(壬水)가 아니고 계수(癸水)가 되기 때문에 그렇다.

신유(辛酉)	기해(己亥)	을미(乙未)
경자(庚子)	무술(戊戌)	갑오(甲午)
병술(丙戌)	정유(丁酉)	계사(癸巳)
무자(戊子)	병신(丙申)	

금수(金水)가 한냉하고 무토(戊土)가 병화(丙火)의 기(氣)를 설기(洩氣)하니 가난하고 요절할 사주다. 하물며 대운조차 금수지(金水地)로 가니 한정없이 나쁘다. 상조(上造)의 운명(運命)은 병화(丙火)가 사중(巳中)에 등록을 했고 술고(戊)에 뿌리를 뻗었으나 좌우에서 도움이 없고 무토(戊土)가 설기(洩氣)를 너무하여 불미(不美)하다. 고서(古書)에 보면 화무광(火無光)이 가색이라고 하였다. 초년운이 무술(戊戌) 가색운에 설기(洩氣)가 태과하니 가난하고 요사할 것이다. 어찌 술토(戊土)도 조토(燥土)고 무토(戊土)도 조토인데 어찌 하여 하겠는가? 그러니 시지(時支)에서 약(弱)한 병화(丙火)를 설기하기 때문에 초년 무술운으로 연결된 의미이다.

십이월(十二月) 병화(丙火)

십이월(十二月) 병화(丙火)는 기운이 이양(二陽)에 진출되니 동지에는 일양이 진출을 하고 십이월(十二月)에는 이양이 진출하고 정월(正月)에는 삼양이 진출하니 그러기에 입춘에도 삼양(三陽) 회춘이라고 써 붙인다. 이것은 일양으로 표시하는 것이 아니라 십일월(十一月)이 일천(一天), 십이월(十二月)이 이천(二天), 정월은 삼천(三天)이라고 하는데 삼천에 갑목(甲木)은 껍질이 벗겨지면서 화기(火氣)를 요(要)한다라고 적혀있다. 십이월(十二月) 병화(丙火)가 눈을 무서워 하지않고 서리를 무섭게 여기지 않는다. 그러기 때문에 임수(壬水)를 좋은 용신으로 삼는다. 기토(己土)가 십이월(十二月)에는 사령(司令)을 하고있으니 토(土)가 많으므로 갑목(甲木)이 적을수가 없다. 임수갑목(壬水甲木)이 둘 다 튀어나오면 고문합격은 틀림없고 그러나 갑(甲)이 지지(地支)에 감추어 있으면 이 사람은 수재만 될 따름이다.

혹 갑목(甲木)이 없고 임수(壬水)를 얻어도 부중(富中)에 귀(貴)를 얻을수 있다. 만일 한가닥 기토(己土)가 있고 갑(甲)을 보지 못하면 이름을 가상관이라 하니 사람은 총명하고 성질은 거만하나 명리(名利)는 허무하다. 혹 한가닥 계수(癸水)가 출간(出干)함을 얻으면 이 사람은 자기손으로 기업을 만든 사람이니 만일에 신금(辛金)을 취해서 용신하는데 계수(癸水)가 튀어나오는 것을 보면 이 사람은 이름을 내지 못하고 청아한 문묵(文墨)의 선비가 된다.

계묘(癸卯)　　　　갑자(甲子)　　경신(庚申)

을축(乙丑)　　　　계해(癸亥)　　기미(己未)

병오(丙午)　　　　임술(壬戌)

임진(壬辰)　　　　신유(辛酉)

참모총장　사주(四柱)다.

일주(日柱)가　양인(羊刃)을　깔고앉았고　칠살(七殺)이　투출되니　살인격(殺刃格)이라　한다.　묘(妙)한　것이　을목(乙木)에　있어서　을목(乙木)이　투간하여　녹(祿)을　얻으니　금수운(金水運)에　인수로써　살(殺)을　화(化)하니　어찌　대부귀격(大富貴格)이　되지　않겠는가?

기축(己丑)　　　　병자(丙子)　　임신(壬申)

정축(丁丑)　　　　을해(乙亥)　　신미(辛未)

병인(丙寅)　　　　갑술(甲戌)

경인(庚寅)　　　　계유(癸酉)

이갑(二甲)이　재토(土)를　하니　화토상관(火土傷官)이　인수를　찾다　인수가　아니면　어찌　귀(貴)를　취할　수가　있겠는가?　사주(四柱)가　중화(中和)되어　귀(貴)를　하게되니　앉아서　벼슬을　하게된　것이다.

을유(乙酉)　　　　무자(戊子)　　갑신(甲申)

기축(己丑)　　　　정해(丁亥)　　계미(癸未)

병인(丙寅)　　　　병술(丙戌)

기축(己丑)　　　　을유(乙酉)

목신(木神)이　녹(祿)을　얻어　토(土)를　제거하니　장원을 했다. 용신은 인중갑목(寅中甲木)을 취한 것인데 화토(火土)상관에 상관이 너무 많으므로 인수 인목(寅木)으로써 제거시킨 것이다. 사주(四柱)가 중화(中和)되어 출세(出世)를 할 운명이다. 관(官)이 장관(長官)에 이른다.

十三. 삼춘(三春)의 정화(丁火)

　　정월정화(正月丁火)의 갑목(甲木)이 사명(司命)하니 권세가 당당하다. 갑목(甲木)인 모(母)가 왕(旺)하므로 경금(庚金)이 아니면 갑목(甲木)을 깨트리지 못하니 벽갑인정(劈甲引丁) 즉 갑목(甲木)을 깨트려서 정화(丁火)를 인도한다. 그러면 어떻게 정화(丁火)를 인도할 수가 있겠는가 할수없이 경금(庚金)을 써야만 하는 것이다. 혹 한가닥 갑목(甲木)의 제극이 없으면 가난하지 않으면 요사한다. 혹 일갑목(一甲木)에 을목(乙木)을 많이 본 사람도 고향을 떠난 손님이 된다. 이렇게 되면 반세상에 처와 자식이 없다. 그러나 혹 갑을(甲乙)을 보고 경자시(庚子時)에 나면 처도 일찍 얻고 자식도 일찍 얻으니 보통사람의 복녹(福祿)을 갖게된다. 임수(壬水)를 얻어서 정임화목(丁壬化木)이 되면 약(弱)했다가 다시 강(强)하게 되니 이에 합(合)하면 대귀(大貴)하게 된다. 다만 이 화격(化格)으로 되어서 도리어 경금(庚金)을 보지 아니하면 파격이 아니되어 묘(妙)하게 된다. 혹 경금(庚金) 임계(壬癸)가 있고 기토(己土)가 천간(天干)에 나와 제지하면 이 운명은 가갑은 못하나 다른길로 성공한다. 한가닥 임계수(壬癸水)에 인시(寅時)를 얻지 못하고 또 경금(庚金)이 없으면 반드시 곤고(困苦)하게 산다.

　　혹 정년임월(丁年壬月) 정일(丁日) 임시(壬時)면 남자

（男子）는 크게 귀（貴）를 하고 여자는 좋지않으니 자식을 두기가 어렵다. 여명（女命）이 이와 같으면 빈천하게 되고 남자를 극（剋）하며 자식도 극한다.

혹 지지（地支）에 화국（火局）이면 한방울의 물도 없어 구제하지 못하면 승도의 운명이니, 갑을 보면 약간 가（可）하나 물이 없는 것도 좋지 않고 물이 너무 많아도 좋지않다.

경진（庚辰）	기묘（己卯）	계미（癸未）
무인（戊寅）	경진（庚辰）	갑신（甲申）
정미（丁未）	신사（辛巳）	을유（乙酉）
임인（壬寅）	임오（壬午）	

정임（丁壬）이 화목（化木）하고 인월인시（寅月寅時）를 얻으니, 또 년（年）에 진자（辰字）를 보니 화재성상（化財成象）이 되었다. 그러나 아깝게도 경금（庚金）이 투출하여 파격이 되니 귀（貴）을 취할 수가 없고 목국（木局）으로 태어나서 성질（性質）이 인후（仁厚）하고 오래산다해서 대운이 유（酉）까지가서 죽으니 칠십세（七十世）가 넘었다 한다.

신묘（辛卯）	신묘（辛卯）	을미（乙未）
경인（庚寅）	임진（壬辰）	병신（丙申）
정유（丁酉）	계사（癸巳）	
계묘（癸卯）	갑오（甲午）	

이 사주（四柱）는 재（財）와 관（官）이 사절지（死絕地）에 있으니 빈천을 면하기 어려운 상이다.

유자（酉字）는 수패어（水敗於）유하니 관은 패지가 되고 일시지(日時支)는 묘유충(卯酉冲)을 치니 재(財)와 인(印)이 깨지고 경신금(庚辛金)은 인(寅)에 절지가 되니 그래서 모두가 사절지에 놓이므로써 희망이 없는 사주가 되어 일생(一生)을 빈천(貧賤)하게 살게된 것이다. 외면상으로 볼때는 사주가 괜찮은것도 같은데 자세히 따지고보면 불리한 곳이 많게 되어있다. ←→ 이상은 女子의 운명

　　　　이월(二月) 정화(丁火)

　이월(二月) 정화(丁火)는 습기있는 을목(乙木)이 정화(丁火)를 상(傷)할 염려가 있으니 먼저 경금(庚金)을 쓰고 뒤에 갑목(甲木)을 쓴다. 이러한 위치는 경금(庚金)이 을목(乙木)을 합금(合金)하여 을목(乙木)을 제거할 수가 있고 갑목(甲木)은 능히 정화(丁火)를 인도하니 경금(庚金)과 갑목(甲木)이 양투되면 고문합격은 틀림없다.

　경(庚)이 투하고 갑(甲)이 암장되면 기술자에 불과하고 갑목(甲木)이 튀어나오고 경금(庚金)이 감추어져 있으면 다른길로 공명을 하게된다.

　혹 을경(乙庚)이 같이 튀어나와 경금(庚金)이 을(乙)에다 정을 주게되면 탐함을 면치 못하는 것이니 운(運)이 금수(金水)로 향(向)할때에 빈곤(貧困)한 것은 말할 것도 없고 몸조차 병들어 사경을 헤매게 된다. 혹 경금(庚金)이 투출되고 을목(乙木)이 암장되면 능히 탐함이 되지 아니하니 을목(乙木)이 정화(丁火)를 인도하여 정화(丁火)가 을목(乙木)을 써도 해가 없게된다. 운(運)이 목화운(木火運)

으로 향(向)할때 부귀하게된다. 만일 을목(乙木) 갑목(甲木)을 보지 못하면 이 사람은 부귀가 오래가지 못한다. 남의 것도 탐을 잘내므로 화액을 일으키고 공교한 말소리로 농담도 잘하나 자기 아버지의 재산을 이어받기가 어렵다.

혹 지지(地支)에 목국(木局)이 되고 경금(庚金)이 투출한 바 있으면 청귀(淸貴)할 수가 있으나 경금(庚金)을 보지 못한 사람은 상인에 불과하다.

이월(二月)에 을목(乙木)이 사권하니 반드시 경금(庚金)을 가져야 한다. 을목(乙木)에 경금(庚金)이 없으면 고독빈천하게 되니 그러함이다. 인수가 왕하고 살이 높이 솟아오르면 대귀대부(大貴大富)를 하는데 혹 한가닥 물이 일무토(一戊土)의 제압이 없으면 의지할곳이 없으니 이것은 을목(乙木)이 적고 계수(癸水)가 많은 탓이다. 혹 무토(戊土)가 많아서 제거해주면 도리어 길(吉)하게 된다.

무자(戊子)　　　　병진(丙辰)　　　　경신(庚申)

을묘(乙卯)　　　　정사(丁巳)　　　　신유(辛酉)

정사(丁巳)　　　　무오(戊午)

정미(丁未)　　　　기미(己未)

이 사주(四柱)는 목화토(木火土)가 있으나 별로 상에됨이 없고 사주가 청순하니 목(木)은 성한다해도 불이 막히지 아니하고, 사중(巳中)에 경금(庚金)으로써 인수를 손해내며 끌고 올라가니 운(運)이 경신(庚辛), 신유(申酉)에 오자 그 결점을 보조해주니 오행의 기(氣)가 유통되어서 벼슬이 상서자리에 올랐다. 오행 유통의 특수법이라고 하는것이다.

경진 (庚辰)	경진 (庚辰)	갑신 (甲申)
기묘 (己卯)	신사 (辛巳)	을유 (乙酉)
정축 (丁丑)	임오 (壬午)	
갑진 (甲辰)	계미 (癸未)	

천간 (天干)의 두 사주가 다 경금투출 (庚金透出)되고 을목 (乙木)이 암장하였어도 재인 (財印)이 적의하게 배치 (配置)되어 귀 (貴)를 하였는데, 이 사주 역시 갑목 (甲木)이 있어 정화 (丁火)를 인도하고 또 경금 (庚金)이 묘목 (卯木)을 제거하여 정화 (丁火)를 살려주니 어찌 벼슬이 상서에까지 가지 않겠는가?

삼월 (三月)의 정화 (丁火)

삼월 (三月)의 정화 (丁火)는 정화 (丁火)의 기 (氣)를 뽑아서 약하게 만들어주니 먼저 갑목 (甲木)을 써서 정화 (丁火)를 인도하는 동시에 토 (土)를 제압 하니 다음으로 경금 (庚金)을 보고 경금갑목 (庚金甲木)이 양투하면 고문합격은 틀림없이 한다.

혹 경 (庚)이 감추어 졌거나 갑 (甲)이 투출하였거나 두개 중 서로 교대로 해서 감추어 지더라도 이 운명은 무슨 감투든 감투를 쓰게된다.

무오 (戊午)	정사 (丁巳)	경신 (庚申)
병진 (丙辰)	무오 (戊午)	신유 (辛酉)
정해 (丁亥)	기미 (己未)	임술 (壬戌)

계해 (癸亥)　　　　갑진 (甲辰)

삼월 (三月)에 정화 (丁火)가 출생하니 양진토 (辰土)가 설기 (洩氣)를 하고, 무토 (戊土)가 투출하여 설기 (洩氣)를 하는 중 (中) 갑목 (甲木)이 해중 (亥中)에 뿌리를 뻗고 시지 (時支)에 투출 (透出)하여 소토를 하니 사주가 중화 (中和) 되어 고관대작을 할 사주다. 그리고 운 (運)이 삼십 (三十) 후에 경신 (庚申), 신유 (辛酉), 임술 (壬戌), 계해 (癸亥)가 북방 수지 (水地)로 향 (向)하니 귀 (貴)를 아니할 수 있겠는가? 그래서 고관대작을 한것이다.　사주 (四柱)는 자세히보면 갑목 (甲木)도 있고 정화 (丁火)가 병화 (丙火) 겁재 (劫財)를 얻으며 년 (年)에 녹을 띄고 있으니 신왕 (身旺)하고 재왕 (財旺)하고 관왕 (官旺)을 하니 어찌 부귀가 안되겠는가?

정해 (丁亥)　　　　계묘 (癸卯)　　　　기해 (己亥)

갑진 (甲辰)　　　　임인 (壬寅)　　　　무술 (戊戌)

정미 (丁未)　　　　신축 (辛丑)

경자 (庚子)　　　　경자 (庚子)

삼월 (三月)에 진토 (辰土)가 등영을 하여 강하고 미토 (未土)가 도와주고 있는데, 갑목 (甲木)이 해중 (亥中)에 깊이 뿌리를 뻗고 진토 (辰土)를 소토하니 유리하고, 경금 (庚金)이 갑목 (甲木)을 도와 정화 (丁火)를 생 (生)해주고 경금 (庚金)이 자수관성 (子水官星)을 생 (生)하여 주므로 신왕 (身旺), 재왕 (財旺), 관왕 (官旺), 인왕 (印旺)까지 하니 부귀공명 (富貴功名)은 틀림없는 사주이다.

총 삼월(三月)의 정화(丁火)는 진토(辰土)가 령(令)을 득하였기에 갑목(甲木)으로 소토를 못하면 정화(丁火)가 신약하여서 매사(每事)가 뜻대로 이루어지기 어렵다. 그래서 틀림없이 갑목(甲木)으로 소토를 해야한다는 조건이 붙는다.

十四. 삼하(三夏)의 정화(丁火)

사월(四月)의 정화(丁火)의 화기(火氣)가 비록 왕성해 지고 있으나 갑목(甲木)을 취해서 정화(丁火)를 인도해야 한다. 반드시 경금(庚金)을 써서 갑목(甲木)을 부수어야만 목화(木火) 통명(通明)이라 할 수 있으니 갑목(甲木)이 많으면 경(庚)을 취하는 것이 우선이 된다. 다만 사주에 계수(癸水)보는것을 꺼려하니 계수(癸水)를 한번 보면 금(金)을 설기하고 갑목을 습하게해서 정화(丁火)를 상(傷)하니 사월(四月)은 정화(丁火)의 병(病)이 된다.

혹 계수(癸水)가 지지(地支)에 암장되면 임수(壬水)가 나와 병화(丙火)를 제극하니 병정화(丙丁火)가 빛을 빼았기지 않는다. 사월(四月)의 정화(丁火)가 거센 태양화(火)의 기운을 받으면 화로 불이 자연히 죽는 현상이니, 임수(壬水)가 사주에 튀어나와서 병화(丙火)를 제압해 주면 정화(丁火)의 빛을 탈거(奪去)하지 못하니 이렇게 된다면 고문합격이 된다. 뿐만 아니라 옥당(玉堂)에 청귀(淸貴)까지 한다. 여름에만 그렇고 가을, 겨울, 봄에는 그렇지 않다.

혹 병(丙)이 있고 갑목(甲木)이 없으면 무토(戊土)가 천간(天干)에 튀어나온 것을 상관생재 라하니 무토(戊土)를 취해서 용신(用神)을 쓰면 부귀하나. 무토(戊土)가 출간하고 갑을목(甲乙木)을 보지 못하고 또 수를 보지 못하면 이것을 상관상진이라 하니 팔자가 청고(淸髙)하다. 또한 대귀

(大貴)을 못하면 역시 대부(大富)도 아니된다. 물이 많고 나무도 많으면 보통사람에 불과하다. 혹 사주에 병(丙)이 많고 임계(壬癸)를 보지 못하면 이 사람은 빛을 뺏겨버린 사람이니 평생을 가난하게 산다.

혹 정년(丁年) 사월(四月) 정사일(丁巳日) 병오시(丙午時)는 한 병화(丙火)가 두 정화(丁火)의 빛을 빼앗지 못하기 때문에 이 운명은 이름을 사방에 낼수 있다.

옛글에 말하기를 정화(丁火)는 음유한 불로써 촛불같은 불인데 태양과 서로보면 빛을 빼앗겨 버리게 된다. 사주중(四柱中)에 만일 갑목(甲木)이 투출한 것을 보면 몸은 편안하고 복이 스스로 따르게 된다.

갑오(甲午)	경오(庚午)	갑술(甲戌)
기사(己巳)	신미(辛未)	을해(乙亥)
정축(丁丑)	임신(壬申)	
을사(乙巳)	계유(癸酉)	

갑목(甲木)이 무토(戊土)를 제거하고 정화(丁火)를 인도하니 목화통명(木火通明)의 상(相)이 되어서 고문합격한 사주가 되었다. 월간(月干)과 년간에 갑기합(甲己合)이 되지만 을목(乙木)이 있어 기토(己土)를 제거하니 갑기합(甲己合)을 이루지 못함으로 사주가 묘(妙)하게 된것을 말할 수 있다. 만일에 을목(乙木)이 없으면 갑기합(甲己合)이 되어 화렴이 무광하니 사주가 명랑치 못함은 사실이다. 그러나 사유축 전국(巳酉丑全局)을 이루고 을목(乙木)이 기토(己土)

를 제거하며, 정화(丁火) 일간(日干)이 오(午)에 **녹**을 **얻**고 갑목(甲木)이 정화(丁火)를 인도하니 목화통명(木火通明)상이 되어서 크게 출세를 하게된 것이다.

신유(辛酉)　　　　임진(壬辰)　　　무자(戊子)　´

계사(癸巳)　　　　신묘(辛卯)　　　정해(丁亥)

정사(丁巳)　　　　경인(庚寅)

을사(乙巳)　　　　**기축(己丑)**

사유(巳酉)가 금국(金局)을 짖고 천간(天干)에 신금재살(辛金財殺)이 튀어나 약한 계수(癸水)를 도와줌으로 귀(貴)를 하게되니 시랑벼슬을 하게된 것이다. 사유(巳酉)가 재국을 이루고 재(財)로써 계수(癸水)살성을 도와 용신으로하니 긴 여름에 금(金)이 첩첩히 나오면 재성(財星)으로 인하여 부귀출세를 하게되니 인생의 운명이 우연한 것은 아니라 보겠다.

오월(五月)의 정화(丁火)

오월(五月)의 정화는 시지건록을 하면 갑목(甲木)을 쓰지 말아라 하였다.

년(年)에서 격(格)이면 임수(壬水)를 만나고 정화(丁火)가 임(壬)와 합(合)하지 아니하면 충성스럽고 좋은 일이나, 지지(地支)에 화국(火局)을 이루어 천간(天干)에 불이 나온것을 보면 경금(庚金)과 임수(壬水)가 양투하여야만 고문합격을 할 수가 있다. 만일에 토(土)가 나와서 임수(壬水)를 제거하면 보통사람에 불과하고 또 임수(壬水)가 암장되면 백두로 지내지 않는다. 하다못해 회사(會社)라도 다닌다. 다만 운(運)이 서북으로 가야 발전을 한다. 만일 계수(癸水)가 투출된다면 일생에 부귀(富貴)를 할 수 있으나 지역(地域)에 따라 다르다. 지방에서 부자행세를 할수가 있다. 만일 인자(寅字), 진자(辰字), 해자(亥字), 묘자(卯字)를 보며 화목(火木)이 화(火)를 생(生)하니 평상인물에 의식은 풍족하고 중년에 부자가 되나 다만 자식을 형극하게 된다. 그뿐만 아니라 노력은 많이해도 공이 없으니 혹 병오월(丙午月) 정미일(丁未日) 신해시(辛亥時)면 해중(亥中)에 임수(壬水)가 병화(丙火)를 제거하니 빈곤한것을 면하게 되나 만일 병오시(丙午時)라면 화렴을 구제하기가 힘드니 고단(孤單)한 운명이 된다.

지지(地支)에서 자수(子水)를 보면 벼슬은 못해도 의식은 있다. 만일 간지(干支)에 화국(火局)이 없으면 물이 있어 간(干)에 튀어나오면 갑목(甲木)을 쓰고 또 경금(庚金)으로 갑목을 깨뜨려 정화(丁火)를 이도하면 목화통명(木火通明)의 길로 인도해 주는 것이니 이렇게 되면 크게 부귀를 한다.

혹 목(木)이 적고 화(火)가 많으면 목성(木星)을 불살을 염려가 많으니 광휘가 충천한다해도 오래가지 못한다. 생월이 녹이고 지지(地支)가 생왕합국(生旺合局)이면 화(火)로써 더해주며 일점(一點)의 물이 없어 해결을 하지 못하면 신왕무의하게 되므로 고빈의 격이 된다. 여자도 동일한 위치가 되니 남녀(男女)가 동일(同一)하다.

경오(庚午)   계미(癸未)   정해(丁亥)

임오(壬午)   갑신(甲申)   무자(戊子)

정해(丁亥)   을유(乙酉)

무신(戊申)   병술(丙戌)

정임화목(丁壬火木)이 되나 경금(庚金)이 극(尅)을 하니 화목(化木)이 이루어지지 못하므로 크게 부자가 되고 장수하게 된다. 정화(丁火)가 년월(年月)에서 녹(祿)을 얻고 임수(壬水)가 해수(亥水)에서 깊이 뿌리를 뻗어 장생의 수를 가지고 있고 경금(庚金)이 시지(時支)의 신(申)에 장생을 가지고 있으니 어찌 부귀를 아니할 수가 있느냐? 좋은 사주라 하겠다.

계묘(癸卯)   정사(丁巳)   계축(癸丑)

무오(戊午)   병진(丙辰)   임자(壬子)

정축(丁丑)   을묘(乙卯)

갑진(甲辰)   갑인(甲寅)

벼슬이 최고의 상서에까지 이르렀다. 이 사주(四柱)를 대조해볼때 계수(癸水)가 투출(透出) 되므로써 무계(戊癸) 합화화(合化火)를 이루었다해도 능히 쓰지 못하고, 갑목(甲木)이 정화(丁火)를 인도하며 진축토(辰丑土)의 수(水)를 설(洩)해주니 그러나 정축(丁丑)의 토(土)가 윤(潤)하여 무계(戊癸) 화합화(化合火)를 하여 사주가 중화되므로 귀(貴)가 상서에 이르게 된 것이다.

병인 (丙寅)　　　을미 (乙未)　　기해 (己亥)

갑오 (甲午)　　　병신 (丙申)　　경자 (庚子)

정축 (丁丑)　　　정유 (丁酉)

을사 (乙巳)　　　무술 (戊戌)

갑목 (甲木) 이 튀어나오고 사축 (巳丑) 이 합화금 (合化金) 을 을 이루니 경금 (庚金) 이 암장됨이라, 갑목 (甲木) 으로써 정화 (丁火) 를 인도하여 용신을 삼으니 신왕 (身旺) 하며 재물 (財 物) 이 국을 지어 잘 됐으니 어찌 부귀하지 않겠는가?

육월 (六月) 의 정화 (丁火)

육월 (六月) 의 정화는 음유가 퇴기하니 삼 (三) 복시절에 생 한 (生寒) 하는 시기를 만나게 되는 것이다. 정화 (丁火) 가 약 함이 극도에 달하니 전적 갑목 (甲木) 을 취하여 정화 (丁火) 를 생하고 임수 (壬水) 로써 유월의 염천을 해렴하면 좋다. 만일에 갑 (甲) 을 얻어 천간 (天干) 에 나오게되고 지지 (地 支) 에 목국 (木局) 을 이루었는데 해중 (亥中) 에 임수 (壬水) 를 보게되면 목신 (木神) 이 뿌리가 있게되어 정화 (丁火) 를 접선하여 잘 인도해 주게 되니 이러한 운명 (運命) 을 타고나 면 반드시 고문합격을 하게된다. 만일에 바로 목국 (木局) 을 보지 못하고 지지 (地支) 에서 임수 (壬水) 만 보게된다면 대 (大) 귀는 못되나마 능운하는 기색을 가지나 경 (庚) 이 없으 면 그렇지 못한다.

지지 (地支) 에 수국 (水局) 을 이루고 수 (水) 가 천간에 튀 어나오면 젖은 나무의 성질이 정화 (丁火) 를 인도하기 어려우니 반드시 보통사람에 불과하고 갑목(甲木)이 투출함이 있으면 재간이 있고 경금(庚金)이 투출함이 있어 형상이 없으면 좋다. 만일에 갑목(甲木)이 없더라도 이런 사람은 이름나는 것도 가짜요 돈을 많이 벌었다는 것도 가짜라 한다.

혹 년(年) 월(月) 일시(日時)에 다 한가닥 정미유(丁未酉)가 있으면 이것은 순음이 되니 끝까지 크게 써먹을수는 없다.

정묘(丁卯)	병오(丙午)	임인(壬寅)
정미(丁未)	을사(乙巳)	신축(辛丑)
정미(丁未)	갑진(甲辰)	경자(庚子)
병오(丙午)	계묘(癸卯)	

이 운명(運命)은 사주(四柱)에 목화(木火)가 염상(炎上)을 이루고 있으나 화렴토조(土燥)하다. 즉 크게 써먹을 것은 없는 사주다. 단지 종격(從格)으로 해서 다행히 대운마져 오(午) 사(巳) 진(辰) 묘(卯) 인(寅) 축(丑)으로 향(向)하니 화(火)와 서로 연결되는 운(運)이라 큰변고는 없으나 다행(多幸)이 중(中)간 대운에 임계수(壬癸水)가 다리가 짤리어 힘이 없이 공중에 떠있어 염상격을 해치지 못한 것이다. 그리고 신운(辛運)은 군겁쟁재라 하겠지만은 원사주 천간(天干) 지지(地支)에 재(財)를 보지 아니 했으니 재운(財運)을 만나도 군겁(群刦)쟁재를 아니한다. 그런데 혹 신금(辛金)을 쟁재라고 보는 사람이 있으니 틀린 것이다. 이것은 용신이 화(火)인데 용신이 신금(辛金)을

극하지 신금(辛金)이 용신을 극하지 아니함으로써 무해무덕하게 된 것이다.

임자(壬子)	무신(戊申)	임자(壬子)
정미(丁未)	을유(乙酉)	계축(癸丑)
정사(丁巳)	경술(庚戌)	
정미(丁未)	신해(辛亥)	

정임(丁壬)이 합화목(合化木)하여 살(殺)을 파괴해 버리니 유약해 무능한 사람이 된다. 그러기 때문에 자기의 주관으로 무슨 일이든지 일을 해보지 못하고 내(內)주장으로 살게된 것이다.

임수(壬水)가 년지(年支) 좌상에 투출해서 능히 버릴수가 없으므로 다만 임수(壬水)를 용신으로 해야 하는데 사주전체에 경금(庚金)이 없어 원사주의 병(病)이 된다. 여기에다 한 임수(壬水)를 더하니 임수(壬水)용신이 패반되어 수(水)를 용신으로 쓰지 못하게 되므로 유약해서 처가 주사를 하게 된 것이다.

사주에 목(木)이 없으니까 목(木)으로써 용신을 하려고 하는데 정임(丁壬)이 화목(火木)해서 목(木)을 대용으로 쓰기 때문에 수(水)를 처로보고 처가 주사한 것이라 한다.

-228-

十五. 삼추(三秋)의 정화(丁火)

삼추(三秋)의 정화(丁火)는 퇴기하여 유약하니 전적 갑목(甲木)을 써서 화기(火氣)를 살려야 한다.

칠월, 팔월, 구월(七月八月九月)의 경신금(庚辛金)이 사령사권하니 경금(庚金)이 왕(旺)한 시기다. 그래서 정화(丁火)를 상(傷)하지 않을 이치가 없으니 먼저 경금(庚金)으로써 갑목(甲木)을 부수어 정화(丁火)를 인도 하여야 한다. 혹 병화(丙火)의 따뜻한 기운을 빌린다면 금(金)이 갑목(甲木)을 다루지 못하게 되니 병화(丙火)가 투간하는것은 염려가 않되지 만은 병화(丙火)로써는 해결하기가 어렵다.

병화(丙火)가 양쪽 정화(丁火)를 끼고 있으면 여름철에는 탈완(奪完)되므로 무서워 하나 다른달은 무서워하지 않는다. 다만 이 격(格)은 소년에 곤고하고 형국이 많으나 중년에 부귀하고 반드시 지지(地支)에 수(水)로써 병화(丙火)를 제지함을 보면 묘(妙)하게 된다.

삼추(三秋)의 갑목(甲木)은 갑목(甲木) 경금(庚金) 병화(丙火)를 병용하니 우열을 구별하는 것은 어떠한 일인고? 칠월(七月)에는 갑(甲) 병(丙)이 있는데 신중경금(申中庚金)이 있고 팔월(八月)에는 갑목(甲木) 병화(丙火)가 있는데 경금(庚金)까지 다쓰게 되니 칠팔월(七八月)에는 혹 갑목(甲木)이 없다 하더라도 을목(乙木)도 같이 쓰게된다. 그 이치는 을목(乙木)은 초목인데 이제까지는 습목(木)으로 간주해서, 그러나 칠팔월(七八月) 부터는 마른풀이 등장을 하여 정화(丁火)를 인도한다는 뜻으로 쓸수가 있으니 병화(丙火)가 곁에 있는것도 좋아한다.

구월(九月)에는 전적 갑목(甲木)을 쓰나 대체 갑목(甲木)은 경금(庚金)을 떠나지 못하게 된다. 을목(乙木)도 역시 병화(丙火)를 떠나지 못한다. 그 위치가 극히 밝다고 보겠다. 혹 갑목(甲木) 경금(庚金) 병화(丙火)가 모두 튀어나오면 반드시 고문합격한다.

갑목(甲木)이 없고 을(乙)을 쓰는 자(者)는 부귀가 적고 또 부자로 산다고 해도 귀하게 출세하는 사람이 적다.

혹 임수(壬水)가 중(重)한데 계수(癸水)가 많은것을 보면 반드시 무토(戊土)로써 제거해야하니 부귀가 자연히 빛나고 빛나게 된다. 혹 한가닥 경금(庚金)이면 부자집에 가난한 사람이니 부인이 주장을 많이하고 혹 임수(壬水)가 많아서 경금(庚金)을 설기(洩氣)해가면 정임(丁壬)이 합살(合殺)이 되므로써 도리어 부귀를 하게된다. 만일에 경(庚)이 많고 임수(壬水)가 적으면 하천배에 지나지 못한다.

신해(辛亥)   을미(乙未)   신묘(辛卯)

병신(丙申)   갑오(甲午)   경인(庚寅)

정축(丁丑)   계사(癸巳)

무신(戊申)   임진(壬辰)

이 사주(四柱)는 병정화(丙丁火)가 추금(秋金)을 다루는데 추금(秋金)은 즉 재성(財星)이다. 하물며 운(運)이 을미(乙未) 갑오(甲午) 계사(癸巳) 남방운(運)을 거쳐 임진(壬辰) 신묘(辛卯) 경인(庚寅) 동방운으로 향해 가니 어찌 대부가 되지 않겠는가? 이 사주는 해중(亥中)에 갑목(甲木)이 숨어있어 병정화(丙丁火)를 도우고 있는 중 병정화(丙丁火)가 대운에서 운로를 잘 만나 부귀하게 된 것이다.

신해(辛亥)	을미(乙未)	신묘(辛卯)
병신(丙申)	갑오(甲午)	경인(庚寅)
정묘(丁卯)	계사(癸巳)	
무신(戊申)	임진(壬辰)	

경갑(庚甲)이 지(支)에 양전(兩全)하니 고문합격을 하였다. 병화(丙火) 정화(丁火)가 해중(亥中)의 갑목(甲木)에서 뿌리를 뻗고 병정화(丙丁火)를 생하며 사주(四柱) 일지(日支)에 칠월(七月) 고초(枯草)가 정화(丁火)를 인도하니 화염(火炎)이 유력한 중 경금(庚金)과 천간에 신금(辛金)이 유력하므로 신왕(身旺) 재왕(財旺)하니 고문합격을 한것이다.

경진(庚辰)	을유(乙酉)	기축(己丑)
갑신(甲申)	병술(丙戌)	경인(庚寅)
정미(丁未)	정해(丁亥)	
병오(丙午)	무자(戊子)	

갑목(甲木) 경금(庚金) 병화(丙火)가 다 튀어 나왔으니 신왕(身旺) 재왕(財旺) 관왕(官旺)하므로 벼슬길이 상서를 지내게 된 것이다.

칠월(七月)에 정화(丁火)를 경금(庚金)이 갑목(甲木)을 부수어 정화(丁火)를 인도하고 시지(時支)에 병오(丙午) 화(火)가 유력하니 신(身)이나 재(財)나 관(官)이나 모두가 중화(中和)을 짓고 있으니 부귀공명을 의심할 필요가 없게된다.

임오(壬午)　　　　병술(丙戌)　　　갑인(甲寅)

기유(己酉)　　　　신해(辛亥)　　　을묘(乙卯)

정해(丁亥)　　　　임자(壬子)

경술(庚戌)　　　　계축(癸丑)

경금(庚金)이 튀어나오고 지지(地支)좌하에 해중(亥中) 갑목(甲木)이 감추어져 있으며 정화(丁火)가 시지(地支) 술(戌)에 통근(通根)을 하고 년오(年午)에 녹을 얻었으며 하물며 흘러가는 대운이 해자축(亥子丑)을 거쳐 갑인(甲寅) 을묘(乙卯)로 향(向)해가니 어찌 귀(貴)를 못할 것인가?

경오(庚午)　　　　정해(丁亥)　　　신묘(辛卯)

병술(丙戌)　　　　무자(戊子)　　　임진(壬辰)

정미(丁未)　　　　기축(己丑)

임인(壬寅)　　　　경인(庚寅)

구월(九月)에 정화(丁火)가 시상(時上) 인중(寅中)에 장생을 얻고, 구월(九月) 정화(丁火)가 신고(身庫)에 화(火)기를 얻으며, 년상오(年上午)에 녹을 얻고 월간(月干)에 병화(丙火)가 투출하니 사주가 신왕(身旺)하고 재왕(財旺)하며 하물며 돌아가는 운(運)이 금수관성(金水官星) 왕(旺) 지(支)로 향(向)해가니 옥당(玉堂) 청귀(淸貴)를 하게된 것이다.

十六. 삼동(三冬)의 정화(丁火)

삼동(三冬)의 정화(丁火)는 세력이 가늘고 천지(天地)가 냉동(冷凍)되어 있으니 전적 갑목(甲木) 경금(庚金)을 써야한다.

갑목(甲木)은 경금(庚金)의 다정(多情)한 친구니 갑목(甲木)을 쓰는데는 경(庚)이 많아야 한다. 경(庚)이 없고 갑목(甲木)이 없으면 어떻게 정화(丁火)를 인도할 것인가? 겨울에 비록 목화통명(木火通明)이라 하지만 겨울철에 정화(丁火)가 있고 갑목(甲木)이 있다 하더라도 금(金)이 없어 갑목(甲木)을 깨뜨리지 못하면 정화(丁火)를 인도하기 어려우니 금(金)도 많고 물도 많으면 무서워 아니할 수가 없다. 만일에 경금(庚金)이 양(兩)투하면 분명하게 고문합격(合格)은 하나 기토(己土)를 보지 말아야 한다. 기토(己土)가 갑목(甲木)과 합(合)하면 위인이 보통사람에 지나지 못한다.

혹 일병화(一丙火)가 정화(丁火)의 빛을 뺏아간다 하더라도 반드시 지지내(地支內)에 물로 구제해 주는 것을 의뢰받을 것이니, 만일에 지지(地支)에 금(金)이 있어서 금(金)이 수원(水源)을 발해주면 높은 벼슬을 하고, 또 전적 계수(癸水)가 병화(丙火)를 제복함이 없으면 쓸데없는 무리가 되고, 혹 금(金)이 있고 물이 없으면 가난한 선비가 되니 물은 있고 금(金)이 없으면 또 청귀(淸貴)한 벼슬을 한다.

혹 시(時)와 일(日)에 임자(壬字) 둘이 있어 정화(丁火)와 쟁합을 한다면 무토(戊土)를 취해서 정임화목(丁壬火木)을 파괴시켜야 한다. 그러나 무토(戊土)가 있으면 약간 부귀를 하고 무토(戊土)가 없으면 보통사람에 지나지 않는다. 무토(戊土)가 지지(地支)에 적당하게 감추어져 있으면 의식은 잃지 않는다.

혹 병화(丙火) 둘이 정화(丁火)의 빛을 뺏아가면 년(年)에 계수(癸水)를 얻으므로써 지지(地支)에 합(合)을 띄고 있으면 금수(金水)가 장소를 적당하게 얻었다고 보겠으니 반드시 현달하게 된다. 이런 사주도 잘산다는 것이다.

십일월(十一月) 수(水)가 많으면 계수(癸水)가 왕(旺)한 것이니 전적 비견과 인수가 없으면 이것은 기명 종살이라 하겠으니 다른길로 공명을 하게된다.

정화(丁火)가 비견이 출간되면 합화(合化)하기가 어려우니 보통사람에 불과하고 또 고육끼리 다투게 되며 육친을 흘러가는 물같이 보고있다. 그러나 무토(戊土)가 나와서 계수(癸水)를 피(破)하면 형제나 처(妻)와 자식이 없게된다. 이 격은 무토(戊土)를 쓰는것이 정상이라 한다. 삼동(三冬)에 정화(丁火)는 갑목(甲木)을 높은것으로 삼으니 경금(庚金)이 도와야 하고 무계(戊癸)가 합화화(合化火)해서 만든 권위를 짐작해서 잘 써라. 사주(四柱)에 병정(丙丁)이 많으면 또 계수(癸水)로써 화(火)를 제거하는 것도 좋다.

계해 (癸亥)　　　　임술 (壬戌)　　　기미 (己未)

계해 (癸亥)　　　　신유 (辛酉)　　　정사 (丁巳)

정해 (丁亥)　　　　경신 (庚申)

신해 (辛亥)　　　　무오 (戊午)

　사주가 금수화 (金水火)로 구성이 되어 반복이 없고 수(水)는 왕 (旺)하고 목 (木)이 약하니 젖은 나무가 불을 닐 수가 없어 살 (殺)을 따라가니 종살격 (格)이라고 한다. 벼슬을 시랑벼슬을 하였다. 이 사주을 자세히 보면 사십 (四十) 전후는 좋으나 사십 (四十) 이후로 남방운은 큰 작용이 없으리라 본다.

을묘 (乙卯)　　　　병술 (丙戌)　　　임오 (壬午)

정해 (丁亥)　　　　을유 (乙酉)　　　신사 (辛巳)

정미 (丁未)　　　　갑신 (甲申)

경술 (庚戌)　　　　계미 (癸未)

　해묘미목국 (亥卯未木局)에 을목 (乙木)이 투출하여 관성(官星)의 기를 설하여 경금 (庚金)으로써 인수를 파괴하여 관성을 보존하고 해중 (亥中)에 임수 (壬水)가 녹을 얻으니 재관격이 된 것이다. 이 사주는 정관격으로써 갑목 (甲木)이 생 (生)을 만나고 경금 (庚金)이 시상 (時上)에 튀어나와 임수 (壬水)를 왕 (旺)하게 하며 모든 조건을 잘 인도해 주기에 장원급제을 하게된 것이다.

정유 (丁酉)　　　　신해 (辛亥)　　　정미 (丁未)

임자 (壬子)　　　　경술 (庚戌)　　　병오 (丙午)

정유(丁酉)   기유(己酉)   을사(乙巳)

임인(壬寅)   무신(戊申)

정화(丁火)가 시지(時支)에 장생을 얻고 월지(月支)에서 자수(子水)의 관성(官星)을 얻으니, 재왕(財旺) 신왕(身旺) 관왕(官旺)한 중(中) 대운마저 남방운으로 향(向)하니 중국에서 일(一)등가는 총독이라는 말을 들었다.

병술(丙戌)   신축(辛丑)   병오(丙午)

경자(庚子)   임인(壬寅)   정미(丁未)

정유(丁酉)   계묘(癸卯)   을사(乙巳)

병오(丙午)   갑진(甲辰)

정화일주(丁火日柱)가 년시(年時)에 겁재를 얻고 술중(戌中)에 조(燥)한 무토(戊土)를 얻으니 자신이 너무 왕(旺)하고 재관이 약하다. 하물며 운(運)이 인묘진(寅卯辰) 사오미(巳午未)로 향하니 어찌 불운(不運)이라 아니 하겠는가 사주는 좋으나 운(運)은 불운(不運)이다.

경오(庚午)   경인(庚寅)   갑오(甲午)

기축(己丑)   신묘(辛卯)   을미(乙未)

정유(丁酉)   임진(壬辰)

갑진(甲辰)   계사(癸巳)

정화일간(丁火日干)이 십이월(十二月)에 출생(出生)하여 갑목(甲木)이 높이 튀어나오고 경금(庚金)이 갑목(甲木)을 부수어 정화(丁火)를 인도해주며 약한 살성(殺星)을 도와주니 사주가 중화(中和)되므로 대장군까지 올라갔다.

무자 (戊子)　　　경인 (庚寅)　　갑오 (甲午)

기축 (己丑)　　　신묘 (辛卯)　　을미 (乙未)

정미 (丁未)　　　임진 (壬辰)

갑진 (甲辰)　　　계사 (癸巳)

무토 (戊土)가 높이 튀어나와 지지 (地支)의 한습한것을 제
거하고 갑목 (甲木)이 튀어나와 무토 (戊土)와 좋은 인연을
이루고 있으니 식상을 제거하고 갑목 (甲木)을 취하여 용신을
하므로 좋은 운이 와서 시랑벼슬을 하게된 것이다.

十七. 삼춘(三春)의 무토(戊土)

오행중(五行中)에 토(土)가 천지사방(天地四方)에 흩어져 있으니 이것을 의지(依持)하여 금목수화(金木水火)가 형체를 이루고 있다. 이 사계절을 이용하는데 꺼리낌이 있는 자(者)가 있으니 화(火)는 유(酉)에 죽고, 수(水)는 자월(子月)에 왕(旺)하고, 대개 토(土)는 화운(火運)을 빌려서 살고 있는데 화(火)가 죽어버리면 토(土)가 움직이지 못하고 갇혀있는 사람이나 똑같다.

토(土)는 물이 재물이 되니 물을 좋아 하나 물이 너무 많으면 토(土)가 허하게 되니 토(土)가 금(金)과 화(火)를 얻으므로써 큰 그릇이 되게 된다.

토(土)가 높으면 귀(貴)가 없고 토(土)가 공망(空亡)이 되면 재가되여 먼지같은 현상이니 토(土)가 많이 모여도 막히고 토(土)가 흩어져서 가벼워도 좋지 않다.

삼월(三月)달의 진토(辰土), 무토(戊土), 축토(丑土), 미토(未土)의 토가 정토니 구분(區分)하여 잘쓰라.

주장하는 것이 한가지가 못되니 진(辰)에는 복수(伏水)가 있고 미(未)에는 숨은 나무가 있으며 만물을 자양해내는 재주를 가지고 있으니 춘하(春夏)에는 진미(辰未)토가 功이 된다. 戌에는 감추어져 있는 불이 있고 축(丑)에는 숨은 금(金)이 있으니 추화동금(秋火多金)을 말한다. 만물을 죽이고 살리고 하는 재주가 있다.

그러기에 토(土)는 진미(辰未)를 취하여야 귀(貴)가 되고 축술(丑戌)을 취하면 귀(貴)를 하지 못하니 그러기에 토(土)는 진미(辰未)를 사랑한다.

축술(丑戌)을 좋아하지 않는것은 오행(五行)에 기운이 있는데 인명(人命)이 만나면 재산이 비교할 수 없이 말년에 부귀가 차차 더해가고, 만일에 토가 많기만하고 물이 없으면 조(燥)하여 화(化)하지 못하니 나무가 없으면 소통이 되지 아니하고 화(火)가 너무 많으면 타 없어져 버리니 여명이 많이 생산을 못한다. 토(土)는 사계절(四季節)에 오직 무토(戊土)가 약(弱)하며 수(水)는 싸우기를 좋아하니 잘먹고 잘 소화시킨다. 진미(辰未)를 가진 사람은 먹기도 잘하고 축(丑)을 가진 사람은 맑고 깨끗함을 취한다. 축(丑)은 간토가 되어서 계수(癸水)가 있어 능히 부드럽고 활발하게 해주니 인명(人命)이 이것을 만나면 능히 높이 개척을 할 수가 있다.

춘월(春月)의 무토(戊土)

정월(正月), 이월(二月), 삼월(三月) 무토(戊土)는 그 세력이 허부(虛浮)하니 불로써 생(生)해주는 것이 좋고 악목이 태과하면 흙이 물에 떠내려갈 염려가 많으니 비견의 토(土)를 끌어들여 금(金)으로 목(木)을 제거하면 좋으나 금(金)이 태다(太多)해도 토(土)가 설기(洩氣)를 많이 당하면 좋지않다.

사월(四月), 오월(五月), 유월(六月)의 무토(戊土)는 그

-240-

세력이 조열하니 많은 물을 얻어서 자양(滋養)을 해줌으로써 성공을 하게된다.

왕(旺)한 화(火)가 단련함으로써 땅이 타지게 되는데 나무가 화염을 도와 물이 꺼리낌이 없으면 금생수(金生水)가 되기에 처재(妻財)가 유익하고 비견(比肩)을 보면 막혀서 통하지 못하니 태과하면 나무로써 극해주는 것이 좋다.

칠월(七月), 팔월(八月), 구월(九月)에 토(土)는 자식은 왕기(旺氣)를 띄고 부모는 쇠했으니 금(金)이 많아 토기(土氣)를 소모하는 것이 많다.

목(木)이 성하면 목(木)을 제거하고 화(火)가 조하면 중하되는 것을 싫어하지 아니하니 수(水)가 흙을 띄우면 이롭지 못하고 비견겁재를 얻어 도움을 받으면 좋다는 것이다. 상강(霜降)이 오도록까지는 비견이 무방하지 않다.

시월(十月), 십일월(十一月), 십이월동월(十二月冬月)의 토(土)는 외한내온하니 물이 왕기(旺氣)를 띄면 재물이 풍족하고, 금(金)이 많으면 자식이 수려하고, 불이 성하고 왕하면 영화가 있고, 목이 많아 자극이 없이 두번째 비견을 더하면 구조가 아름다운 것이 되니 다시 신주(身主)가 강강하고 수(壽)가 오래살 징조라 한다.

춘삼월(春三月)에 무토(戊土)는 병화(丙火)가 없으면 따뜻하게 쬐여주지 못하고 무토(戊土)가 만물을 생산해 내지 못하니 갑목(甲木)이 있어야 묵전(田)을 갈수가 있고 무토(戊土)는 계수(癸水)가 없으면 축축하게 만물(萬物)을 길러낼 수가 없으니 만물이 커 나가지 못한다.

그러기 때문에 정이월(正二月)에는 병화(丙火)를 먼저 쓰고 갑목(甲木)을 뒤에 쓰고 계수(癸水)가 다음이 된다.

삼월(三月)에는 갑목(甲木)이 먼저 되고 병화(丙火)가 다음이 되며 계수(癸水)가 다음이 된다. 이것은 무토(戊土)가 월영에서 권세를 맡은 것을 설명한 것이다.

갑(甲)이 있고 병화(丙火)가 있고 계수(癸水)가 있어 삼자(三字)가 일제히 튀어나오면 일(一)등에 당선되는 고문합격을 한다.

혹 둘은 튀어나고 하나는 지지에 감추어져 있어도 고문합격은 할 수 있다. 하나는 감추어지고 하나는 튀어나와도 다른 길로 공명을 할 수 있다.

정이월(正二月)에는 갑목(甲木)과 계수(癸水)가 있어야 하니 병화(丙火)가 한기(寒氣)를 제거함이 없으면 만물이 성장하기가 어려우니 병화(丙火)가 없으면 부귀함을 할수업다.

혹 정월(正月)에 병(丙)이 있고 갑계(甲癸)가 없는 자(者)는 봄가뭄이 들어있으니 만물이 출생한다 하여도 액이 많게 된다.

갑목(甲木)과 계수(癸水)가 없는자는 일생이 곤고하고 노력을 해도 공이 없다.

혹 한가닥 병화(丙火)는 있고 갑목(甲木)이 있으나 계수(癸水)가 적은 사람은 먼저는 태평하다가 후분에 좋지 않다.

혹 지지(地支)에 화국(火局)을 이루었는데 임계수(壬癸

水)을 보지 못하면 가난하고 천한 사람이 된다. 그러나 계수(癸水)가 튀어나온 사람은 청귀(淸貴)하고 임수(壬水)가 튀어나온 사람은 부자가 된다.

물을 쓰되 물의 다소를 요령있게 처리하여야 한다. 이런중에 한가닥 병화(丙火)가 없으면 심상한 사람이 된다.

만일에 경금(庚金) 하나가 튀어나온것을 얻으면 그 방향으로 묘(妙)하게 된다.

혹 지지(地支)에 수국(水局)인데 갑목(甲木)이 천간에 나오고 또 경금(庚金)이 천간에 투출되면 부귀가 쌍전하게 된다.

혹 경금(庚金)이 없는데 또 비견을 얻으면 종살이 못되니 틀림없이 흉액을 만날 사주라 한다. 그렇지 않으면 반드시 도적놈이 된다. 만일 일주(日柱)가 오(午)를 깔고 있으면 옳게 죽지 못하는 운명이 된다. 혹 한가닥 을목(乙木)이 관살이 되어 당을 모아놓으면 바로 경금(庚金)이 있어야 을목(乙木)을 제거하게 된다.

이런 사람은 내부적으로는 간사해도 외부로는 정직한척 한다. 그러니 입은 정직하고 마음은 나쁘다. 또 거기에다 갑목(甲木) 하나가 더있고 경금(庚金)이 없으면 게으르기가 짝이 없고 남의것 얻어먹기를 좋아한다.

혹 병(丙)이 많고 갑(甲)이 많으면 계수(癸水)와 경금(庚金)을 섞어서 참작해서 써라. 또 삼월(三月) 부터는 토(土)가 사령을 했으니 갑목(甲木)이나 계수(癸水)나 병화(丙火)를 보지 못한자(者)는 어리석고 천하나 갑계(甲癸)가 천간(天干)에 튀어나온 것을 만나면 고문합격은 틀림없다.

병계(丙癸)가 튀어나오면 생원님은 따논 밥상이고 갑목계수(甲木癸水)가 똑같이 감추어져 있으면 부자라고는 한다. 혹 계수(癸水)가 튀어나오면 다른길로 공명한다.

혹 병(丙)이 많고 계수(癸水)가 없으면 가뭄든 밭에 물이 없으니 묘목(苗木)을 옮겨심기가 불능하다. 구곡은 이미 끝나고 새곡식은 오르지 못했으니 이것은 먼저는 부자고 나중은 가난하게 사는 운명이 된다. 불이 많고 임수(壬水)가 튀어나온자는 먼저는 가난하고 뒤에는 부자노릇을 한다. 그러나 계수(癸水)가 튀어 나오면 먼저는 천하고 뒤에는 영화가 온다.

임수(壬水)가 감추어져 있으면 밥을 넉넉하게 먹는데 지나지 않고, 계수(癸水)가 감추어져 있으면 이름나는데는 틀림이 없으나 그러나 이것은 바로 대운이 좋은 방향으로 가는것을 얘기하는 것이다. 혹 지지(地支)에 화국(火局)을 이루어 얻는데 계수(癸水)를 얻어 중화(中和)되면 부귀가 천연하고 임수(壬水)가 튀어나온 사람은 불미(不美)하다. 어쩐 일인고 계수(癸水)는 하늘위에 단비고 임수(壬水)는 강하에 파도가 센물이라 한다. 그래서 계수(癸水)를 요(要)하고 임수(壬水)를 불요(不要)하는 것이다.

지지(地支)에 목국(木局)을 이루고 또 갑목(甲木)이 천간에 튀어나오면 이 사람은 관살이 당을 지어 있으니 관살을 버릴수가 없다. 한번 경금(庚金)만 얻으면 관살을 소제하게 되는 것이니 역시 부귀를 하게된다. 경금(庚金)이 없으면 천박한 사람이 된다. 화(火)를 써서 목기(木氣)를 설(洩)하면 좋다는 것이다.

병인(丙寅)　　　　신묘(辛卯)　　을미(乙未)

경인(庚寅)　　　　임진(壬辰)　　병신(丙申)

무진(戊辰)　　　　계사(癸巳)

경신(庚申)　　　　갑오(甲午)

진중(辰中)에 계수(癸水)가 장되고 무토(戊土)가 습윤한 기(氣)가 있으므로써 조하지 아니하고, 병화(丙火)가 따뜻하게 비쳐주어 무토(戊土)가 양 경금(庚金) 사이에 들어있어도 추웁지 아니하니 이는 그 배합이 잘된 것이다.

신자진(申子辰)이 재국(財局)을 지어서 재(財)가 관성(官星)을 왕(旺)하게 해주니 경금칠살(庚金七殺)이 또 관성을 약간 제극하므로써 권세를 병권에 쥐게 된것이다.

병(丙) 계(癸) 갑(甲)이 모아있고 칠살(七殺)이 격(格)을 이루니 대장 벼슬을 하게된 것이다.

계미(癸未)　　　　갑인(甲寅)　　경술(庚戌)

을묘(乙卯)　　　　계축(癸丑)　　기유(己酉)

무인(戊寅)　　　　임자(壬子)　　무신(戊申)

병진(丙辰)　　　　신해(辛亥)

병화(丙火)가 불투하고 병진시(丙辰時)에 미치지 못할 것인데 병화(丙火)가 높이 튀어나오니 배합이 적의하여 용신(用神)이 관(官)에 있으므로 제지에 향(向)하며 용신(用神)을 도우니 무직으로 공명을 하게된다.

정미(丁未)   임인(壬寅)   무술(戊戌)

계묘(癸卯)   신축(辛丑)   정유(丁酉)

무인(戊寅)   경자(庚子)

을묘(乙卯)   기해(己亥)

해묘미(亥卯未) 목국(木局)에 을묘목(乙卯木)과 인목(寅木)이 좌하에 있는데 살왕(殺旺)하야 불미한데 무계합화화(戊癸合化火)하여 갑목(甲木)을 암번(가만히 타게 하는것)하여 도리어 무과급제을 하게된 것이다.

기미(己未)   정묘(丁卯)   계해(癸亥)

무진(戊辰)   병인(丙寅)   임술(壬戌)

무인(戊寅)   을축(乙丑)

갑인(甲寅)   갑자(甲子)

삼월진중(三月辰中)에 무토(戊土)가 습기가 있으며 갑인목(甲寅木)이 일시(日時)에 통근(通根)하였으니 갑목(甲木)이 시상(時上)에 높이 튀어나와 비겁을 제거해주니 어찌 부귀를 하지 않겠는가?

十八. 삼하(三夏)의 무토(戊土)

사월(四月)에 무토(戊土)가 양기(陽氣)가 차차 올랐으니 찬기는 안으로 감쳐지니 외부는 실한듯 해도 내부로는 허무하다.

그러나 화렴을 무서워 하지 아니한다. 양기가 없으면 만물이 자라나지 못하니 먼저 갑목(甲木)을 써서 쟁기도 갈고 다음에 병화(丙火) 계수(癸水)로 도움을 해라.

병출(丙出) 갑(甲)투하면 정계에 출세할 재목이요 병화계수(丙火癸水)가 같이 투출하면 고문합격할 사람이다. 하나는 튀어나오고 하나는 지지(地支)에 장되어도 무슨 감투든 쓰게된다.

한가닥 병화(丙火)가 화렴토조하면 고단(孤單)한 운명이 된다. 그러나 계수(癸水)가 나오고 임수(壬水)가 지지(地支)에 장(藏)되면 공명에 약간 힘이 들게된다.

혹 지지(地支)에 계수(癸水)가 장되면 의식은 충족하나 단 집안싸움이 많다.

혹 지(地)에 금국(金局)을 이루고 계수(癸水)가 튀어나오면 이것은 기특한 격(格)이다 하겠으니 바로 토(土)를 윤하게해서 금(金)을 생(生)하는 격이니 신선(神仙)이 된다는 운명이다.

| 신해(辛亥) | 임진(壬辰) | 무자(戊子) |
| 계사(癸巳) | 신묘(辛卯) | 정해(丁亥) |

무오(戊午)　　　　　　　경인(庚寅)

병진(丙辰)　　　　　　　기축(己丑)

사월(四月)에　무토(戊土)일주가　년간에서　　신금(辛金)을
보고　신금(辛金)이　계수(癸水)를　생하고　진중(辰中)에　계
수(癸水)와　통근을　하고　있으니　사주(四柱)가　왕하고　윤해
서　좋다.　년지(年支)의　해중(亥中)에　갑목(甲木)이　있어
소토를　하니　일간무토(日干戊土)가　기름진　밭으로　변하고　병
화(丙火)가　비추어　따뜻하게　해주니　뿌리를　썩지않게　역활을
하니　사주가　중화(中和)　되어　　발전성이　많다.　　그래서　고
문합격을　하고　옥당(玉堂)의　귀(貴)를　한것이다.

기축(己丑)　　　　　무진(戊辰)　　　　갑자(甲子)

기사(己巳)　　　　　정묘(丁卯)　　　　게해(癸亥)

무오(戊午)　　　　　병인(丙寅)

정사(丁巳)　　　　　을축(乙丑)

사축금국(巳丑金局)을　짓고　계수(癸水)가　　년지(年支)에
들어있으나　왕(旺)한　무토(戊土)를　갑목(甲木)이　없어　다룰
수　없으니　수재에　불과하다.

이　사람은　의식은　좋았으나　갑목(甲木)이　없어서　관성(官
星)을　일으켜　주지　못한　연고로　수재가　됐을　뿐이다.

오월(五月)의　무토(戊土)는　한여름에　불이　　조(燥)하고
열하니　먼저는　임수(壬水)를　써서　화기(火氣)를　제하고　다
음으로　갑목(甲木)을　취하여　무토(戊土)를　소토해주면　좋으
니　병화(丙火)　계수(癸水)를　짐작해서　잘　써라.

임수갑목(壬水甲木)이 양투하면 군신이 몰아 질기는 형상이 되고 자연히 도원의 신선만 될것이 아니라 권세가 높고 명예가 현달한다. 또 신금(辛金)이 년간(年干)에 튀어나온 것을 얻으면 관(官)이 일품에 거하게 된다. 만일에 지지(地支)에 화국(火局)을 이루고 계수(癸水)가 투출되면 이것은 토(土)가 이롭게 **할 수가 없다.** 어떻게 한잔 물로써 한차되는 나무를 구제하지 못하니 그러함이다. 인명(人命)이 이와 같으면 즉 학문을 좋아하고 게으르지 않으나 역시 이름은 이루지 못한다. 뿐만 아니라 눈에 안질이 있게된다.

신미(辛未)	계사(癸巳)	기축(己丑)
갑오(甲午)	임진(壬辰)	무자(戊子)
무인(戊寅)	신묘(辛卯)	정해(丁亥)
임자(壬子)	경인(庚寅)	

임수갑목(壬水甲木)이 양투하고 인중(寅中)에서 투출(透出)된 갑목(甲木)이 살(殺)은 높으니 출입장상하며 이름이 사해(四海)에 떨쳤다.

유월(六月)의 무토(戊土)는 여름을 만나 폭건하니 먼저 계수(癸水)를 쓰고 다음에 병화갑목(丙火甲木)을 써라.

계수병화(癸水丙火)가 둘다 튀어나오면 중인(中人) 복록으로써 고문합격을 하고, 혹 계수(癸水)가 있고 병화(丙火)가 없으며 갑목(甲木)을 보면 수재에 불과(不過)하고 갑목(甲木)이 없다면 약간 부자 노릇은 하고, 혹 병(丙)이 있고 계수(癸水)가 없으면 거짓말을 잘하는 사람인데 의식은 풍족하게 있다.

혹 계수(癸水)가 튀어나오고 신금(辛金)이 나왔으면 칼이나 필력(筆力)으로 공명을 따게된다.

병화계수(丙火癸水)가 없는 유월무토(六月戊土)는 건조하고 토(土)가 높이 쎄었으니 갑목(甲木)이 없으면 하천한 무리가 된다. 혹 흙이 많고 일갑목(一甲木)이 튀어나오면 경신금(庚辛金)을 보지 아니하면 위인이 활달하고 성질도 조심성이 있으며 현달을 못한다 하더라도 문장이 세상을 덮게된다.

무술(戊戌)   경신(庚申)   갑자(甲子)

기미(己未)   신유(辛酉)   을축(乙丑)

무진(戊辰)   임술(壬戌)   병인(丙寅)

계축(癸丑)   계해(癸亥)

사주(四柱)가 가색격으로 이루어 졌는데 계수(癸水)가 튀어나와서 쟁재의 역활을 하고 있고, 또는 초년운(運)이 경신신유운(庚申辛酉運)을 향(向)하여 수(水)를 설기함이 불미(不美)하고, 중간 임술계해(壬戌癸亥)운은 쟁재가 되며 별로 좋지 않고, 갑을운(甲乙運)은 천간(天干)으로 토(土)와 상전(相戰)되니 불미하고, 자축운(子丑運)도 별로 좋지 않으니 사주가 겉으로 볼때는 좋은것 같으나 실지로 자세히 보면 좋지않는 현상이다.

유월(六月)의 계수(癸水)가 축(丑)에 통근을 하고 있으니 비록 병(丙) 갑(甲) 신(辛)이 없다해도 토(土)가 왕(旺)하고 윤(潤)하니 만물을 무성시킬 가색격으로 되어있

다. 그리고 축중(丑中)에 신금(辛金)이 고(庫)에 나오지
아니하고 있으니 생산의 뜻이 없고 공산에 수도을 하며 명예
를 구하지 않는 사람이 됐다.

경자(庚子)   갑신(甲申)   무자(戊子)

계미(癸未)   을유(乙酉)   기축(己丑)

무자(戊子)   병술(丙戌)

정사(丁巳)   정해(丁亥)

유월(六月) 무토(戊土)가 경금(庚金)을 보고   자수(子
水)와 계수(癸水)를 얻으니 능히 화기(火氣)를 제거할 수
가 있으니 사주가 대국(大局)을 이루었다.   자신이 문학박사
를 하고 자식 오인(五人)이 대귀를 하였다.   그 이유는 무
토(戊土)가 시(時)에 녹을 얻고 사화(巳火) 자손이 무토
(戊土)를 생(生)하므로 자식의 은혜을 입게되니   부자(父
子)가 다 귀(貴)하게 된것이다.

十九. 삼추(三秋)의 무토(戊土)

칠월(七月)의 무토(戊土)는 양기(陽氣)가 점점 들어가니 찬기가 점점 나오게 된다. 먼저 병화(丙火)를 쓰고 뒤에 계수(癸水)를 쓰며 갑목(甲木)은 다음으로 써라.

칠월(七月)의 무토(戊土)는 병화계수갑목(丙火癸水甲木)의 삼자(三者)가 튀어나오면 부귀(富貴)도 최고요 최고 벼슬을 하게된다. 지지(地支)에는 계수(癸水)가 감추어지고 병화(丙火)가 튀어나와 있으면 겨우 수재에 지나지 아니하고, 갑목(甲木) 병화(丙火)가 둘다 튀어나오고 계수(癸水)가 지지진(地支辰)에 감춰있으며 수국(水局)을 이루면 역시 부귀를 하게된다.

병(丙)이 없고 계수(癸水)와 갑목(甲木)이 튀어나온것을 얻으면 이 사람은 청아한 사람으로써 부자가 되고 계수갑목(癸水甲木)이 없는 사람은 평상한 사람에 불과하다. 병화(丙火)가 있으면 부인과 자식이 얌전하다.

병화계수갑목(丙火癸水甲木) 삼자(三者)가 전혀 없으면 하천한 무리라 한다. 혹 지지(地支)에 수국(水局)을 이루고 갑목(甲木)이 튀어나오면 약간 부귀을 하는데 이것을 기명종재로 보지 말아라.

임인(壬寅)　　　　기유(己酉)　　　　계축(癸丑)

무신(戊申)　　　　경술(庚戌)　　　　갑인(甲寅)

무진(戊辰)　　　　신해(辛亥)

무오(戊午)　　　　　　임자(壬子)

년간(年干)에 재성(財星)이 관성(官星)에서 설기(洩氣)되나 시간(時干)에 재성(財星)이 또 있으니 쓸만하다. 무토일주(戊土日柱)가 진일주(辰日柱) 귀광에 앉아 있는데 시지(時支) 오화(午火)가 생(生)해주고 신왕(身旺) 재왕(財旺)하니 재(財)가 좌하 진고(辰庫)에 돌아가니 어찌 부귀(富貴)하지 않겠는가? 중년(中年) 자운(子運)에 발전(發展)되어 태수벼슬을 하게된 것이다.

경인(庚寅)　　　　　을유(乙酉)　　　　기축(己丑)
갑신(甲申)　　　　　병술(丙戌)　　　　경인(庚寅)
무인(戊寅)　　　　　정해(丁亥)
계축(癸丑)　　　　　무자(戊子)

갑목(甲木)을 경금(庚金)이 제거시켜주고 시상(時上) 축토(丑土)에서 계수(癸水)가 투출하여 재성(財星)을 얻으니 어찌 부자가 되지 않겠는가? 역시 자식도 많다.

초년 운(運)이 을유(乙酉) 병술(丙戌)에 좋지 못해 고생했고 다음 해자축(亥子丑)으로 가니 금수(金水)가 서로 유통되니 어찌 부자가 되지 않았겠는가?

신유(辛酉)　　　　　을미(乙未)　　　　신묘(辛卯)
병신(丙申)　　　　　갑오(甲午)　　　　경인(庚寅)
무자(戊子)　　　　　계사(癸巳)
병진(丙辰)　　　　　임진(壬辰)

신자진(申子辰) 수국(水局)을 하고 보니 재왕국(財旺局)

이 되었다. 병화(丙火)인수가 생(生)해 주는데 재(財)하
와 인이 방해가 없으니 대부대귀(大富大貴)할 것은 사실이다.

　팔월(八月)의 무토(戊土) 금기운(金氣運)에 설기(洩氣)
가 많고 몸이 차니 병화(丙火)로써 따뜻하게 해주어야 하고
또 물로써 자윤(滋潤)하게 하여 주는것이 좋으니 먼저 병화
(丙火)를 쓰고 다음 계수(癸水)를 쓰니 반드시 나무로 소
토를 아니해도 좋다.

　병화(丙火) 계수(癸水)가 둘다 튀어나오면 고문합격(高文
合格)을 하고 병(丙)은 나오고 계수(癸水)는 감춰졌으면
겨우 쓸만하나 계수(癸水)가 튀어나오고 병화(丙火)가 지지
(地支)에 감춰졌으면 힘을 들여야 관록을 얻게된다. 　만일
병화(丙火)가 감추어지고 또 계수(癸水)가 없으면 이런 사
람은 상인에 불과하다.

　병화(丙火) 계수(癸水)가 전적없으면 풍파에 시달리는 운
명(運命)밖에 안된다.

　혹 사주(四柱) 세곳에 신금(辛金)이 있고 병화정화(丙火
丁火)가 없으면 상관격(傷官格)이라 하겠으니 위인이 청수하
고 놀지를 아니하고 하다못해 무관직이라도 갖게된다. 　그러나
계수(癸水)를 보았다면 부자가 아니면 또 귀(貴)하게 된다.

　지지(地支)에 수국(水局)을 이루고 임계(壬癸)가 출간하
면 재다(財多) 신약(身弱)이니 유유무능하다. 　그러나 천간
(天干)에 비겁(比刦)이 분산시켜 자신(自身)을 보호해 주
면 약간 밥은 먹을수가 있다.

용신(用神)은 사주 전체(四柱全體)를 대신(代身) 하는데 가을에 흙은 금(金)으로 인해 설기(洩氣)되어 약하니 병정화(丙丁火)가 천간(天干)에 나오므로써 방향으로 묘(妙)하게 된다.

기사(己巳)	임신(壬申)	무진(戊辰)
계유(癸酉)	신미(辛未)	정묘(丁卯)
무진(戊辰)	경오(庚午)	
병진(丙辰)	기사(己巳)	

사유축(巳酉丑)이 금국(金局)을 이루어 재성(財星)이 유력(有力)하고 무토(戊土)가 진토(辰土)위에 있어 병화(丙火)의 생(生)을 받으니 신왕재왕(身旺財旺)하므로 좋은데 다 하물며 운(運)이 남방(南方)을 거쳐 동방진묘인(東方辰卯寅)으로 향하니 어찌 좋지않겠는가? 남방운 미사오(未巳午)를 남방이라하고 진묘인(辰卯寅)을 동방(東方)이라한다. 이 사주는 팔월(八月)의 무토(戊土)인데 금(金)이 왕(旺)해서 무토(戊土)기운을 뽑아가는데 시상(時上)에 병화(丙火)가 있어 무토(戊土)를 도와주고 또 운이 남방운(運)으로 도와주고 동방목지(東方木地)로 와주니 어찌 좋지 않겠는가?

정해(丁亥)	무신(戊申)	갑진(甲辰)
기유(己酉)	정미(丁未)	계묘(癸卯)
무자(戊子)	병오(丙午)	임인(壬寅)
정사(丁巳)	을사(乙巳)	

무토일주(戊土日柱)가 팔월(八月)에 출생하여 신약(身弱)

한 가운데 시지사(時支巳)에 녹을 얻고 시간정화(時干丁火)가 도와주며 년간정화(年干丁火)와 월간기토(月干己土)가 도와주니 신왕(身旺), 재왕(財旺) 아니하다 할수 없다. 그러나 사오(巳午)남방 동방(東方)운으로 향하니 목생화(木生火) 화생토운(火生土運)으로 전향해가나 삼십운(三十運) 들어서 자오충(子午冲)에 일(一)락 천장운(運)이 있고 또 육십(六十) 이내에 묘유충(卯酉冲)의 불길운(運)이 있으니 이 두 때만 무사히 지나면 좋은 운(運)으로 전락한다.

구월(九月) 무토(戊土)

구월(九月)의 무토(戊土)가 당권사령하니 병화(丙火)를 전용 안해도 좋다. 먼저 갑목(甲木)을 보고 다음에 계수(癸水)를 취한다. 무계합화(戊癸合化)을 좋아하지 않는다.

금(金)을 먼저 보고 계수(癸水)를 취하고 뒤에 병화(丙火)를 취하여 간지(干支)의 배합을 보아 살아있는가를 보아 출세를 할 수 있나 결정짓는다.

혹 병(丙)이 없고 계수(癸水)가 있으면 갑목(甲木)이 튀어나지 않는것을 보면 조그만한 부자는 된다. 계수병화(癸水丙火)가 없으며 갑목(甲木)이 있는 자(者)는 밥만 먹을 따름이고 만일 계수(癸水)와 갑목(甲木)이 전적 없으면 비록 병화(丙火)가 있다해도 평상한 사람에 지나지 않는다.

혹 지지(地支)에 수국(水局)을 이루고 간(干)에 임계(壬癸)가 튀어나오면 무토(戊土)로 물을 막아야 하니 비견(比肩)이 투출하는것을 보면 도리어 좋다.

지지(地支)에 화국(火局)을 이루면 화조(火燥) 토조(土燥)하니 만물이 자라지 못한다. 금수(金水)가 양투함을 얻으면 이 사람은 청고하고 약간 부귀를 한다 만일 물이 없으면 일생(一生)을 고생하며 반세상에 처가 없다.

정유(丁酉)	기유(己酉)	을사(乙巳)
경술(庚戌)	무신(戊申)	갑진(甲辰)
무인(戊寅)	정미(丁未)	
을묘(乙卯)	병오(丙午)	

구월(九月)에 무토(戊土)가 왕(旺)하나 인술화국(寅戌火局)이 되어 무토(戊土)를 생(生)하고 을목(乙木)관성으로써 무토(戊土)를 약간 극제하므로 좋은 운으로 전환되니 자수성가하여 대부(大富)가 되었다.

정해(丁亥)	기유(己酉)	을사(乙巳)
경술(庚戌)	무신(戊申)	갑진(甲辰)
무술(戊戌)	정미(丁未)	계묘(癸卯)
계해(癸亥)	병오(丙午)	

해중(亥中)에 갑목(甲木)이 년시(年時)에 있으며 경금(庚金)이 재(財)를 생(生)해주니 인도 수도많고 관성도 많아서 도리어 중화를 얻으니 큰 부자 노릇을 한 사주다.

기유(己酉)	계유(癸酉)	기사(己巳)
갑술(甲戌)	임신(壬申)	무진(戊辰)
무진(戊辰)	신미(辛未)	
병진(丙辰)	경오(庚午)	

병갑(丙甲)이 출간하여 인수로써 합화살(合化殺)하여 용신을 삼으니 좋은것은 두 진토(辰土)가 고중(庫中)에 저축하는 현상이 되어서 나무나 흙이 마른 기색을 알수가 없으니 사주가 중화됨으로 높은 벼슬을 하게된 것이다.

二十. 삼동 (三冬)의 무토 (戊土)

시월 (十月)의 무토 (戊土)는 때가 소양을 만났기 때문에 양기 (陽氣)가 약간 나온때다. 먼저 갑목 (甲木)을 쓰고 다음으로 병화 (丙火)를 취하며 갑목 (甲木)이 아니면 흙이 영기를 발하지 못하고 병화 (丙火)가 아니면 토 (土)가 따뜻하지 못하니 어찌 만물을 발생 (發生)해 낼수가 있느냐? 병화 (丙火)와 갑목 (甲木)이 둘다 나오면 부귀가 중인 (中人)이 된다. 혹 갑목 (甲木)이 장생을 얻으며 지지 (地支)에 득지 (地)한 수 (水)를 만나고 한 병화 (丙火)가 높이 튀어나오면 역시 몸이 귀하고 이름을 떨치게 된다. 그러나 지지 (地支)에서 경금 (庚金)을 보면 불리 (不利)하다. 만일에 경금 (庚金)을 보지 아니하고 갑목 (甲木)이 지지 (地支)에 장 (藏)되고 병화 (丙火)가 높이 튀어나오면 고문합격을 할 수가 있다.

혹 경금 (庚金)이 있어 정화 (丁火)를 제거시켜주면 다른 길로 성공을 한다.

경금 (庚金)과 정화 (丁火)가 튀어나오지 아니하고 갑목 (甲木)과 병화 (丙火)가 지지 (地支)에 장되어 있으면 역시 부귀하게 된다.

임수 (壬水)가 튀어나왔는데 무토 (戊土)를 얻으면 병화 (丙火)를 구제하게 되는 것이니 부자로 살며 귀 (貴)를 취한다. 병갑 (丙甲)이 같이 없으면 중노릇을 할 팔자다.

계묘 (癸卯) 　　　　임술 (壬戌) 　　　무오 (戊午)

계해 (癸亥) 　　　　신유 (辛酉) 　　　정사 (丁巳)

무진 (戊辰) 　　　　경신 (庚申)

무오 (戊午) 　　　　기미 (己未)

양인 (羊刃) 이 가살하니 군수를 하였다. 무진 (戊辰) 은 괴광이고 양인 (羊刃) 은 오 (午) 에 있는데 해중 (亥中) 에 갑목 (甲木) 칠살 (七殺) 이 있으며 양인 (羊刃) 에 살 (殺) 을 더한것이다. 살 (殺) 은 다 약한 것이지만 양무 (兩戊) 양계 (兩癸) 속에 있는 살 (殺) 이라 위력 (威力) 이 있다. 무계화화 (戊癸化火) 가 암조해 주니 화살 (化殺) 이 인을 도와주므로 겨우 군수의 귀 (貴) 를 얻은 것이다.

을묘 (乙卯) 　　　　병술 (丙戌) 　　　임오 (壬午)

정해 (丁亥) 　　　　을유 (乙酉) 　　　신사 (辛巳)

무술 (戊戌) 　　　　갑신 (甲申)

병진 (丙辰) 　　　　계미 (癸未)

무토일주 (戊土日柱) 가 해묘미 (亥卯未) 목국 (木局) 을 만나고 월상 (月上) 에 정화 (丁火) 를 보니 정화 (丁火) 가 묘미 (卯未) 목국 (木局) 과 묘목 (卯木) 을 화 (化) 해서 무토 (戊土) 를 생 (生) 하고 무토 (戊土) 가 시 (時) 에 진토 (辰土) 를 깔고 앉아 조열함을 느끼지 못하여 **양과 (兩科)** 을 합격 (合格) 할 운명이다.

십일월 (十一月) 십이월 (十二月) 에는 너무 춥고 물이 얼었으니 병화 (丙火) 로 으뜸을 삼고 갑목 (甲木) 으로 도운다.

갑목(甲木)이 병화(丙火)와 같이 튀어나오면 도원의 신선이 되고 병(丙)이 나오고 갑(甲)이 감춰져도 의식은 그립지 않고 병(丙)이 감춰지고 갑(甲)이 나와도 반드시 앞길은 헤쳐나갈수가 있다.

병(丙)은 있고 갑(甲)이 없는자는 큰 부자가 되고 갑(甲)이 있고 병(丙)이 없는 자는 청빈하다. 병(丙)이나 갑(甲)이 전무하게 되면 하등지인이 된다. 혹 한가닥 병화(丙火)가 병화(丙火)의 투출함을 더하면 화토(火土)를 만난 것이니 약(弱)한 가운데 다시 강해져서 일임수(一壬水)가 투간되면 **청귀(淸貴)한** 벼슬을 하나 임수(壬水)가 없으면 고단할 수 있다. 혹 한가닥 수토(水土)가 차고 막혔는데 병화(丙火)를 보지 못하나 계수(癸水)를 얻어서 월(月)이나 시(時)에 튀어나오면 선비대접을 받는다.

혹 한가닥 임수(壬水)가 비겁을 보지 아니하면 종재라도 논하겠으니 만일에 비겁이 있다면 갑목(甲木)을 얻어 출간하**면** 부귀할 수 있다. 또한 한가닥 토(土)가 병화(丙火)가 없으면 비록 갑목(甲木)이 있다해도 외유내실하게된다.

혹 계수(癸水)가 일시(日時)에 튀어나오면 이름이 쟁합(爭合)이라 할 수 없으니 끝에가서는 고생하는 사람이 된다. 그러나 한 기토(己土)를 얻어 계수(癸水)만 제거해주면 도리어 충효의 선비가 된다. 이런 사람은 내일을 제쳐놓고 남의 일을 잘 봐준다.

혹 년(年)에 신금(辛金)이 튀어나온 사람은 토금상관격

(格)이 된다.

임자 (壬子)   계축 (癸丑)   정사 (丁巳)

임자 (壬子)   갑인 (甲寅)   무오 (戊午)

무자 (戊子)   을묘 (乙卯)

임자 (壬子)   병진 (丙辰)

이 사주는 비견하나 없이 단순한 수로 구성되어 있으니 종
재격이 되는 동시(同時)에 벼슬이 태사까지 올라갔다.

무오 (戊午)   을축 (乙丑)   기사 (己巳)

갑자 (甲子)   병인 (丙寅)   경오 (庚午)

무진 (戊辰)   정묘 (丁卯)   신미 (辛未)

무오 (戊午)   무진 (戊辰)

년시 (年時)에 병정화 (丙丁火)가 암장되어 있는데 대운 (運)
이 인묘동방목지 (寅卯東方木地)로 향 (向)하며 화 (火)를 생
(生)해주니 기사 (己巳) 경오 (庚午) 신미 (辛未) 운 (運)
이 화왕지 (火旺地)가 되므로 어찌 일생을 편히 살지 않겠는
가? 자진수국 (子辰水局)이니 재국 (財局)을 이루고 갑목 (甲
木)이 비견 (比肩)을 제거 (除去)하니 대길 (大吉)한 운명
(運命)이다.

계묘 (癸卯)   갑자 (甲子)   경술 (庚戌)

을축 (乙丑)   계해 (癸亥)   기미 (己未)

무신 (戊申)   임술 (壬戌)

신유 (辛酉)   신유 (辛酉)

사주 (四柱)에 일 (一)점 화기 (火氣)가 없으니 종왕을 해

야한다.   재산도 출중하게 잘 살수 있으며 안찰벼슬까지 하게
된 것이다.

  겨울에 난 사주로써 불이 없는 사주를 천개 만개 시험해
보아도 다 종왕격으로 잘살게 되어있다.   모든 사람들은   금수
(金水)가 왕양하니까 일생 (一生)을 고생한다는 사람도 많고
여자로써는 일신 (一身)을 망친다는 소리도 있지만 그것은 신
왕 (身旺)   무 (無)위로 봐서 그러나 그렇지 않다. 이것은 종
왕이니 한냉한 기후를 따라서 한냉한 운 (運)으로 가면 잘살
게 되어있다.

二十一. 삼춘(三春)의 기토(己土)

정월(正月)의 기토(己土)는 밭과 동산이 꽁꽁 얼어있으니 추운 기운이 물러가지 못하고 있어 한기(寒氣)가 아직 남아 있다. 그러므로 병화(丙火)를 존중히 여기고 병화(丙火)의 조란함을 얻으면 만물이 왕생하게된다. 그러하나 임수(壬水)보는 것을 꺼려한다. 임수(壬水)를 보면 도리어 병(病)이 된다. 무슨 이치인고 임수(壬水)는 강호의 물이니 호수가 넘쳐들면 밭과 동산을 씻어서 앙상하게 만드니 흙이 모래로 변해서 뿌리나 싹이 다 죽어버리게 된다. 무토(戊土)로 제방을 만들어 전원을 보호해주면 임수(壬水)가 무토(戊土)를 만나 제압당하는 것이니 사주에 임수(壬水)가 많고 무토(戊土)가 천간(天干)에 튀어나오면 이 운명은 옥당(玉堂) 금마객(金馬客)이 된다. 만일에 무토(戊土)를 제극(克)하면 평상한사람에 불과하다.

혹 한가닥 갑목(甲木)이 천간(天干)에 튀어나왔는데 병계(丙癸)가 더 튀어나와 있으면 중화(中和)를 얻은 것이니 명예가 쌍전하게 된다.

병화(丙火)는 정월(正月)에 났는데 천간(天干)에 경금(庚金)이 튀어나와 있으면 역시 준수한 인물이 된다. 만일 갑(甲)이 많고 경(庚)이 없으면 잔질폐인이 되니 마땅히 정화(丁火)를 써서 설기(洩氣)하여야 한다.

혹 한가닥 불이 있고 불을 보지 아니하면 무슨 일인고? 정월기토(正月己土)가 한습하니 반드시 병화(丙火)로 조란하기 때문에 그런것인데 이와 같으면 도리어 좋은 운명으로 바뀌어지게 된다. 여기에다 계수(癸水) 하나가 튀어나오면 자연히 고문합격은 하나 만일에 무토(戊土)가 튀어나오면 평상한 사람밖에 못된다. 한가닥 무토(戊土)가 있는데 갑목(甲木)이 천간(天干)에 나와 제거해주면 고문합격을 한다. 만일에 을목(乙木)이 나온것을 보면 소토를 하지 못하기 때문에 을목(乙木)이 많은자는 간사한 소인이 된다.

갑자(甲子)	무진(戊辰)	임신(壬申)
정묘(丁卯)	기사(己巳)	계유(癸酉)
기축(己丑)	경오(庚午)	
갑자(甲子)	신미(辛未)	

계수(癸水)로써 해갈을 하고 병화(丙火)로써 조란을 하며 갑목(甲木)으로써 인수를 화(化)하여 토(土)를 인도하니 하물며 대운(運)마저 동방운(東方運)을 거쳐 남방운(南方運)으로 향(向)하니 어찌 장관의 귀(貴)를 하지 못하겠는가?

경오(庚午)	여명(女命)	갑술(甲戌)
무인(戊寅)	정축(丁丑)	계유(癸酉)
기유(己酉)	병자(丙子)	임신(壬申)
갑자(甲子)	을해(乙亥)	

인오(寅午) 화국(火局)에 갑목관성(甲木官星)을 암번하여 관인상생이 되니 좋고 시상(時上)에 재성(財星)이 유금(酉金)의 생(生)을 받아 재관인(印)이 뚜렸하므로 부귀

공명을 한 것이다.

이월(二月)의 기토(己土)가 양(陽)기가 점점 올라가기 시작하니 가색은 이루지 못했으나 만물이 흙에서 나올때나, 아직은 전원에서 곡식이 전개는 못했으니 먼저 갑목(甲木)을 취해서 흙을 갈고 그러나 갑기합화(甲己合化)는 싫어한다. 다음으로 계수(癸水)를 써서 윤택하게 하면 좋다.

갑목(甲木)과 계수(癸水)가 천간(天干)에 튀어나오면 고문합격은 맡아논 밥상이다. 여기에다 병화(丙火) 하나만 더 투출하면 세력으로 백가지 관료들을 누를수가 있는데 한번 임수(壬水)를 보면 미관말직으로 돌아가 버린다.

혹 경금(庚金)이 갑목(甲木)을 제거하는 것을 보고 임수(壬水)가 천간(天干)에 나오고 비견이 중중하면 필연코 농부(農夫)나 하겠으나 병화(丙火)가 투출하면 조그마한 재물은 갖게된다.

병화(丙火)가 지지(地支)에 감추어져 있으면 틀림없이 의식은 가지고 먹고산다. 혹 지지(地支)에 목국(木局)을 이루었는데 경금(庚金)이 튀어나오면 부귀쌍전을 한다. 사주(四柱)에 을목(乙木)이 많으면 경금(庚金)이 을목(乙木)에다 굴복하는수가 있으니 경금(庚金)이 을목(乙木)에다 정을 주어서 화합(化合)이 되면 나쁜 기운을 청소하지 못하니 이러한 운명(運命)은 사납고 간사한 무리라 한다. 운(運)이 혹 동남으로 들어가도 측량하지 못하는 액이 있으니 당연히 정화(丁火)를 써서 을목(乙木)을 설기시켜라. 정화(丁火)로써

-269-

설기시키면 조그마한 사람은 되나 불량한 사람은 안된다.

비견과 인수가 없으면 종살이라고 하는데 귀（貴）는 하게된다. 만일 사주중（四柱中）에 병화계수（丙火癸水）가 없는 사람은 모두 하격（下格）이다.

계묘（癸卯）	갑인（甲寅）	경술（庚戌）
을묘（乙卯）	계축（癸丑）	기유（己酉）
기사（己巳）	임자（壬子）	무신（戊申）
경오（庚午）	신해（辛亥）	

을목（乙木）과 경금（庚金）이 거리가 멀어서 합（合）이 아니되고 경금（庚金）이 위엄이 있으니 모든 상대가 항복하는 현상이다. 그래서 군인으로 출세를 했다.

을경（乙庚）이 서로 거리가 떨어져서 합（合）을 이루지 못하니 오화（午火）상관이 있어서 두가지 좋은 일을 해준다. 한가지는 경금（庚金）을 살짝 눌려서 적당하게 만들어 주며 또 하나는 을묘（乙卯）관성을 설기하여 재성（財星）을 도우니 이것이 상관재살도 된다.

계묘（癸卯）	갑인（甲寅）	경술（庚戌）
을묘（乙卯）	계축（癸丑）	기유（己酉）
기사（己巳）	임자（壬子）	
을축（乙丑）	신해（辛亥）	

이 사주（四柱）는 사축（巳丑）이 금국（金局）을 이루어 관성을 제거시켜주고 살이 많고 몸은 가벼운데 운（運）이 잘 도와주는 연고로 장원급제를 했다.

원사주에 목(木)이 많고 금(金)도 적고 토(土)도 적은데 운(運)이 묘하게 계축(癸丑) 임자(壬子) 신해(辛亥) 경술(庚戌) 기유(己酉)가 삼십오(三十五)년간 금수(金水) 상생(相生)이 되어 운(運)이 잘 흘러간 연고다.

사주 천간(天干)에 계수(癸水)가 나와 있기 때문에 대운(大運)에 신금경금(辛金庚金)이 금생수(金生水) 수생목(水生木)하여 활농(서로 도와주는것)이 잘되고, 계축(癸丑) 초년운(運)은 사축금국(巳丑金局)이 되어 원 사주천간(天干)의 계수(癸水)와 서로 유통이 되고, 임자(壬子)운은 직접 수(水)로서 금생수(金生水) 수생목(水生木)을 하니 어찌 발전(發展)을 아니하겠는가?

삼월기토(三月己土)는 가색을 배양하는때라 먼저 병화(丙火)를 쓰고 다음에 계수(癸水)를 쓰면 흙이 따뜻해 윤택하고, 갑목(甲木)쟁기로 땅을 갈아 놓으니 병화(丙火) 계수(癸水) 갑목(甲木)이 천간(天干)에 투출하므로써 관(官)이 대관(大官)에 오게된다. 삼자중(三字中) 일자(一字)만 투출해도 고문합격을 하게되니 다만 운(運)이 잘 나가는 것을 바란다. 여기에 경금(庚金)이 병(病)이 된다. 혹 병화(丙火) 갑목(甲木)이 있고 계수(癸水)가 없으면 역시 치부는 되나 벼슬로 현달은 못하고 혹 계(癸)가 있고 병화(丙火) 갑목(甲木)이 없어도 역시 의식은 있다.

혹 병화(丙火) 계수(癸水)가 있고 갑목(甲木)이 없으면 재주는 많으나 실속이 적고 병화(丙火) 계수(癸水)가 전적 없으면 하(下)천한 사람이다. 한때의 을목(乙木)이 있는것을 금(金)으로 제복해줌이 없으면 칠살(七殺)이 무제 화(化)하니 요사할 사람이다.

임자(壬子)   을사(乙巳)   기유(己酉)

갑진(甲辰)   병오(丙午)   경술(庚戌)

기묘(己卯)   정미(丁未)

병인(丙寅)   무신(戊申)

신자진(申子辰)이 수국(水局)을 이루고 임수(壬水)가 뒤어나와 갑목(甲木)을 생(生)하니 갑목(甲木)이 기토(己土)를 극한데 시상(時上)에 병화(丙火)가 있어 월간(月干)에 갑목(甲木)과 일지(日支)에 묘목(卯木)과 시지(時支)에 갑목(甲木)을 병화(丙火)가 암번하여 재왕생관하니 사주가 생신(生身)하며 중화(中和)를 이루니 좋다고 아니할 수가 없다.

병화(丙火) 갑목(甲木) 계수(癸水)가 다 투출(透出)해 있고 살(殺)이 세고 몸이 강하니 일(一)품의 귀(貴)를 하는 것이다.

신미(辛未)   신묘(辛卯)   정해(丁亥)

임진(壬辰)   경인(庚寅)   병술(丙戌)

기사(己巳)   기축(己丑)

갑자(甲子)   무자(戊子)

병화(丙火)가 사중(巳中)에 암장되고 계수(癸水)는 자중(子中)에 암장되고 위로는 사화(巳火)가 앉아서 있으므로

몸이 왕(旺)하고 재(財)물을 자기 마음대로 하는중(中)
월령에 강력한 재(財)가 튀어나왔으니 어찌 부자라고 아니할
수가 있겠는가?

임자(壬子)	을사(乙巳)	기유(己酉)
갑진(甲辰)	병오(丙午)	경술(庚戌)
기묘(己卯)	정미(丁未)	
임신(壬申)	무신(戊申)	

갑목(甲木)은 투출(透出)되고 계수(癸水)는 감추어 졌는
데 눈을 씻고봐도 병화(丙火)가 없으니 청귀한 생활을 했으
나 일생(一生)에 애로가 많았다. 무슨 일이 자기의 뜻과
같이 이루어지지를 않았기 때문에 그러함이다.

二十二. 삼하(三夏)의 기토(己土)

삼하(三夏)의 기토(己土)는 잡기재관(雜氣才官)이 벼밭이나 산전에 있으니 가장 좋은것은 물로써 땅을 윤택하게 해야 한다.

계수(癸水)를 취하는 것이 일등이 되고 다음이 병화(丙火)를 쓰는것이 좋으니 여름에는 일시라도 태양없으면 곡식을 키우지 못한다. 그러므로 계수(癸水)가 없으면 가뭄밭이고 병화(丙火)가 없으면 고음(孤陰)이라한다. 혹 병계(丙癸)가 양투하고 신금(辛金)을 더하고 계수(癸水)를 생(生)하면 이 사람은 부귀할 격(格)이다.

수화(水火)기재격(格)이 되니 어디로 가나 일등이 될 사람이다. 그러나 무계화합(戊癸化合)은 피해야 한다. 혹 병(丙)이 있고 계수(癸水)가 없으면 임수(壬水)라도 대용을 하나 크게될 가능성은 적다. 한가닥 병화(丙火)가 흙을 덮게 하는데 여기에 정화(丁火)가 없어서 신금(辛金)을 제거하면 계수(癸水)의 뿌리가 없어진다. 칠팔월(七八月)사이 가뭄이라보니 싹이 말라버리게 된다. 이런 운명을 타고나면 외롭다. 혹 갑목(甲木)이 있고 병화(丙火)가 거듭거듭 있는데 한방울 떨어지는 물이 없으면 역시 늙도록 고독하고 가난하게 된다. 만일에 임수(壬水)가 있고 경신금(庚辛金)을 보면 고단하다고 보지 아니하나 다만 안질이 있을까 두려운 사람이요 심장간장에 염증이 있을 사람이다. 만일에 임수(壬水)가 뿌리가 있고 신금(辛金)이 지지(地支)에 뿌리가 있으면 이렇게 보지는 않는다. 혹 임계수(壬癸水)가 어울려 나와서 불을 파하고 토(土)를 윤하게 하면 이 사람은 특별히 현달을 하고 부자도 되고 귀(貴)를 취하게 되니 전화위복의 사주라 한다.

기사(己巳)	무진(戊辰)	갑자(甲子)
기사(己巳)	정묘(丁卯)	계해(癸亥)
기사(己巳)	병인(丙寅)	
무진(戊辰)	을축(乙丑)	

사월(四月)에 나서 무기(戊己)가 많아 사중(巳中)에 매장된 삼경금(三庚金)을 얻고 진중(辰中)에 암장되어 있는 계수(癸水)를 얻으니 방향으로 묘하게 된다. 사중(巳中)에 경금(庚金) 셋이 진중(辰中)의 계수(癸水)를 생(生)해 주므로 금수(金水)가 감추어져 있으며 재(財)가 진중(辰中) 창고로 돌아가기 때문에 부자(富者)라 말한 것이다.

병신(丙申)	임진(壬辰)	무자(戊子)
계사(癸巳)	신묘(辛卯)	정해(丁亥)
기해(己亥)	경인(庚寅)	
을해(乙亥)	기축(己丑)	

병화(丙火) 계수(癸水) 갑목(甲木)이 구전하니 해중갑목(亥中壬水)가 재왕(財旺)하며 관(官)을 도와 주니 일(一)품의 귀인이 된 것이다.

여명(女命)은 을목(乙木)이 용신이 되는데 기쁘게 재(財)

와 인(印)이 어울려 천간(天干)에 튀어나왔고 을목(乙木)이 시지(時支) 해(亥)에 장생을 얻고 앉았으니 재왕생관(財旺生官)이 분명하다. 후에 자손까지 잘된다.

임신(壬申)   정미(丁未)   　신해(辛亥)

병오(丙午)   무신(戊申)   임자(壬子)

기해(己亥)   기유(己酉)

경오(庚午)   경술(庚戌)

갑목(甲木)이 시지(時支)에 장되고 병화(丙火) 임수(壬水)가 천간(天干)에 높이 튀어나와 앞으로 가는 운수가 신유술(辛酉戌) 서방(西方)을 거쳐서, 해자축(亥子丑) 북방수지로 향(向)하니 이러한 사람은 **일생(一生)을 귀(貴)**인으로 잘살게 되었다.

가유(己酉)   기사(己巳)   을축(乙丑)

경오(庚午)   무진(戊辰)   갑자(甲子)

기묘(己卯)   정묘(丁卯)

을축(乙丑)   병인(丙寅)

오월(午月)염천에 천지가 팔팔 끓는데 시상(時上)의 습윤한 축토(丑土)가 있어서 화기를 설하니 사주가 중화될 뿐만 아니라 하물며 운(運)이 중년후에 해자축(亥子丑)으로 향하니 어찌 부귀공명을 하지 않겠는가?

二十三. 삼추(三秋)의 기토(己土)

삼추(三秋)의 기토(己土)는 만물을 거두어 들이는 시기에 외면은 허하고 내(內)면은 실하고 찬기가 점점 올라오니 병화(丙火)로 따뜻하게 해야한다. 계수(癸水)로써 윤택하게 하는 것은 특별히 이때가 아니다. 또 계수(癸水)는 금기(金氣)를 설(洩)해가니 병화(丙火)로 능히 금(金)을 제거하고 토(土)의 정신을 도와주면 가을에는 만물이 무성하리라. 계수(癸水)는 먼저가 되고 병(丙)은 뒤에가 된다.

병계(丙癸)가 양투(兩透)되면 고문합격하고 계수(癸水)가 없이 병화(丙火)만 두개 천간(天干)에 튀어나온 사람은 딴길로 공명(功名)할 수 있다. 그렇지 않으면 무관의 직으로 권세가 높을수가 있다.

혹 병화(丙火)가 있고 임계수(壬癸水)를 보지 못하면 거짓말로 선비가 되니 죽도록까지 실상이 없다. 혹 임계(壬癸)가 있고 병(丙)이 없는 자는 의식은 충족하나 재간을 가졌을 따름이다.

지지(地支)에 금국(金局)을 이루고 계수(癸水)가 천간에 튀어나오되 뿌리가 있는 사람은 식신생재가 되니 큰 부자가 된다. 원국에 비견인수가 암장되고 일주(日柱)가 기운이 있으면 부자도 되고 귀(貴)를 취할수 있다.

사주지지(四柱地支)에 사고(四庫)가 되고 갑목(甲木)이 튀어나온 자(者)는 부자고 갑(甲)이 없는 사람은 고단하고 갑(甲)이 나오고 계수(癸水)가 없고 금(金)이 없으면 적덕하여야 고문합격을 한다.

혹 화국(火局)을 모으고 물로써 구제함이 없으면 이렇게 운명을 타고난 사람은 크게 간사하고 크게 악한 무리가 된다.

혹 병화(丙火)가 튀어나오고 계수(癸水)가 감춰있으면 금(金)을 만나면 선발되는수가 있으나 한 임수(壬水)를 더 보태주면 이 사람은 부자로 살면서도 적선을 좋아하고 얌전한 소리를 듣는다. 그러나 무토(戊土)가 튀어나와서 방해하면 흉액을 만나고 또 가난하게 된다.

팔월(八月)에 금국(金局)을 이루었는데 병정화(丙丁火)의 구출이 없으면 이 사람은 일생(一生)을 고독하게 살고, 만일에 병(丙)이 나오고 정화(丁火)가 지(地)에 감추어져 있는 것을 얻으면 기토원신(己土原神)을 생(生)해주는 것이니 이런 운명(運命)은 부귀(富貴)한다고 천하(天下)에 이름이 나고 오복(五福)이 완전한 사람이다.

삼추(三秋)의 기토(己土)는 계수(癸水)를 먼저하고 병화(丙火)를 뒤에 하면 신금(辛金)을 얻어서 계수(癸水)를 도우면 좋고 구월(九月)에 토(土)가 왕성한것 같으면 갑목(甲木)으로 소토해주면 좋다. 이런 법을 잘 짐작해서 써라.

갑인(甲寅)	갑술(甲戌)	무인(戊寅)
계유(癸酉)	을해(乙亥)	기묘(己卯)
기미(己未)	병자(丙子)	
임신(壬申)	정축(丁丑)	

갑목(甲木)과 병화(丙火)와 계수(癸水)와 임수(壬水)가 온전하니 최일선에 참모총장이 되었다.

기토(己土)의 좌하에 미토(未土)가 있으니 고단하지 아니하고 인중(寅中)에 병화(丙火)가 있는데 암장되어서 기토(己土)를 생(生)하고 계수(癸水)가 기토(己土)를 자양해 주며 임수(壬水)가 신금(申金)위에 튀어나와 재성(財星)으로 변하니 재관인(財官印)이 서로 거리낌이 없어 대발(大發)을 한 것이다.

갑인(甲寅)	갑술(甲戌)	무인(戊寅)
계유(癸酉)	을해(乙亥)	기묘(己卯)
기미(己未)	병자(丙子)	
신미(辛未)	정축(丁丑)	

병화(丙火)는 지(地)에 년지인목(寅木)에 장되고 계수(癸水)가 천간(天干)에 투출되어 기토(己土)를 습윤하게 해주고 천간(天干)에 갑목(甲木)이 장기 역활로써 기토(己土)를 갈아서 소토해주니 병(丙) 계(癸) 갑(甲)이 온전함으로써 대장 벼슬을 하게된 것이다.

기사(己巳)	계유(癸酉)	기사(己巳)
갑술(甲戌)	임신(壬申)	무진(戊辰)
기축(己丑)	신미(辛未)	
임신(壬申)	경오(庚午)	

구월(九月)에 기토(己土)가 왕(旺)한 중(中) 갑목(甲木)이 소토를 하고 사중병화(巳中丙火)와 술중정화(戌中丁

火)가 살(殺)을 화(化)해서 기토(己土)를 생(生)하고 기토(己土)가 마르지 않게 계수(癸水)를 축중(丑中)에 감취 있으며 신상(申上)에 임수(壬水)가 튀어나와 상관생재를 이루니 화운(火運)에 곧 부자가 되었다.

정해(丁亥)	기유(己酉)	을사(乙巳)
경술(庚戌)	무신(戊申)	갑진(甲辰)
기사(己巳)	정미(丁未)	계묘(癸卯)
경오(庚午)	병오(丙午)	임인(壬寅)

구월(九月)에 기토(己土)가 월시(月時)에서 경금(庚金)을 보니 설기(洩氣)가 너무 많은 중(中), 정화(丁火) 오화(午火)가 경금(庚金)을 다루고 구월(九月)의 술토(戊土)가 조(燥)한때 해중(亥中)에 임수(壬水)와 갑목(甲木)이 있어 사주국(四柱局)을 중화(中和)시키니 정미(丁未) 병오(丙午) 을사운중(乙巳運中) 중국대륙 천지를 주먹에다 쥐고 호령을 하다가 갑진운(甲辰運)부터 하락하기 시작해서 결국 대만에 가서 일생(一生)을 마친 것이다. (장개석 사주)

二十四. 삼동(三冬)의 기토(己土)

삼동(三冬)의 기토(己土)가 습한 진흙이 냉동하고 차고 얼었으니 병화(丙火)가 아니면 따뜻하지 못하니 만물이 생(生)하지를 못한다.

병화(丙火)를 취해서 존중이 여기고 갑목(甲木)으로 참작하고 무토계수(戊土癸水)를 쓰지 아니하나 오직 초동(初冬)에 임수(壬水)가 왕(旺)하니 무토(戊土)를 취해서 제지해야된다. 남은 것은 병정(丙丁)을 쓰니 단 정화(丁火)가 능히 한기를 제거해야만 하는데 정화(丁火)는 힘이 약하니 크게 건질 힘이 적다. 혹 천간(天干)에 일병화(一丙火)가 있고 지지(地支)에 또 일병화(一丙火)가 암장되어서 갑목(甲木)이 투출됨을 더하면 고문합격을 하게된다.

지(地)에 병화(丙火)를 감췄는데 병화(丙火)가 제극을 안 당하면 의식은 풍족하게 산다.

혹 임수(壬水)가 많고 무토(戊土)를 얻어서 제지를 하면 이 명(命)은 부중(富中) 귀(貴)를 취하나, 무토(戊土)를 보지 못하면 집은 부자 같으나 실제 사는것은 가난하다. 무릇 삼동기토(三冬己土)는 임수(壬水)의 출간(出干)함을 보지 아니해야지 임수(壬水)가 출간하면 밭이 떠내려가니 이 사람은 평생을 고생하고 만다. 만일에 불을 보면 고단하지 않고 흙은 보아도 가난하지는 않다.

혹 한가닥 계수(癸水)가 있고 기토(己土)가 비겁(比刼)

을 보지 아니하면 이것이 종재격이 되니 도리어 부귀하고 비록 가갑은 아니한다 할지라도 딴길로 공명할 수가 있다. 만일 비견겁재가 다투면 평상한 인물이 되니 처자가 내(內)주장을 한다. 한가닥 무기토(戊己土)에 갑목(甲木)을 취해 제지하는데 갑목(甲木)이 투한 자(者)는 부귀한다.

혹 한조각 경신금(庚辛金)이 병화(丙火)를 요(要)하니 정화(丁火)를 도와주는 물건으로 하고 병화(丙火)는 감춰져 있으면 부귀하고 특별한 인물이 된다.

시월기토(十月己土)

기유(己酉)	갑술(甲戌)	경오(庚午)
을해(乙亥)	계유(癸酉)	기사(己巳)
기묘(己卯)	임신(壬申)	
계유(癸酉)	신미(辛未)	

신약한데 금목토(金木土)가 교전하나 대운(大運)에 수(水)로써 통관함이 없으니 일생(一生)을 곤고하게 지냈다.

무술(戊戌)	을축(乙丑)	기사(己巳)
갑자(甲子)	병인(丙寅)	경오(庚午)
기사(己巳)	정묘(丁卯)	
무진(戊辰)	무진(戊辰)	

술중(戊中)에 정화(丁火)가 있고 일지(日支)좌하에 사중(巳中)에 병화(丙火)가 있어 찬골짝에 봄이 돌아온 형상이다. 하물며 운(運)이 인묘동방(寅卯東方)운을 거쳐서 사오남방(巳午南方)으로 향(向)하니 의식이 충족할 뿐 아니라

명리 (名利) 가   양전 (兩全) 하였다.

임신 (壬申)	갑인 (甲寅)	무오 (戊午)
계축 (癸丑)	을묘 (乙卯)	기미 (己未)
기축 (己丑)	병진 (丙辰)	경신 (庚申)
병인 (丙寅)	정사 (丁巳)	

십이월 (十二月) 에   천지가   냉동한데   다행히   시지 (時支) 에
병인 (丙寅) 을   만나고   대운 (大運) 이   인묘진 (寅卯辰)   동방을
거쳐   사오미 (巳午未) 로   향 (向) 하니   어찌   부귀를   못하겠는가
시랑벼슬을   하였다.

임자 (壬子)	갑인 (甲寅)	무오 (戊午)
계축 (癸丑)	을묘 (乙卯)	기미 (己未)
기묘 (己卯)	병진 (丙辰)	
기사 (己巳)	정사 (丁巳)	

십이월 (十二月) 에   천지가   냉동한데   시지 (時支)   사중 (巳
中) 에   병화 (丙火) 를   보류하고   있으니   한곡회춘 (寒谷回春)
지상이   된다.   운 (運) 이   동남으로   향하니   어찌   부귀하지   않
겠는가 ?

二十五. 삼춘 (三春) 의 경금 (庚金)

금 (金) 은 지극한 음물 (陰物) 로 된 구성체로서 가운데는 양 (陽) 의 성질을 포함하고 있으니 능히 단단하고 강하기도 하다. 혼자 다른물건과 달라서 독금 (獨金) 이면 단단하지 못하다. 이것은 어름이나 눈에 쌓였기 때문에 그런 것이다.

화 (火) 를 만나면 녹아버리므로 금 (金) 이 불에 단단해지지 아니함이 없으니 그릇을 만들게 된다. 금 (金) 이 많고 불이 적으면 하는일이 번거럽고 복잡한 것이 많으며 금 (金) 이 경하고 불이 많으면 단련이 되어 녹아 망해버린다. 금 (金) 도 강하고 화 (火) 도 성하면 가장 정교한 격 (格) 이 된다. 불과 금 (金) 이 온전하면 주인 (鑄印) 이라 하고 축자 (丑子) 를 보면 모양이 손해되고 금 (金) 이 많으면 이름을 승헌 (乘軒) 이라하니 사지 (死地) 나 쇠지 (地) 를 만나도 도리어 이롭지 아니하다. 목화 (木火) 가 금 (金) 을 다루는데 이름을 떨친 사람은 그 물러감도 빠르다. 순금 (純金) 이 물을 만나면 부자가 되니 여유가 있고 금 (金) 이 불을 만나는데 수 (水) 가 너무 왕 (旺) 하면 금 (金) 이 물에 침수 (沈水) 가 되고 토 (土) 가 능히 금 (金) 을 낳으나 금 (金) 이 많으면 토 (土) 가 천하게 된다. 금 (金) 이 없으면 물이 말라 비틀어지고 물이 많으면 금 (金) 이 잠겨서 쓸곳이 없으니 금 (金) 이 토 (土) 에 쌓이면 토 (土) 가 무거워서 금 (金) 이 땅에 묻히므로 금 (金) 이 현달을 못하게 된다.

금(金)이 두개고 불이 두개면 최상의 운명(運命)이다. 금 (金)이 두개고 나무가 두개면 재주가 좋고 금(金) 하나가 물 세개를 낳게되면 힘이 약해서 담당하기가 어렵고 한 금 (金)이 나무 셋을 얻으면 금(金)이 이그러져서 스스로 손 해나게 된다. 금(金)이 이루어지면 화(火)는 멸망되므로 금(金)이 그릇이 못됐을 때 화(火)를 보아야 한다. 금 (金)이 이미 그릇이 되버리면 불은 필요없는 물건이니 금 (金)이 신유(辛酉) 사축(巳丑)에 오면 과히 성기(成器) 그릇을 이루었다고 본다. 운(運)은 서북이 좋고 남방은 이 롭지 못하다.

금(金)이 춘월(春月)에 나면 남아있는 찬 기운이 다하지 못했으니 귀(貴)와 영화가 화기(火氣)에 있으니 성질은 부 드럽고 체는 약하니 두터운 흙으로 보조한다. 수(水)가 성 해서 찬것을 더하면 그 세력을 부리기가 어렵고 나무가 왕 (旺)해서 금(金)에 힘이 빠지면 자연히 둔하고 위태해지니 타금(他金)이 와서 금(金)을 도와줌으로써 가장 묘하게 된 사주안에 금(金)이 또 있는데 화(火)가 없으면 좋은 금 (金)이라고 할 수가 없다.

하월(夏月)의 금(金)은 더욱 유약하니 형질이 갖추어지지 못했다. 사절운(死絶運)을 만남을 두려워한다.

수(水)가 성하면 자윤(滋潤)하는 공이 있고 나무를 보아 관귀를 도우면 관귀는 화(火)를 말하는 것이다. 그러기 때 문에 내몸은 상(傷)하게 되는 것이다. 금(金)을 만나서 보조해 주면 좋고 토(土)가 얇게 덮어주면 쓸모가 있으나 흙이 두텁게 깔려 있으면 금(金)이 매몰되어 빛이 없게 된다.

가을에 금(金)은 월령을 얻고 당권을 하고 있으니 불이 와서 단련하면 큰 밥솥이나 좋은 기구를 만들어 재목을 완성하게 한다.

토(土)가 많으면 배양은 되나 완악하고 탁한 기운을 일으킬 수 있다. 금(金)이 물을 보면 정신이 탁월하고 나무를 만나면 깎아서 위엄을 보이고 금(金)이 도우면 더욱 강해지고 강한것이 지나치면 결코 왕(旺)을 더한 기운이 중하여 왕(旺)이 극하니 도리어 쇠(衰)하게 된다.

동월(冬月)의 금(金)은 형체가 차고 성질이 차니 목(木)이 너무 많으면 탁삭에 공을 이루기 어렵다. 수(水)가 성하면 금(金)이 침체할 근심을 면하기 어렵고 토(土)가 능히 물을 제거하나 금(金)이 차지 아니하니 불이 와서 토(土)를 도우면 자모(子母)가 성공하게 된다.

비견이 기운을 모아서 서로 북돋아 주면 관과인이 따뜻하게 됨으로써 이익이 오게 된다.

정월(正月)의 경금(庚金)은 나무가 왕(旺)한 시기에 토(土)가 있으나 토(土)가 다 죽어 없으니 능히 금(金)을 생(生)해 내지 못한다.

또 금(金)의 한기가 제거못되니 먼저 병화(丙火)를 써서 따뜻하게 하고 경금(庚金)을 보호하고 또 토(土)가 많으면

금(金)이 묻치는 것을 염려해서 갑목(甲木)으로써 소토하여
설(洩)기를 해주는 것이 좋다.   갑목(甲木)과 병화(丙火)
가 튀어나오면 고문에 합격을 한다.   갑병중(甲丙中)에 하나
만 튀어나와도 다른 길로 공명이라도 하고 병(丙)이 감추어
져 있고 갑(甲)이 나오면 다른 길로라도 출세 하게된다. 사
주 가운데 토(土)가 많으면 갑(甲)이 튀어나온자는 귀(貴)
하고 갑(甲)이 감춰져 있는 자는 부하고 경(庚)이 나오지
아니하면 희망이 없다.

혹 정화(丁火)가 출간(出干)하고 무기(戊己)를 더했는데
수(水)가 없는자가 부귀을 주장하는것은 어떤 이치(理致)인
고? 인중(寅中)에 갑목(甲木)이 정화(丁火)를 인도하여
뿌리가 있고 물이 없으면 병(病)이 되는데 관성이 기운이
있으면 재왕생관(財旺生官)하니 그러므로 부귀를 하게된다.
혹 지지(地支)에 화국(火局)을 이루고 임수(壬水)가 높이
튀어나오면 대부귀을 하나 임수(壬水)가 뿌리가 없으면 소소
(小小)한 부귀를 하고 물이 없는 자는 가난한 사람이다.
나무가 금(金)에 상(傷)하면 병정화(丙丁火)가 없이 구제
됨이 없으면 지지(地支)에 정화(丁火)가 없으면 이런 사람
은 평인에 불과하다.

혹 병화(丙火)를 만나 계수(癸水)를 곤하게 할때 무토
(戊土)의 제압이 없는자는 또한 희망이 적다. 원래 병화(丙
火)를 계수(癸水)가 곤고(困苦)하게 만든 것이니 무계합화
(戊癸合化)하면 무토병화(戊土丙火)의 병(病)을 제거하니

좋은 방향으로 흘러갈 수 있다.

정월의 경금(庚金)은 병갑(丙甲)이 상(上)이 되고 정화 (丁火)가 다음이 되며 춘금(春金)이 화(火)가 많으면 요사하지 아니하면 가난하고 양금(陽金)은 가장 화(火)로 단련시키는 것이 좋고 단련이 너무 태과(太過)하면 도리어 파도에 분주하게 된다.

임자(壬子)	계묘(癸卯)	정미(丁未)
임인(壬寅)	갑진(甲辰)	무신(戊申)
경신(庚申)	을사(乙巳)	
경진(庚辰)	병오(丙午)	

수(水)는 성하고 금(金)은 찬데 전적 무토(戊土) 병화 (丙火)를 쓰니 무토(戊土) 병화(丙火)가 천간(天干)에 튀어나오지 못하므로 삼십전(三十前)에 고생이 많다. 대운(大運)이 남방으로 향하면 모든 일이 풀릴것 같으나 크게 잘된 운명(運命)은 되지 못한다.

신사(辛巳)	기축(己丑)	을유(乙酉)
경인(庚寅)	무자(戊子)	갑신(甲申)
경술(庚戌)	정해(丁亥)	
병술(丙戌)	병술(丙戌)	

지지(地支)에 화국(火局)을 이루고 시간(時干)에 병화 (丙火)가 투출하니 좋은중(中) 년월(年月)에 또 사화(巳火)와 갑목(甲木)을 만나 경금(庚金) 단련을 태과게 하니 춘(春)한이라 하겠다. 임수(壬水)가 없어 구제를 못하

고 비견이 첩첩해 종격도 안되니 곤궁한 운명이라고 아니할 수 없다. 이 사주가 년간월간(年干月干)에 경신금(庚申金)이 중중하니 하나만 수(水)로 됐으면 부귀공명 했을 것이다.

이월(二月)에 경금(庚金)은 지중(地中)에 자연히 을목(乙木)이 있으니 당연히 을목(乙木)과 경금(庚金)이 정을 줄수가 있게되니 이렇게 되면 금(金)이 완강한 세력이 있어 가을금(金)과 동일(同一)하게 된다. 그러므로 이월(二月)의 경금(庚金)은 전적 정화(丁火)를 써서 을경(乙庚)의 합(合)을 파괴시키고 갑목(甲木)을 빌려 정화(丁火)를 인도하면 벽갑(劈甲) 인정(引丁)되니 병정(丙丁)이 없어 부지한다는 것은 자기가 그만큼 애로를 겪은 것이라 하겠다.

혹 정(丁)이 천간(天干)에 있고 갑목(甲木)이 천간(天干)에 투출하여 정화(丁火)를 인도하고 지지(地支)에 두번째 일경금(一庚金)이 갑목(甲木)을 제극하는 것을 보면 중화(中和)를 얻은 것이니 반드시 크게 부귀를 한다.

경금(庚金)과 합(合)한것을 보지 아니하면 비록 갑목(甲木)이 양투하였어도 역시 평상한 사람밖에 안된다.

봄철에 정화(丁火)는 왕(旺)하지도 아니하고 쇠하지도 아니하니 그러기에 갑목(甲木)을 써서 도와주어야 한다. 만일 갑목(甲木)을 경금(庚金)이 부수어 주는 것이 없다면 바로 정화(丁火)를 인도하기 어려우니 을목(乙木)이 비록 많다해도 젖은 을목(乙木)이 정화(丁火)를 상(傷)할 염려가 있으니 정화(丁火)의 어머니는 되기가 어려운 일이다. 그러므로 정화(丁火) 갑목(甲木)만 있고 경금(庚金)이 없는 자는 보통사람이고 정화(丁火)와 경금(庚金)이 있고 갑목(甲木)이 천간(天干)에 나와도 보통사람밖에 안된다. 혹 정화(丁火)는 튀어나오고 경금(庚金) 갑목(甲木)이 없는 사람은 기술자라 하겠고 정(丁)이 없고 병(丙)이 있는 사람은 다른길로 공명을 하게된다.

혹 한가닥 갑목(甲木)에 경금(庚金)이 나와서 재(財)를 파하는 것을 보지 아니하면 이것이 종재격이라 하겠으니 도리어 부귀를 한다. 만일에 한 비견만 보아도 고독하고 가난하게 된다.

경신(庚申)   경진(庚辰)   갑신(甲申)

기묘(己卯)   신사(辛巳)   을유(乙酉)

경인(庚寅)   임오(壬午)

정축(丁丑)   계미(癸未)

일지(日支)좌하에 재성(財星)이 지중(地中)에 암장되어 정화관성(丁火官星)을 생왕하게 해주니 귀(貴)가 부(富)를 쫓아 얻으니 부귀공명을 하게된 것이다.

경오(庚午)   경진(庚辰)   갑신(甲申)

기묘(己卯)   신사(辛巳)   을유(乙酉)

경자(庚子)   임오(壬午)

갑신(甲申)   계미(癸未)

갑(甲)은 튀어나오고 정화(丁火)는 년지(年支)에 감추어져 있으니 사주구성이 잘되었다. 중년운이 사오미(巳午未)

남방운으로 향하니 무과급제를 해서 대장군이 된 것이다.

병신（丙申）　　　임진（壬辰）　　　병신（丙申）

신묘（辛卯）　　　계사（癸巳）　　　정유（丁酉）

경진（庚辰）　　　갑오（甲午）

정해（丁亥）　　　을미（乙未）

경금（庚金）이 습윤한 진토（辰土）의 좌하에 있고 진토（辰土）가 인수가 되어 경금（庚金）을 생（生）하고 년월간（年月干）에 병신（丙辛）은 살（殺）을 합（合）하여 수（水）로 되고 오직 시상（時上） 관성만 뚜렷이 남으니 재왕관왕이 되어서 큰 부자가 되었다. 그러나 화（火）가 시지（時支） 해（亥）상에 있어 절지가 되니 아들이 없는것이 한탄이 된것이다.

십이（十二） 운성법으로해서 화（火）는 이 운명에 자식이 되고 해수（亥水）는 이 운명에 자식을 맡는 분야가 되는데 자성 정화（丁火）가 해（亥）에 절（絶）이 되니 무자（無子）한 것이다.

삼월（三月）에 경금（庚金） 무토（戊土）가 사령하니 土가 너무 두터워 금（金）이 묻힐 우려가 있으니 먼저 갑목（甲木）을 쓰고 뒤에 정화（丁火）를 쓴다. 이런 경우는 벽갑인정（劈甲引丁）을 안해도 좋다.

삼월（三月）에 경금（庚金）은 토（土）가 왕（旺）해서 금（金）이 사나우니 사나운 금（金）은 정화（丁火）로 다스리는 것이 마땅하고 토（土）가 왕（旺）하면 갑목（甲木）으로 소토해주는 것이 좋고 그러나 갑목(甲木)이 없으면 이 사람은 평생에 업을 세우지 못한다.

정화(丁火)가 없어도 어떻게 이름이 이루어질 것인가? 두 가지 중(中)에 하니가 (두 글자는 정(丁)과 갑(甲)이다) 적어도 진짜가 못된다. 경금(庚金)이 복이 없어 가난해지지 아니하면 요사하며 신약재다(身弱財多)해도 부귀가 오래가지 못한다.

정화갑목(丁火甲木)이 양투하여 비견을 보지 아니하면 틀림없이 고문합격을 한다.

대운(大運)이 좋은대로 흘러감을 좋아하니 갑목(甲木)은 투출(透出)되고 정화(丁火)는 지(支)에 장하면 시골에서 농부 노릇을 하나 갑목(甲木)이 감춰지고 정화(丁火)가 투출되면 다른길로 공명을 하게된다.

갑목정화(甲木丁火)가 함께 감추어져 있으며 경금(庚金)의 제압을 받지 아니하면 부중(富中)에 귀(貴)를 취하게 된다. 갑목(甲木)이 있고 정화(丁火)가 없으면 보통사람이고 정화(丁火)가 있고 갑목(甲木)이 없으면 어리석은 선비 노릇을 한다. 정화(丁火)와 갑목(甲木)이 둘다 없으면 하천한 무리가 된다. 혹 한개의 갑목(甲木)에 정화(丁火)가 없고 병화(丙火)가 있으면 무관직을 하는 수가 있다. 또는 임계수(壬癸水)를 봄으로 묘하게 된다.

혹 지지(地支)에 토국(土局)을 이루고 목(木)이 없으면 빈천한 무리요 목(木)이 있다해도 을목(乙木)을 보면 간사한 소인이 된다.

　지지(地支)에 화국(火局)을 이루어 계수(癸水)가 튀어나
오면 부귀를 하고 병화(丙火)가 있고 천간(天干)에　정화
(丁火)가 튀어나왔는데 임수(壬水)의　제지함을 보면 방향으
로 길(吉)하나 임수(壬水)로 제압을 못하면 간질이 있는 사
람이다.

　　경자(庚子)　　　　신사(辛巳)　　　을유(乙酉)

　　경진(庚辰)　　　　임오(壬午)

　　경신(庚申)　　　　계미(癸未)

　　임오(壬午)　　　　갑신(甲申)

　시상(時上)에 임수(壬水)가 나오고 오화(午火)가 수(水)
에 극(剋)을 당하니 사화(死火)가 되고 지지(地支)에 수
국(水局)을 이루어서 정란체(井欄叉) 격(格)이라 하겠으니
대운(大運)이 중년후(中年後) 신유(辛酉) 금왕지(金旺地)
에 발전(發展)이 와서 관(官)이 태사까지 역임하였다.

二十六. 삼하(三夏)의 경금(庚金)

사월경금(庚金)이 월영사궁(月令巳宮)에서 장생을 얻어 가지고 있으니 사중(巳中)에 무토(戊土)가 있어서 병화(丙火)가 금(金)을 녹이지 아니함으로 불타오르는 것을 무서워하지 않는다.

병(丙)도 역시 용신으로 쓸 수 있다. 다만 임수(壬水)를 먼저 얻으므로써 중화(中和)가 되니 좋은 사주라 한다. 그래서 때를 짓는 금(金)이 여름에 나면 진(흙을 좋아하니) 다음으로 무토(戊土)를 취해서 병화(丙火)가 도와 삼자(三字)가 온전하면 고문합격을 하게된다. 역시 금(金)과 토(土) 두개만 천간(天干)에 튀어나와도 무명사 노릇은 아니된다.

혹 한가닥 병화(丙火)가 있으면 그 이름을 가살(假殺)이 권세를 쥐고 있다고 한다. 임수(壬水)의 제극을 보지 못하면 이 사람은 거짓말로 청고한 사람이라하나 인의도 없고 또는 처를 극하고 자식을 극하니 불미(不美)한 팔자(八字)라 한다. 임수(壬水)가 병화(丙火)을 제거하면 영화를 보게된다. 지지(地支)에 임수(壬水)가 감추어 있는 사람은 부귀한다는 이름은 있으나 그 실지는 없는 것이다.

혹 지지(地支)에 금국(金局)을 이루면 약(弱)한것이 변해서 다시 강하게 되니 병화(丙火)를 쓰면 무력(無力)하고 정화(丁火)를 쓰면 금(金)을 다루어 그릇을 만들수 있으므로 방향으로 묘하게 된다. 그러기에 정화(丁火)가 튀어나오면 길(吉)하고 정화(丁火)가 없으면 무용지물이 된다.

혹 정화(丁火)가 삼사개(三四個)가 나오면 금(金)을 너무 제복시키니 이런 운명을 타고난 사람은 일생(一生)동안 파도에 시달린다.

사월(四月)의 경금(庚金)은 임수(壬水) 병화(丙火) 무토(戊土)를 쓰므로써 사주(四柱)에 운명(運命)이 좋게 되는데 무엇을 먼저 쓸것이고 무엇을 뒤에 쓸것인가를 구분말고 사주 생긴것을 보아서 병(病)든 것이 있으면 그런 곳을 약으로 다스릴 수가 있게되면 고귀한 운명(運命)이 된다.

검극(劍戟)으로 출세한 사람은 대운이 화(火)향으로 가는 것이 도리어 해로우니 금(金)이 화(火)를 만나면 이미 손해가 되고 두번째 금(金)이 화(火)를 보면 완전히 상한다. 그래서 경신금(庚辛金)이 화왕(火旺)한 남방운을 무서워 한다. 그러나 진사(辰巳)의 운(運)을 만날때는 영화스러운 운명이 된다.

갑자(甲子)	경오(庚午)	갑술(甲戌)
기사(己巳)	신미(辛未)	을해(乙亥)
경인(庚寅)	임신(壬申)	
정축(丁丑)	계유(癸酉)	

시상(時上)에 축토(丑土)로써 화(火)기를 제거하고 경금(庚金)을 보호하니 좋다. 거기에다 정화(丁火)관성이 일지(日支)좌하에 인목(寅木)을 얻어 장생의 화(火)로써 경금

（庚金）을 제압하니 관성이 적의하게 이용되므로 말년 갑술（甲戌） 을해（乙亥）운에 일국（一國）에 대（大）관을 지내게 된 것이다.

사월（四月）의 경금（庚金）이 월간（月干）에 기토（己土）의 생（生）을 받으니 경금（庚金）이 길（吉）할 뿐만 아니라 갑목（甲木）재성이 인（寅）에 투출되어 있으니 관인（官印）과 재（財）가 회전 상생（相生）하니 부귀공명을 하게 되었다.

기미（己未）	무진（戊辰）	갑자（甲子）
기사（己巳）	정묘（丁卯）	계해（癸亥）
경자（庚子）	병인（丙寅）	
갑신（甲申）	을축（乙丑）	

일지（日支）좌하와 시지（時支）죄하에 수국（水局）을 이루고 사월（巳月）염천에 양 기토（己土）가 투출하여 경금（庚金）을 생（生）하니 윤토생금（潤土生金）될 뿐만 아니라 축자해（丑子亥） 북방 수지로 향하며 조열한기를 제거시켜주니 사주가 중화（中和）가 되어 말년운에 대부（大富）행락을 한것이다.

그러나 갑목（甲木）이 뿌리와 연결이 없으니 이따금 머리아픈 기색이 있고 혹 정신이 부족할 때도 있다. 무슨 연고인가? 갑목（甲木）이 뿌리가 없기에 간간히 불행한 일이 있다.

오월（五月）의 경금（庚金）은 정화（丁火）가 왕（旺）열하니 경금（庚金）은 폐지（地）가 된다. 양생법을 들여다보면 금（金）은 오（午）에가서 폐지（地）가 된다. 그래서 전적 임수（壬水）를 쓰고 다음으로 계수（癸水）를 쓰게된다.

임수(壬水)가 투출하고 계수(癸水)가 감춰지면 지지(地支)에서 경신금(庚辛金)을 보면 반드시 고문합격을 하나 무기(戊己)가 간(干)에 나와 수(水)를 제거하는 것을 절실히 꺼려한다. 수(水)를 제하면 나쁘게 되는 결과가 되기 때문에 그러함이다.

무토(戊土)가 지지(地支)에 장되면 유림(儒林)이라는 명칭을 잃지 아니하고 혹 임(壬)이 지(地)에 있어 금(金)의 생조를 받고 또 금신(金神)이 천간(天干)에 나오면 면경의 벼슬을 한다.

혹 계수(癸水)가 나오고 신금(辛金)을 떠고 있으면 다른 길로 공명을 하게 된다.

혹 지지(地支)에 화국(火局)을 이루고 수(水)가 없는 사람은 파란을 겪는 손님이 되고 임계수(壬癸水)가 있어서 화기(火氣)를 제거해주면 청백(淸白)한 관리가 되고 또 무기토(戊己土)가 천간에 투출(透出)한 것을 본 자는 좋지 아니한 운명이 되고 임수(壬水)는 없고 계수(癸水)가 화(火)를 제거하며 무기토(戊己土)가 천간(天干)에 나와 금(金)을 도우고 불기운을 뽑아다가 토(土)로써 금(金)을 보호하면 요절하고 고빈(孤貧)한데까지는 오지 않는다. 총여름에 경금(庚金)은 물이 없으면 반드시 상격(上格)이라고 하기 어려우니 혹 한가닥 목화(木火)가 상(傷)함이 없고 비견(比肩) 겁재가 없으면 종살이라고 논할수 있다.

기미（己未）	기사（己巳）	을축（乙丑）
경오（庚午）	무진（戊辰）	갑자（甲子）
경술（庚戌）	정묘（丁卯）	계해（癸亥）
임오（壬午）	병인（丙寅）	

이 운명은 시간（時干）에 임수（壬水）가 튀어나와 경금（庚金）의 기（氣）를 설（洩）하여 오화（午火）관성의 기（氣）를 극하고 대운（大運）이 을축（乙丑） 갑자（甲子） 계해（癸亥） 수지（水地）로 향（向）하니 대운（大運）이 좋아 부자가 된 것이다.

무진（戊辰）	기미（己未）	계해（癸亥）
무오（戊午）	경신（庚申）	갑자（甲子）
경진（庚辰）	신유（辛酉）	
무인（戊寅）	임술（壬戌）	

오월（五月）염천에 경금（庚金）이 출생하니 전후좌후에서 보조가 많다. 갑목재성（甲木財星）을 이용하여 소토를 하고 오화（午火）를 생해주며 운（運）이 해자축（亥子丑） 좋은 방향으로 향（向）하니 부귀공명을 하게된다.

유월（六月）에 경금（庚金）이 삼（三）복시절이라 한기가 발생하는 때 금（金）이 극도로 왕하다. 그러기 때문에 먼저 정화（丁火）를 쓰고 뒤에 갑목（甲木）을 취하게 된다.

정화（丁火） 갑목（甲木）이 둘다 튀어나오면 종신토록 영화가 따라온다라 하였다. 계수（癸水）가 튀어나와 정화（丁火）를 상（傷）하는 것을 싫어하고 갑목（甲木）이 있고 정화（丁

火)가 없으면 어리석은 농부에 지나지 아니하고 정화(丁火)가 있고 갑목(甲木)이 없으면 생원에 불과(不過)하고 정화(丁火) 갑목(甲木)이 전혀 없으면 하천한 사람이다. 나무가 있으되 정화(丁火)가 투출되지 아니하면 지지(地支)에서 수(水)를 보아야만 지필이라도 잡는 선비라고 말할 수 있고 또 정화(丁火)가 상(傷)함이 없으면 무역할 수 있는 무리가 된다.

지지(地支)에 토국(土局)을 이루면 갑목(甲木)을 우선 쓰고 정화(丁火)는 뒤에 쓰라 하였으니 갑목(甲木)이 튀어난 자는 문장이 현달되고 정화(丁火)가 튀어난자는 칼과 붓으로 이름을 낸다.

혹 사주에 금(金)이 많으면 정화(丁火)가 두개 이상(以上) 나와야 출세하게 되나 다른길로 공명한다.

병진(丙辰)	**병신(丙申)**	**경자(庚子)**
을미(乙未)	**정유(丁酉)**	**신축(辛丑)**
경신(庚申)	**무술(戊戌)**	
정해(丁亥)	**기해(己亥)**	

경신일주(庚申日柱)가 진토(辰土)와 미토(未土)를 얻으니 신왕(身旺)할 뿐만 아니라 사주(四柱)가 조열한데 경금(庚金)이 있어 해수(亥水)를 생(生)하고 정화(丁火)가 미중(未中)에서 튀어나와 있으며 또는 시상해중(時上亥中) 갑목이 정화(丁火)를 생(生)하니 소년에 출세를 한 것이다.

병정화(丙丁火)가 미토(未土)와 연결이 못되니 형제가 적다. 그 이유는 정화(丁火)도 조열하고 미토(未土)도 조열하니 월간토(月干土)가 경신금(庚辛金)을 생(生)하지 못하니 형제가 없다는 것이다.

병오(丙午)	병신(丙申)	경자(庚子)
을미(乙未)	정유(丁酉)	신축(辛丑)
경인(庚寅)	무술(戊戌)	
임오(壬午)	기해(己亥)	

임수(壬水)가 시간(時干)에 튀어나왔는데 경금(庚金)이 임수(壬水)를 생(生)하여 화(火)기를 제압하니 군수벼슬을 하였는데 크게 등용되지 못하였다 한다.

대운이 해자축(亥子丑)으로 향(向)하니 금생수(金生水) 수생목(水生木)하여 좋은 운(運)으로 전향하기 때문에 군수라도 한 것이다.

계사(癸巳)	무오(戊午)	갑인(甲寅)
기미(己未)	정사(丁巳)	계축(癸丑)
경자(庚子)	병진(丙辰)	
갑신(甲申)	을묘(乙卯)	

유월(六月)염천에 화기가 조열한데 일지(日支) 시지(時支)에 자진수국(子辰水局)이 이루어지며 열화의 길을 제압하고 하물며 대운이 인묘(寅卯) 동방으로 향하니 금생수(金生水) 수생목(水生木)하여 금일주(金日柱)가 대운(大運)에서 왕성한 목(木)을 얻으니 어찌 부귀공명을 하지 않겠는가?

二十七. 삼추(三秋)의 경금(庚金)

칠월(七月)의 경금(庚金)이 날이 서서 강하고 예리하다. 전적 정화(丁火)를 써서 다루어야 그릇이 되니 다음으로 갑목(甲木)을 취하여 정화(丁火)를 인도하면 출세를 하게되는 것이니 이런 사주를 추금(秋金)에 가장 기특하다고 하였다. 임계수(壬癸水)가 서로 만나면 서로 좋지 않는데 만일에 목화(木火)가 와서 국(局)을 이룬다면 복(福)과 수(壽)가 하늘에서 알맞게 좋다고 한다. 만일에 정화(丁火) 갑목(甲木)이 양투한 것을 얻으면 이것은 정해놓고 고문합격을 한다. 만일 정화(丁火)가 있고 갑목(甲木)이 없으면 재주있는 사람에 불과하고 갑(甲)이 있고 정화(丁火)가 없으면 보통사람에 불과하다.

정화(丁火)와 갑목(甲木)이 둘다 튀어남이 없으면 지지(地支)에도 없을 것이니 운명이 이와같은 사람은 무용지물이라 한다. 만일에 이런 사람이 있다면 부자집 밑에서 일이나 봐주고 밥을 얻어 먹을 사람이다.

혹 지지(地支)에 수국(水局)은 이루고 정화(丁火)가 없고 병화(丙火)을 쓰게되면 사주 가운데 병화(丙火)만 있으니 갑목(甲木)을 보지 못한때는 어리석고 쓸모가 없는 사람이 된다.

당시에 금(金)과 수(水)가 왕(旺)하여 금(金)이 수(水)를 생(生)하고 수(水)가 화(火)를 제압하면 어찌 발달하지 않겠는가? 혹 갑목(甲木)이 나와 정화(丁火)를 인도하면 가히 기술자 노릇을 할수가 있고 갑목(甲木)이 약한 자는 밥은 풍족하게 먹는다.

지지(地支)에 토국(土局)을 이루면 먼저 갑목(甲木)을 취하고 뒤에 정화(丁火)를 취한다.

지지(地支)에 화국(火局)을 이루면 부귀가 중인이 되고 금(金)은 강하고 **나무**가 맑으면 항상 앉아서 장사하는 사람이니 이 뜻은 금(金)이 신유술(辛酉戌)에 땅을 갖추어 있으므로 부귀가 의심할 것이 없고, 금신(金神)이 화지(火地)로 들어감으로 양인(羊刃)을 만나 부귀영화를 하게된다.

금(金)강 목명(木明)이라 한 것은 금(金)은 칠월(七月)이니 금(金)은 영을 얻어 있으므로 강하다는 것을 표현했고, 사주내(內)에 목(木)이 많으므로써 목화(木火)가 통명하니 그러기 때문에 금(金)이 발달하고 목(木)이 밝은 것을 말하는 것이다.

경자(庚子)　　　을유(乙酉)　　　기축(己丑)

갑신(甲申)　　　병술(丙戌)　　　경인(庚寅)

경자(庚子)　　　정해(丁亥)

갑신(甲申)　　　무자(戊子)

경(庚) 갑(甲)하니 경(庚)도 둘이요 갑(甲)도 둘이라 이것을 양간 불잡격(格)이라 한다.

지지(地支)도 역시 자신(子申) 또 자신(子申)하니 양지(支)가 불잡격(格)이 된다.

그런데 자신수국(子申水局)이 있어 금생수(金生水) 수생목(水生木)하니 순순하게 순환만 될 뿐 아니라 금(金)의 정색은 희고 물은 맑으니 **금백수청격(金百水淸格)**으로 좋은 운명(運命)이라 하겠으니 장관 벼슬까지 지냈다.

경오(庚午)　　　계미(癸未)　　　기묘(己卯)

갑신(甲申)　　　임오(壬午)　　　무인(戊寅)

경신(庚申)　　　신사(辛巳)

신사(辛巳)　　　경진(庚辰)　　　(女子의 운명)

금다(金多) 화소(火小)하니 파격이 됨으로써 일생(一生)에 곤액을 면하기 어려웠다.

월상(月上)에 갑목(甲木) 재성(財星)이 있으나 갑목(甲木)의 뿌리가 없고, 년간(年干)에 경금(庚金)이 있으면 월지(日支)에 신금(申金)이 있으며, 일간(日干)에 경금(庚金)이 있으면 일지(日支)에 신금(辛金)이 있으며, 시간(時干)에 신금(辛金)이 있으면 시지(時支)에 사화(巳火)가 있으나 사신합(巳申合)을 이루니 병화(丙火)의 기(氣)를 잃어버렸다.

그렇다면 갑목(甲木)과 오화(午火)가 없으면 순수한 종혁격(格)이라 하겠으나 갑목(甲木)도 무력(無力)하고 오화(午火)도 금(金)을 다룰힘이 없으니 사주가 파격이라 볼수밖에 없다. 그러기에 일생(一生)이 불행하다는 것을 말하는 것이다.

팔월(八月)의 경금(庚金), 예리한 기운이 물러가지 않았으니 정화(丁火)와 갑목(甲木)을 취해서 쓴다. 그러나 병화(丙火)가 많이 있어도 좋다. 만일에 정화(丁火)와 갑목이 튀어나오고 다시 병화(丙火)를 본다면 공명이 빛나고 빛나리라. 또 양인(羊刃)을 보고 형충이 없으면 병화살(丙火殺)이 지(地)에 감춰져 있는 것이니 이름을 양인가살이라 해서 출장입상격 이 라는 충신의 신하가 된다.

양인가살(羊刃架殺)은 무엇인고? 일주경금(日柱庚金)이고 팔월(八月)에 낳으니 경(庚)의 녹은 신(申)인데 한칸앞을 쓰니 유(酉)가 양인(羊刃)이 된다. 그런중에 지지(地支) 어느 곳이나 병화(丙火)를 보든지 천간(天干)에서 병정화(丙丁火)가 튀어나온것을 보면 이것을 양인가살(羊刃架殺)이라 한다. 이런 경우는 팔월(八月)달이 그러하지만 혹 유시(酉時) 유일(酉日) 유년(酉年)이 될 수도 있다. 이렇게 되면 양인가살(羊刃架殺)이라 한다.

혹 병화(丙火)가 중중한데 한 정화(丁火)가 높이 튀어나와도 고문합격은 하나 병(丙)이 튀어나오고 정화(丁火)가 감춰져 있으면 딴길로 공명한다.

혹 갑목(甲木)이 지지(地支)에 감춰져 있고 화(火)는 투출하였는데 수(水)가 투출하지 못하면 역시 청고한 운명(運命)을 갖고 있으니 좋거니와 의식도 그립지 않다.

혹 정화(丁火)가 지내(地內)에 감춰지고 거듭 병화(丙火)를 보는자는 가살이 중중이라하니 아무리 양인(羊刃)가살하여도 살(殺)은 쫓지 않는다.

혹 한 병화(丙火)가 투출하면 준수하기는 하나 부자가 못되고 그런중에 지지(地支)에 거듭 있는 갑을목(甲乙木)을 보면 쓸데없는 운명이 된다.

혹 왕(旺)한 금(金)이 약(弱)한 나무을 극하면 불을 가지고 금(金)을 제압하지 말아라. 병정화(丙丁火)를 보지 말아야 예술인이 된다.

병자(丙子)	무술(戊戌)	임인(壬寅)
정유(丁酉)	기해(己亥)	계묘(癸卯)
경자(庚子)	경자(庚子)	
병자(丙子)	신축(辛丑)	

경금(庚金)이 팔월(八月)에 출생하니 신왕(身旺)한 중(中) 병정살성(丙丁殺星)이 많이 붙어 있으나 뿌리가 없고 수(水)극 화(火)하니 (상관(傷官)인 수(水)가 관살을 눌러서 용신을 하고 있는 것이다) 그러기에 몸은 왕기를 띄고 칠살(七殺)을 자기맘대로 휘둘렀으니 명(明)나라 시대 일(一)품의 재상이 된 교행간(喬行簡)의 운명(運命)이라 한다. 사람의 팔자는 타고난 운명(運命)을 벗어날 수가 없으니 관성명료한 사람은 대관 출신이 되고, 사주가 이것이 용신인가 저것이 용신인가 불분명한 사주는 평생 고생하게 되었으니 이것이 바로 운명의 소치가 아니라고 누가말할 것인가?

기해(己亥)	임신(壬申)	기사(己巳)
계유(癸酉)	계미(癸未)	무진(戊辰)
경신(庚申)	경오(庚午)	정묘(丁卯)
정해(丁亥)		

양인가살(羊刃架殺)에 운(運)이 동남으로 향하니 무한한 발전성이 있다. 신(身)은 왕(旺)하고 살(殺)은 경한데 하물며 운(運)이 남방으로 향하며 정화를 돕고 또 운(運)이 정묘(丁卯) 병인(丙寅)으로 향하여 화(火)는 화(火)를 돕고 목(木)은 재가되며 재왕생관하니 일국에 상서가 된 것이다.

구월(九月)에 경금(庚金)은 월령(月令)에 구월무토(九月 戊土)가 사령(司令)하니 경금일주(庚金日柱)가 **흙에** 금(金)이 묻힐까 염려되는 것이니 이것을 해결하기 위해서 먼저 갑목(甲木)으로 흙을 헤쳐버리고 뒤에 임수(壬水)를 써서 씻어버리면 금(金)이 자연히 나올 것이다. 그러나 기토(己土)가 나오면 임수(壬水)를 흐리게 만드니 기토(己土)가 나온것은 좋지 않다. 임수갑목(壬水甲木)이 둘다 튀어나오면 틀림없이 고문합격을 하고, 혹 갑(甲)이 나오고 임(壬)이 감추어 졌으면 향교에서 출세하는 것을 바라볼 수 있다.

갑(甲)이 감춰지고 임수(壬水)가 나오면 기술자 노릇을 할수가 있고, 갑(甲)이 있고 임(壬)이 없으면 오히려 학문은 있으나 임(壬)이 있고 갑(甲)이 없으면 의식을 그럽게 산다. 임갑(壬甲)이 둘다 없으면 하격(下格)이 된다.

지지(地支)에 수국(水局)을 이루고 병(丙)이 투출되어 구제하면 이 사람은 재주도 좋고 호화한 기색을 가지고 있고 또 이름이 향리에서 있으니 계수(癸水)를 보지 아니하면 고문합격도 가능하다.

혹 사주에 무토(戊土)가 많아서 금(金)이 왕한데 전적 갑목(甲木) 임수(壬水)가 없으면 현재는 먹을것이 있다해도 오래가지는 못한다.

혹 경금(庚金) 무토(戊土)가 많고 임갑(壬甲)이 없는자는 어리석고 고집이 센 사람이다.

신유(辛酉)	정유(丁酉)	계사(癸巳)
무술(戊戌)	병신(丙申)	임진(壬辰)
경신(庚申)	을미(乙未)	
정해(丁亥)	갑오(甲午)	

정화(丁火)가 해중갑목(亥中甲木)에서 생(生)을 얻고 월령술중(月令戌中)에서 통근을 하니 왕금(旺金)을 제거 할 수 있다. 해중갑목(亥中甲木)이 소토를 하고 해중(亥中) 임수(壬水)가 경금(庚金)의 수(水)를 설(洩)하여 좋은 운명으로 전환하니 일국에 고관이 되었다.

경인(庚寅)	정해(丁亥)	신묘(辛卯)
병술(丙戌)	무자(戊子)	임진(壬辰)
경술(庚戌)	기축(己丑)	
신사(辛巳)	경인(庚寅)	

병화(丙火)가 편관인데 시지사(時支巳)에 녹을 얻고 년지에서 장생을 얻어 구월(九月)의 두터운 흙을 소토 하고 위력한 힘으로 경금(庚金)을 제압하니 인수로써 살(殺).

을 화(化)하여 용신을 만드니 좋은 운명(運命)으로 되어서
좋은 벼슬을 하게된 것이다.

　최고 벼슬을 못하게 된것은 정화(丁火)가 없고 시기로 봐
서 너무 건조하니 중간의 복록을 이루기 때문에 중간에서 그
친 것이다.

二十八. 삼동(三冬)의 경금(庚金)

시월(十月)의 경금(庚金)은 물이 차고 성질이 차니 정화(丁火)가 아니면 달루어 그릇을 만들지 못하고 병화(丙火) 아니면 따뜻하게 못한다. 정화(丁火)와 갑목(甲木)이 둘다 튀어나오고 지지(地支)에 수국(水局)이 없으면 고문합격을 한다.

지지(地支)에 병화(丙火)가 감춰졌으면 도원의 신선이 된다. 지지(地支)에 해자수(亥子水)를 보되 이것을 억제하므로써 역시 공명이 있게된다. 만일에 병화(丙火)를 보고 정화(丁火)가 없는자는 결코 현달이 없고, 정화(丁火)가 감춰지고 갑목(甲木)이 투출되면 무관의직을 할사람이라 한다. 이 설명에 불합된 사람은 하천한 사람이 된다.

만일에 금수(金水)가 혼잡하고 전적 병정화(丙丁火)가 없는자는 천인에 불과하고 지지(地支)에 금국(金局)을 이루었는데 화(火)가 없으면 중이될 운명이다. 고서(古書)에 이르기를 물이 차고 금(金)이 차면 병정화(丙丁火)를 사랑한다고 하였다.

정해(丁亥)	경술(庚戌)	병오(丙午)
신해(辛亥)	기유(己酉)	을사(乙巳)
경자(庚子)	무신(戊申)	
임오(壬午)	정미(丁未)	

이것은 금수(金水)상관이 기쁘게 관성을 보았으니 오중(午

中) 정화(丁火)가 용신이 된 것이다.

정화(丁火)가 년지월지해중갑목(年支月支亥中甲木)에 뿌리를 뻗고 경신금(庚辛金)이 냉하여 좋지 않는데 운(運)이 사오미(巳午未)로 가며 금(金)도 따뜻하고 물도 따뜻히 해주니까 발전이 있는 것이라 해서 시랑 벼슬을 한 것이다.

임진(壬辰)	경술(庚戌)	병오(丙午)
신해(辛亥)	기유(己酉)	을사(乙巳)
경진(庚辰)	무신(戊申)	여명(女命)
경진(庚辰)	정미(丁未)	

금(金)과 물이 둘다 맑으니 남편 잘되고 자손이 귀(貴)하게 되어서 아름답고 얌전하니 좋은 사주라 한다.

금(金)은 씻어야 광체가 나는데 신자진수국(申子辰水局)과 임수(壬水)와 해수(亥水)가 금(金)을 세도해주는 공이라고 하겠다.

십일월(十一月)에 경금(庚金)은 하늘의 기상이 엄하게 추우니 정화(丁火)와 갑목(甲木)을 취하고 다음으로 병화(丙火)를 취해서 따뜻하게 하면 좋으니 정화(丁火) 갑목(甲木)이 양투하면 지지(地支)에 병화(丙火)가 있어야 한다. 그러므로써 반드시 고문합격을 하게된다. 즉 병화(丙火)가 없으면 정화(丁火)가 있고 갑목(甲木)이 없으면 또한 부귀(富貴)를 취하나 갑(甲)이 있고 정화(丁火)가 없으면 보통 사람에 지나지 않는다. 혹 병화(丙火)가 튀어나오고 정화(丁火)가 감춰지면 다른길로 공명한다. 정화(丁火)가 감취지고 갑(甲)이 있으면 무관으로 출세를 하게된다.

　　임자(壬子)　　　　계축(癸丑)　　　정사(丁巳)

　　임자(壬子)　　　　갑인(甲寅)　　　무오(戊午)

　　경신(庚申)　　　　을묘(乙卯)

　　경진(庚辰)　　　　병진(丙辰)

　이것을 금수(金水) 쌍청격이라 하는데 대운(大運)을 살펴볼 때 사십(四十) 이전에는 발전을 하고 사십(四十) 이후는 발전이 없을 운(運)이 된다. 사주(四柱)를 살펴보면 금수(金水)가 연결되어 다른 불순물은 있지 아니하니 금백(金白) 수청(水淸)하므로 사주가 구성이 잘 되어있고, 계축(癸丑) 갑인(甲寅) 을묘(乙卯) 병진(丙辰)에 금생수(金生水)하니 갑인(甲寅) 을묘(乙卯)가 수생목(水生木)이 되고, 금(金)이 재(財)로 순류하니 사주(四柱)가 좋아 잘 되는 것이다. 병진운(丙辰運)은 천간(天干)에 임수(壬水)가 병화(丙火)를 제하고 진토(辰土)는 신진수(申辰水) 수국(水局)을 만들어 순류하니 좋은 운(運)이라 하겠다. 그래서 오십(五十) 이전에 부귀공명을 하였다. 정사(丁巳) 무오(戊午)는 화극금(火剋金)이 되나 또 수극화(水剋火)가 되어 별로 운(運)이 좋은편 아니고 나쁜편으로 되나 그러니 전(前)에 얻었던 명예로 타인의 존경을 받은 것이다.

　　을묘(乙卯)　무인(丁亥)　　병자(丙子)　　임오(壬午)

　　무자(戊子)　정해(丙戌)　　갑신(甲申)

　　경인(庚寅)　병술(乙酉)　　계미(癸未)

-315-

갑목(甲木)과 병화(丙火)가 위치를 얻으니 부자되며 벼슬도 하게된다. 병화(丙火)와 갑목(甲木)이 득소라 함은 인중(寅中)에 병화(丙火) 갑목(甲木)이 있으니 이것을 갑목(甲木) 병화(丙火)가 위치를 얻었다는 것이다. 동지달에는 물이 왕(旺)기를 띄어 차겁고 물이 많을 때인데 무토(戊土)가 수(水)를 극(剋)하고 경금(庚金)을 보호하니 당연히 부귀공명을 하게된다.

십이월(十二月)의 경금은 추운 기운이 너무 무겁고 또는 축축한 진흙이 많은때라 더욱 차고 더욱 얼게 만든다. 먼저 병화(丙火)로써 얼음을 풀고 다음으로 정화(丁火)를 얻어서 금(金)을 다루어 그릇을 만드는 것이 좋으니 정화(丁火)를 살리려면 갑목(甲木)도 적어서는 아니된다. 병화(丙火) 정화(丁火) 갑목(甲木)이 튀어나오면 고문합격(高文合格)은 틀림없고 병화(丙火)은 있고 정화(丁火)와 갑목(甲木)이 없는 자는 부중(富中)에 귀(貴)를 취할 수 있으나, 정화(丁火)와 갑목(甲木)이 있고 병화(丙火)가 없으면 특별한 재주는 있으나 크게 써먹지 못한다.

병화정화(丙火丁火)가 있고 갑목(甲木)이 없는 사람은 백수로 성가(家)한다. 금(金)이 없으면 좋은데 지(地)에 금국(金局)을 이루고 화(火)가 없으면 고독한 팔자가 된다.

경진(庚辰)	무자(戊子)	갑신(甲申)
기축(己丑)	정해(丁亥)	계미(癸未)
경인(庚寅)	병술(丙戌)	여명(女命)
계미(癸未)	을유(乙酉)	

아들 다섯에 대귀(大貴)를 했다. 갑목병화(甲木丙火)가 일지(日支)에 있고 미중정화(未中丁火)가 시지(時支)에 있어 용신(用神)이 시(時)에 있으므로 중년(中年)후 남방 목화운(木火運)에 자식들이 귀(貴)를 하니 늦게 행복을 맞게 되었다.

을유(乙酉)	무자(戊子)	갑신(甲申)
기축(己丑)	정해(丁亥)	계미(癸未)
경자(庚子)	병술(丙戌)	임오(壬午)
임오(壬午)	을유(乙酉)	

십이월(十二月)에 출생하여 천지가 냉동하였는데 시상(時上)에 오화(午火)가 있어 난국을 하려 하였으나 일지(日支) 자수(子水)가 충(冲)거하니 도리어 한랭한 운(運)으로 변하고 말았다. 그래서 종왕을 하기 위해서 금수운(金水運)을 쓰니 자해(子亥) 유신(酉申) 모두가 금수운(金水運)이라 대부귀(大富貴)를 한 것이다.

십이월(十二月)에 경금(庚金)이 기축(己丑) 양토(土)에 생(生)을 받으면 임수(壬水)가 경금(庚金)의 기(氣)를 설(洩)하여 경금(庚金)의 수기(秀氣)를 발생하니 이것을 상관의 변격(格)이라 하고 상관생재라고도 하였으니 대발

（發）하는 중 을유（乙酉） 갑신운（甲申運）에 금생수（金生
水） 수생목（水生木）을 금극목（金剋木）하니 경금（庚金）이
제지를 만나 금수（金水）가 유통（流通）되니 부귀공명을 하게
된다.

二十九. 삼춘(三春)의 신금(辛金)

삼춘(三春)에 신금(辛金), 정월(正月)의 신금(辛金)은 차차 양기(陽氣)는 올라오나 찬기운을 제거하지 못했다. 그러나 부지중에 정월(正月)원건에 장생의 병화(丙火)가 있어 찬기운을 제거해간다.

갑목(甲木)이 사령(司令)했으니 신금(辛金)이 영(令)을 이루어 약(弱)하게 되므로 기토(己土)를 취하여 부신(扶身)의 본을 하라.

신금(辛金)의 발(發)현을 보라하면 전적 임수(壬水)의 힘을 입으니 기토(己土) 임수(壬水)가 둘이 튀어나오며 지지(地支)에서 경금(庚金)이 갑목(甲木)을 제거하는것을 보면 틀림없는 고문합격(高文合格)을 한다.

혹 기토(己土)가 천간(天干)에 튀어나오고 지지(地支)에 갑목(甲木)이 있으면 다른 길로 공명을 하고 혹 기토(己土)가 온전하지 못하면 임금과 신하가 균형을 이었으니 부귀가 온전하기가 어렵다. 혹 병화(丙火)가 있어 출간되면 무관으로 출세할 수 있으나 임수(壬水)를 보고 기토(己土) 경금(庚金)이 없는 자는 하천한 무리가 된다.

혹 지지(地支)에 화국(火局)을 이루고 임수(壬水)가 바로 천간(天干)에 나오면 기토(己土)를 극(剋)하지 아니하니 역시 심상한 사람이 되나, 혹 경금(庚金) 임수(壬水)가 둘다 튀어나와 화(火)를 제거하면 반드시 현달하는 사람이 된다.

혹 지지(地支)에 수국(水局)을 이루고 병화(丙火)를 보지 못하면 금(金)이 약해서 추운데 잠겼다 하겠으니 평생을 평상한 선비에 지나지 않는다.

고서(古書)에 이르기를 금수(金水)의 성질이 한냉하니 소년시절에 처량한 근심을 면하기 어려웠고 병화(丙火)가 투출하여 조란함을 얻으면 도리어 부귀한다. 그러므로 정월(正月) 신금(辛金)은 먼저 기토(己土)를 쓰고 뒤에 임수(壬水)를 쓰니 기토(己土)는 임금이 되고 경금(庚金)은 도와주는 사람이 되니 병화(丙火)를 쓰는데 참작을 잘해라.

신금(辛金)은 주옥의 금(金)이니 크게 화로가 달아 있는 것을 무서워한다.

신금(辛金)이 묘일(卯日)을 만나고 자시(子時)면 조양격(陽格)이라 한다.

신금(辛金)이 묘일(卯日)을 만나면 자시(子時)가 양 시(時)가 되므로 조양을 만나니 크게 잘된다는 뜻인데 여러번 시험해봐도 이 뜻과 맞지 않고 자묘(子卯) 형(刑)만 되어 가택이 불안한 상이다.

병진(丙辰)	신묘(辛卯)	을미(乙未)
경인(庚寅)	임진(壬辰)	병신(丙申)
신유(辛酉)	계사(癸巳)	
기축(己丑)	갑오(甲午)	

월령에 병화(丙火)가 조란하고 난국을 시켜주니 하물며 운

（運）이 묘진（卯辰） 사오미（巳午未） 남방으로 향하니 어찌 대운（運）이 좋지 않겠는가? 부귀를 하게된 것이다.

병술（丙戌）　　　　신묘（辛卯）　　을미（乙未）

경인（庚寅）　　　　임진（壬辰）　　병신（丙申）

신사（辛巳）　　　　계사（癸巳）

갑오（甲午）　　　　갑오（甲午）

　사주（四柱）가 정월에 출생했으나 임수（壬水）도 없고 사방（四方）이 조토 아니면 목화（木火）로 되어있으니 신금（辛金）을 단련하는것이 너무 과하다. 하물며 대운（運）이 인묘진（寅卯辰） 사오미（巳午未）로 향해 사주내（內）에 더운불은 사주 대운에서도 화（火）를 도와주니 사주가 조열한 중（中） 운（運）마져 다시 남방운으로 향하니 일생（人生）이 불안하였다.

　이월（二月）의 신금（辛金）이 향양하는 즈음에 임수（壬水）가 높은 것이 되다 무기（戊己）를 보는것이 병（病）이 되므로 갑목（甲木）을 얻어서 무기토（戊己土）를 제복시키면 신금（辛金）이 매몰될 이치가 있지 않고 임수（壬水）가 혼탁해질 이치가 있지 않다. 여기에 해당된 운명은 고문합격（高文合格）을 하되 옥당（玉堂）의 귀（貴）를 하겠다.

　이월（二月）에 신금（辛金）은 임갑（壬甲）이 있으므로써 현달을 하고 그렇지 못하면 자기 고을에서 신사노릇만 한다. 혹 임（壬）이 해지（亥支）에 앉고 흙이 나온것을 보지 아니하면 집안이 역시 조금 편하고 신중（申中）에 임수（壬水）를

얻은자는 딴길로 공명을 한다.   임수(壬水)가 없는자는 상인
이다.   생극의 이치가 정월(正月) 신금(辛金)으로   한가지
위치가 된다.

혹 임수(壬水)가 있고 무토(戊土)가 튀어나오며 갑
목(甲木)이 간(干)에 나오지 아니하면 이것은 병(病)
만 있고 약은 만나지 못한 현상이니 평상한 사람에 불과하고
을목(乙木)을 얻어서 무토(戊土)를 파괴한다 하여도   잠시
먹을것은 있다고 보나 이름이 거짓말로 나고 거짓말로 잘산다
고 하니 허망허례를 애기한 것이다.

혹 한가닥 임수(壬水)가 너무 많아서 시끄러운데 금(金)
을 물로써 씻어주는것이 너무 지나치기 때문에 중화(中和)됨
을 얻지 못해서 약간 의식은 있으나 별로 되는 일이 없으니
만일에 임수(壬水)가 거듭 거듭 있다면 무토(戊土)로써 제거하면
오히려 길(吉)하게 된다.

지지(地支)에 목국(木局)을 이루었는데 임수(壬水)를 다
빨아내 버리면 경금(庚金)이 있으므로 부귀를 하고 경금(庚
金)이 없으므로 평인이 된다.

혹 지지(地支)에 화국(火局)을 이루면   관인상쟁(官印相
爭)이 되니 금수(金水)가 서로 상(傷)한 격(格)이 된다.
그래서 하(下)류 격이 된다.   그러나 두 임수(壬水)를 얻
어서 화기(火氣)를 제압하면 부귀가 도로 가득하게 된다.

신금(辛金)이 봄철에 나서 한가닥 임수(壬水)가 있는데
병화(丙火)가 없으면 바로 현달한다고 하나 집안에 먹는 양

식이 없으니 허사라고 한다. 임수(壬水) 병화(丙火)를 얻어서 둘이 서로 나란히 나오면 대부대귀하게 된다.

을묘(乙卯)   무인(戊寅)   갑술(甲戌)

기묘(己卯)   정축(丁丑)   계유(癸酉)

신유(辛酉)   병자(丙子)

갑오(甲午)   을해(乙亥)

신금일주(辛金日柱)가 유(酉)에서 튀어나와 기토(己土)가 월간(月干)에 튀어나와 금(金)을 보호하니 비록 임계수(壬癸水)가 없다해도 갑목(甲木)과 정화(丁火)가 살이 되어 국(局)을 잘 만들어 놓으므로써 관인상생(官印相生)이 되어 태수라는 벼슬을 하게된 것이다.

갑오(甲午)   무진(戊辰)   임신(壬申)

정묘(丁卯)   기사(己巳)   계유(癸酉)

신미(辛未)   경오(庚午)

기해(己亥)   신미(辛未)

재(財)가 왕(旺)하면(木) 관(官)을 생(生)하여 고문합격(高文合格)한 사주다. 지지(地支)에 목국(木局)을 이루어 재(財)가 관(官)을 생하고 그러나 이 운명이 중화를 얻으므로써 귀격(貴格)을 이룬 것이다.

삼월(三月)에 신금(辛金)은 무토(戊土)가 사령(司令)하니 신금(辛金)이 왕(旺)하므로 모(母)가 왕(旺)하고 자식이 생기가 있다. 먼저 임수(壬水)로 신금(辛金)을 닦아야 하고 뒤에 갑목(甲木)으로 월령이 강한 무토(戊土)를 제거해야

된다.

임수(壬水) 갑목(甲木)이 둘다 튀어나오면 부귀는 틀림없이 하는 것이고, 임수(壬水)가 튀어나오고 갑목(甲木)이 감춰지면 사장노릇을 하게되고, 갑목(甲木)이 튀어나오고 임수(壬水)가 장되면 부귀를 한다고 한다. 임수(壬水)와 갑목(甲木)이 하나도 없으면 평탄한 사람에 지나지 않는다. 무서워하는 일은 병화(丙火)와 갑목(甲木)이 합(合)이 되는 것을 무서워하니 월(月)이나 시(時)에 병화(丙火)가 있으면 신금일주(辛金日柱)와 쟁합(爭合)이 되니 남을 도와 주기를 좋아하고 이곳 저곳을 다니며 놀게 된다. 만일 계수(癸水)가 천간에 나와 병화(丙火)를 제거하면 보통 먹고 살게 되고 지지(地支)가 해자(亥子)의 땅에 앉아 있으며 또 신금(辛金)을 보면 옥당(玉堂) 벼슬뿐만 아니라 높은 벼슬을 증가하게 된다. 만일에 무토(戊土)가 천간(天干)에 나와 수기(水氣)을 제압한다면 갑을목(甲乙木)을 보지 아니해도 비정(非情)한 운명이라 보겠다.

혹 지지(地支)에 사고를 보면 사고는 진술축미(辰戌丑未)이다. 토(土)가 두터워서 금(金)이 묻힐까 염려되니 갑목(甲木)의 제극함을 보지 못하면 어리석고 완악한 무리가 된다.

혹 사주에 불이 많고, 물이 없어 화(火)을 제복함이 없으면 화토(火土)가 잡(雜)란 한다고 하니 운명이 좋지 못하는 환경으로 돌아간다.

혹 비견이 중중하고 임계수(壬癸水)가 약(弱)하고 엷으면 요사하게 된다.

갑(甲)이 있어 천간(天干)에 나오면 귀(貴)를 하게되나 경금(庚金)이 갑목(甲木)을 제거하지 않으므로 묘(妙)하게 된다.

무자(戊子)	정사(丁巳)	신유(辛酉)
병진(丙辰)	무오(戊午)	임술(壬戌)
신유(辛酉)	기미(己未)	
임진(壬辰)	경신(庚申)	

이 사주(四柱)는 토다(土多) 금다(金多)하니 신왕(身旺)하고 인왕(印旺)하다. 그런데 다행히 자진수국(子辰水局)을 이루고 시간(時干)에 임수(壬水)가 투출하여 금기(金氣)를 설하니 사주가 중화(中和)를 얻은 것이다.

초년 정사(丁巳) 무오(戊午) 기미(己未) 삼십(三十)이전은 화토(火土)가 금수(金水)의 기(氣)가 유통하는것을 방해하니 모든 일이 부진하여 뜻을 이루지 못하다가, 경신(庚申) 신유(辛酉) 이십오년(二十五年)에 금수(金水)가 서로 유통이 잘되어 수기(水氣)가 왕래하니 대발(大發)하여 일국(一國)에 부귀공명한 사람이 된 것이다.

계축(癸丑)	을묘(乙卯)	신해(辛亥)
병진(丙辰)	갑인(甲寅)	경술(庚戌)
신해(辛亥)	계축(癸丑)	
무자(戊子)	임자(壬子)	

삼월 (三月)에　진토 (辰土)가　왕 (旺)을　띄고　있는데　신금일주 (辛金日柱)의　보조가　너무　많다.　　그러나　임자 (壬子),　신해경 (辛亥庚)　이십오년 (二十五年)에　금수 (金水)의　기가　유통이　잘되므로　이　운중 (運中)　일 (一)대　명신이　되었다.

三十. 삼하 (三夏) 의   신금 (辛金)

삼하 (三夏) 의   신금 (辛金),   사월신금 (四月辛金) 은   때가 첫   여름을 만나니 병화 (丙火) 의 조열함을 꺼려한다. 임수 (壬 水) 로 씻어버린것이 좋으니 지지 (地支) 에 금국 (金局) 을 이 루었으면 물이 천간 (天干) 에 튀어나와 목 (木) 이   무토 (戊 土) 를 제극함이 있으면 이름을 일청 (一淸) 한 것이라 하겠으 니 고문합격 (高文合格)   명신이 된다.

계수 (癸水) 가 튀어나오고 임수 (壬水) 가 감춰졌으면 부자는 진짜로 할 수 있어도 벼슬은 가짜가 된다. 만일에   임계수 (壬癸水) 가 다 감춰지고 무기토 (戊己土) 가 역시 감춰졌으면 약간 부자는 된다.   그리고 임수 계수 (壬水癸水) 가 같이 없 으면 도리어 불만 살아난 것을 보겠으니 반드시 여자는 과부 가 되고 남자는 홀아비가 되는 팔자가 된다. 혹   지지 (地 支) 에 화국 (火局) 을 이루되 화 (火) 를 제거시키는 운 (運) 이 되면 좋고, 화 (火) 를 제거하지 못하면 나쁘니 화 (火) 가 왕 (旺) 하면 물이 없으면 토 (土) 를 취해서 화 (火) 기를 뽑 는 것이 좋다.   만일에 임수 (壬水) 가 해 (亥) 에 장되고 무 토 (戊土) 가 천간 (天干) 에 나오지 않았으면 역시 상달할 팔 자라 주장하겠으나 그 운명에 무토 (戊土) 가 있으면   상인에 불과하다.   만일에 일갑목 (一甲木) 이 있어 투출하면 토 (土) 기를 제거함으로 의록이 갖추어 지게 된다.   또한 갑목 (甲 木) 이 있고 임계 (壬癸) 가 없는 자는 부귀가 허무하니 염소

가죽을 가지고 호랑이 가죽이라고 하는 것과 같다.

을묘 (乙卯)	경진 (庚辰)	병자 (丙子)
신사 (辛巳)	기묘 (己卯)	을해 (乙亥)
신해 (辛亥)	무인 (戊寅)	갑술 (甲戌)
무자 (戊子)	정축 (丁丑)	

이 사주는 사월 (四月)에 나서 천지강산이 더운데 초년에 운 (運)이 기묘 (己卯) 무인 (戊寅) 화왕지 (火旺地)로 향 (向)하니, 이때까지 삼십 (三十)전에 큰 고통을 받다가 삼십 (三十)이후로 축자해 (丑子亥) 금수지 (金水地)로 대운 (大運)이 향하니 사주가 수 (水)를 만나 중화가 되기에 모든일이 잘 되어서 오십 (五十) 이후에는 수백석을 거느리는 부자가 된 것이다.

을미 (乙未)	경진 (庚辰)	병자 (丙子)
신사 (辛巳)	기묘 (己卯)	을해 (乙亥)
신해 (辛亥)	무인 (戊寅)	
을미 (乙未)	정축 (丁丑)	

사월 (四月)에 출생하여 양간 부잡격 (不雜格)이 되고 해수 (亥水)가 신금 (辛金)의 생 (生)을 받아 좋은듯 하나 해묘 (亥卯) 목국 (木局)을 지어서 합목 (合木)을 하니 재 (財)가 도리어 병 (病)이다. 혹 종재를 한다해도 금 (金)이 때를 잊어버리고 나무도 역시 때를 잃어버린 것이다.

사월 (四月)의 나무는 병들고 신금 (辛金)은 사월 (四月) 염천에 무력하여 있는데 양 을목 (乙木)이 있어 신금 (辛金)

의 날이 이즈러 버리니 어떻게 큰일을 할 수가 있겠는가?
이런 운명을 무제라고 한다. 무제는 재주는 있어도 써먹을
곳이 없다.

　오월(五月)의 신금(辛金)은 정화(丁火)가 영을 맡고 있
으니 신금(辛金)은 자연히 영을 잃어버린 것이다. 음유의
기가 극도에 달하고 있으므로 단련하는 것이 마땅치 않다.

　모름지기 기토(己土)와 임수(壬水)를 병용해서 써라. 무
슨 이유인지 기토(己土)는 진흙의 모래가 되고 임수(壬水)
는 호수의 바다가 되니 기토(己土)가 임수(壬水)가 없으면
습할수가 없고 신금(辛金) 기토(己土)가 없으면 살아나지
못한다. 그러므로 임기(壬己)가 아울러 없으면 쓸데가 없
는 물건이다.

　임수(壬水)가 없으면 계수(癸水)라도 가한데 다만 계(癸)
가 힘이 적으면 지지(地支)에 화국(火局)을 이루어 계
수(癸水)의 힘이 적으니 거듭 계수(癸水)가 나온 것을 본
다 하더라도 역시 건지지 못한다. 임수(壬水)의 투출한 것
을 얻어 화(火)를 파하는 것이 좋다. 만일 임수(壬水)가
없으면 계수(癸水)를 본다 하더라도 비록 오중(午中)
에 기토(己土)가 있어 바삭 마른 흙이 재를 만
들어 버리니 금(金)이 너무 단련받아서 도리어 매몰될 염려
가 있다. 한둘의 비견이 있으면 고독한 곳 까지는 이
르지 않는 것이다. 오월(五月)의 신금(辛金)은 임수 계수
(壬水癸水) 기토(己土) 삼자(三字)를 다쓴다.

혹 임수(壬水)나 기토(己土)가 둘다 천간(天干)에 튀어 나오고 지지(地支)에서 계수(癸水)를 보았는데 충(冲)하지 아니하면 고문합격(高文合格)을 한다.

기토(己土)가 지(地)에 장되면 역시 책임자가 되고 혹 임수(壬水)가 없고 기토(己土)가 있어도 다른길로 공명(功名)을 얻을수가 있다.

혹 계수(癸水)가 나오고 경금(庚金)이 있으면 옷과 비단이 풍족하게 있으며 높은 사람의 온정을 얻게된다. 만일 수(水) 토(土)가 많은 자(者)는 갑목(甲木)을 봄으로써 묘하다.

경신금(庚申金)이 여름철에 낳아서 임계수(壬癸水)가 지지(地支)에 있는것은 좋지만 만일에 나무가 많고 불이 많으면 금수(金水)를 보지 아니해야지 금수(金水) 운(運)을 만나면 패수가 온다.

병자(丙子)	을미(乙未)	기해(己亥)
갑오(甲午)	병신(丙申)	경자(庚子)
신해(辛亥)	정유(丁酉)	
임진(壬辰)	무술(戊戌)	

상관(傷官)이 건관이라 상관(傷官)은 임수(壬水)와 자수(子水)를 가르켜 말하는 것이다. 그런중(中) 갑목(甲木)이 상관(傷官)의 기(氣)를 뽑아서 오화(午火) 관(官)을 생(生)해준다. 기토(己土)가 관과화(官化)해서 나를 도와주니 도리어 중화(中和)를 얻은 것이다.

이 격(格) 이름을 관인상생(官印相生)이라 하고 귀(貴)
는 비록 부족됐으나 복택(福澤)이 넉넉했다.

비록 자오충(子午冲)이 되나 시기가 오월(五月)이니 화왕
지절(火旺地節)이라, 쇠한 자는 패하고 왕(旺)한 자(者)는
발(發)이라 하였으니 자오충(子午冲)을 무서워 할 필요가
없다. 그런중 갑목(甲木)이 월간(月干)에 투출(透出)하여
수기(水氣)를 뽑아내고 토(土)를 억제하면 오화(午火) 관
성(官星)을 생(生)해주기 때문에 사주(四柱)가 중화(中
和)를 얻어서 일생(一生)을 넉넉하게 살았다.

정미(丁未)	을사(乙巳)	축사(辛丑)
병오(丙午)	갑진(甲辰)	경자(庚子)
신묘(辛卯)	계묘(癸卯)	기해(己亥)
갑오(甲午)	임인(壬寅)	

사주(四柱) 구성을 이렇게 맞추나 저렇게 맞추나 신금일주
(辛金日柱)가 토(土)와 연결이 없이 목화금(木火金) 삼상
전(三相戰)하니 일생(一生)을 곤고하게 지내리라.

유월(六月)의 신금(辛金)은 보조가 너무 많으니 그 이유는
기토(己土)가 미중(未中)에서 권력을 가지고 있기 .때문에
그러함이다. 흙이 많으면 금(金)빛을 가릴 염려가 있다.
그래서 먼저 임수(壬水)로써 씻어 버리고 경금(庚金)으로
도움을 한다.

임수(壬水)와 경금(庚金)이 두개가 튀어나오면 고문합격
(高文合格)을 하게된다. 만일에 천간(天干)에 튀어나오지

아니하고 지지(地支)에 감추어져 있어도 역시 영화가 있다. 단 무토(戊土)가 출간(出干)함을 꺼러하는데 갑목(甲木)으로 제지하면 방향으로 길(吉)하고, 갑목(甲木)의 위치를 한 칸 띄워야지 서로 붙으면 갑기합(甲己合)이 되어 금광(金光)을 가리게 된다. 뿐만 아니라 임수(壬水)의 흘러가는것도 막아 버린다. 그러기 때문에 하격(下格)이라 한다.

또 무서워하는 것은 경금(庚金)이 나와서 갑목(甲木)을 제거하면 불미(不美)한 팔자가 된다.

혹 미중(未中)에 일기토(一己土)가 있는데 임수(壬水)를 보면 또 습한 진흙이 되니 갑목(甲木)이 없는 것이 좋다. 갑목(甲木)이 있으면 평인에 불과하다.

총론에 임수(壬水) 하나 기토(己土) 하나 경금(庚金)을 보면 갑목(甲木)이 없어야 방향으로 묘(妙)하게 된다.

오월(五月)에는 기토(己土) 임수(壬水)를 쓰는것이 동일(同一)한 이치다. 혹 정화(丁火)와 을목(乙木)이 천간(天干)에 나오고 또 경금(庚金)과 임수(壬水)가 있는 자(者)는 현귀는 하나 임수(壬水)가 없는자는 안된다.

지(地)에 목국(木局)을 이루고 임수(壬水)가 튀어나온 것을 얻으면 경금(庚金)이 수원(水源)을 발(發)하게 되니 가히 부귀(富貴)하게 된다.

임진(壬辰)　　　무신(戊申)　　　신해(辛亥)

정미(丁未)　　　기유(己酉)　　　임자(壬子)

신축(辛丑)　　　경술(庚戌)　　　계축(癸丑)

갑오(甲午)

이 사주(四柱)는 정(丁)과 임(壬)이 천간(天干)에 뛰어나와 대귀(大貴)를 했던 것이다.

이 사주(四柱)는 묘(妙)한 것이 신금(辛金)이 축(丑) 위에 앉았고 신고(身庫)에 통근(通根)했으니, 미중정화(未中丁火)가 투간(透干)하고 오(午)에서 녹(祿)을 얻으니 임수(壬水)가 역시 자기 신고(身庫)에 앉았으니 여름에 열기를 뽑아 사주국(四柱局)을 평온하게 만들고 신유술(辛酉戌)을 거쳐 해자축 북방 수운(水運)으로 향(向)하니 어찌 대귀(大貴)하지 않겠는가?

갑인 (甲寅)	임신 (壬申)	병자 (丙子)
신미 (辛未)	계유 (癸酉)	정축 (丁丑)
신미 (辛未)	갑술 (甲戌)	
정유 (丁酉)	을해 (乙亥)	

사주내(四柱內)를 훑어봐도 일(一)점의 수(水)가 없고 인중(寅中)에 병화(丙火)가 있으며 미중(未中)에 정화(丁火)가 천도 열도나 더운데 신금일주(辛金日柱)가 또 미중정화(未中丁火)의 칠살(七殺)에 앉았으니, 불행한 중(中) 정유(丁酉) 시간(時干)에서 칠살(七殺)을 또 만나니 칠살(七殺)이 무(無)제화 하므로 일생(一生)을 고생(苦生)했다.

갑인(甲寅)도 나무고 신미(辛未)는 말할것도 없이 유월(六月)에 최고 더운 흙이고 또 일간신미(日干辛未)는 바

싹마른 흙위에 떠있으니 사주(四柱)가 습토나 물이 없이 중화(中和)를 이루지 못하니 칠살(七殺)이 제거될 수 없으므로 일생(一生)을 고생(苦生)하고 말았다.

三十一. 삼추(三秋)의 신금(辛金)

삼추(三秋)의 신금(辛金), 칠월(七月)의 신금(辛金)은 월령신금(月令申金)이 사령(司令)하고 있으니 왕(旺)하기 싫어도 자연히 왕(旺)하다. 사주(四柱)에 무토(戊土)를 보지 아니하면 지지(地支)의 무토(戊土)가 암장되어 있다.

그런데 임수(壬水)가 신중(申中)에 거하고 있는데 임수(壬水) 제방은 무토(戊土)라야 한다. 사주(四柱)에 무토(戊土)가 높이 튀어나오면 벼슬길에 있으되 정직(正直)하게 된다. 그러기 때문에 부자는 아니된다. 혹 토(土)가 있고 갑목(甲木)이 없으면 병(病)은 있어도 약이 없는 현상이니 평상한 사람에 지나지 않고 갑목(甲木)이 있어 무토(戊土)를 제거해 주면 의식은 넉넉하게 산다.

혹 사주(四柱)에 금(金)이 많으면 물로써 설기(洩氣)하는 것이 좋다. 만일 한가닥 금수(金水)가 한 무토(戊土)를 얻고, 신금(辛金)으로 용신(用神)을 한다면 갑목(甲木)이 나와서 무토(戊土)를 제거해 주는것이 좋으니 이렇게 되면 자연히 부귀(富貴)하게 된다.

혹 간지(干支)에 수(水)가 많고 거듭 무토(戊土)를 보게되면 생(生)을 만나고 위치를 얻었다 하겠으니 복(福)과 수(壽)가 있는 운명(運命)이라 한다.

칠월(七月)에 신금(申金)은 임수(壬水)가 자연히 있·으니 물이 엷고 금(金)이 많으면 그 이름이 체전(體全)

의 상(相)이라 하니 임수(壬水)를 높이 모시고 갑목무토 (甲木戊土)를 적당하게 써야 하며 계수(癸水)로써는 용신 (用神)을 하지 않는다.

갑오(甲午)　　　　계유(癸酉)　　　정축(丁丑)

임신(壬申)　　　　갑술(甲戌)　　　무인(戊寅)

신묘(辛卯)　　　　을해(乙亥)

계사(癸巳)　　　　병자(丙子)

임수(壬水)와 갑목(甲木)이 높이 튀어나 사주전국(四柱全局)을 중화(中和)시킴으로 고문합격(高文合格)을 한 것이다. 신금(辛金)은 씻어야 하는데 임계수(壬癸水)가 있고 대운 (大運)에 해자축(亥子丑) 북방으로 향(向)하니 출세(出世)할 것을 가히 알겠다.

정유(丁酉)　　　　기유(己酉)　　　계축(癸丑)

무신(戊申)　　　　경술(庚戌)　　　갑인(甲寅)

신축(辛丑)　　　　신해(辛亥)

기축(己丑)　　　　임자(壬子)

여인(女人)의 운명(運命)이라. 이 사주(四柱)는 토생금 (土生金) 기토(己土) 축토(丑土) 축토(丑土)가 토생금 (土生金) 유금(酉金)과 신금(申金)이 월령(月令)에 기운 (氣運)을 타고 신금일주(辛金日柱)를 도우며 년간정화(年干丁火)가 월간무토(月干戊土)를 생(生)하고, 무토(戊土)가 신금(辛金)을 생(生)하니 토금(土金)이 격성(格成)을 하므로 종혁이라 명칭을 한다. 이것으로 금(金)이 제일 세다는 것을 보아서 종혁격(格)이라 칭하는 것이다. 운(運) 마져 유술해자축(酉戌亥子丑) 서북지(西北地)로 향(向)하니 일품(一品)의 귀(貴)를 아니할 수가 없다.

팔월(八月)의 신금(辛金)

팔월의 신금(辛金)은 월령(月令)에서 권세를 얻어 왕(旺)이 극도에 달했다. 전적 임수(壬水)를 써서 씻어야 하고 또는 금(金)은 수(水)를 봄으로 유통(流通)한다 했으니 수(水)를 보면 장족(長足)의 발전(發展)이 있다. 만일에 무토(戊土) 기토(己土)를 생(生)하고 도와주는 것 태과함으로써 무기토(戊己土)가 병(病)이 된다.

갑목(甲木)을 보아서 토(土)를 제거해주면 방향으로 묘(妙)하거니와 무(戊)가 없으면 갑목(甲木)을 쓰는것이 좋지 않다. 혹 사주(四柱)에 한(一)점 임수(壬水)가 있고 갑목(甲木)이 많은데 수(水)를 설기(洩氣)하면 이것은 용신(用神)이 무력(無力)하게 되니 간사한 무리가 된다. 경(庚)을 얻은 자(者)는 도리어 인(仁)의를 주장하고 혹 세(三)점 신금(辛金)이 한(一)점 임수(壬水)를 거듭하면 갑목(甲木)을 많이 보는데, 경금(庚金)이 투출한 자는 대부귀(大富貴)를 하고 정화(丁火)를 보지 아니한 사람은 아름답다. 만일에 정화(丁火) 하나만 보면 이 사람은 풍류을 좋아하며 의식도 넉넉한 사람이다. 혹 일이비견(一二比肩)이 임갑(壬甲)을 하나씩 가지고 있는데 경금(庚金)이 출간(出干)함이 없으면 역시 은혜와 영화가 있다.

혹 이삼비견(二三比肩)에 한(一)점 임수(壬水)가 있고 무토(戊土)를 많이 보면 이 사람은 토(土)가 두터워서 금(金)을 묻어버리는 현상이 되니 이 사람은 어리석고 추져서 하(下)천격이 된다. 그러나 일갑목(一甲木)이 나오는 것을 보기만하면 반드시 자수성가할 창입인(人)이 될 것이다. 한가닥 신금(辛金)은 일임수(一壬水)가 경금(庚金)의 잡(雜)난만 없으면 부중취귀(富中取貴)를 한다.

혹 한가닥 임수(壬水)가 금(金)을 설기(洩氣)하는데 무토(戊土)가 나와서 제극해줌이 없으면 모래와 물이 같이 흐르고 있으니 파란이 그칠날이 없고 가난하고 고생을 한다. 만일 지지(地支)에서 무토(戊土)가 물이 흘러가는 것을 막아주면 그 사람은 재략이 있고 예술이 남보다 지나치게 잘한다.

혹 지(地)에 금국(金局)을 이루고 천간(天干)에 비견(比肩)을 보았으되 임수(壬水)로 금(金)을 씻어주는 것을 보지 못하면 정화(丁火)로써 다루는 것이 좋으니, 임수(壬水)의 씻는것도 없고 정화(丁火)로 누르는 것도 없으면 사람이 추해지고 게으르고 사납고 무능한 사람이다. 그러나 한 임수(壬水)만 높이 튀어나오면 여러 금(金)을 설(洩)기함으로 일청(一淸)이 끝까지 이루었다 하므로 치국(나라를 다스림)의 재목이 된다.

지지(地支)에 금국(金局)을 이루고 무토(戊土) 기토(己土)가 천간(天干)에 투출하면 임수(壬水)가 투출하고 화

（火）가 없으면 이름을 백호격이라 하니 대운이 서북으로 가면 부귀현달하나 자식 두기가 어렵고 혹 정화（丁火）가 투출했는데 비록 임수（壬水）가 출간했다 해도 역시 보통사람에 지나지 못한다.

혹 일이신금（一二辛金）이 한가닥 기토（己土）를 만나면 정해놓고 중의 팔자가 되니 혹 하나의 기토（己土）가 튀어나오고 지지（地支）에 경금（庚金） 갑목（甲木）을 보면 일생（一生）을 한가하고 편안하게 산다.

혹 한가닥 을목（乙木）이 경금（庚金）과 임수（壬水）를 보지 못하면 재다신약（財多身弱）이 되니 그 뜻은 을목（乙木）은 많고 경금（庚金）은 적다는 뜻이다. 재다신약（財多身弱）하면 가난하다. 그러나 경금（庚金）을 보아서 목（木）을 제거해주면 부귀를 가히 기약할 수가 있다.

금（金）이 가을에 낳으면 흙이 많으니 그 뜻은 구월（九月）의 월령（月令）에 술토（戌土）가 강하기 때문이다. 이렇게 되면 금（金）이 묻히므로 가난하기가 짝이없다. 육신일（六辛日） 무자시（戊子時）가 되면 이것은 육（六）음 조양（朝陽）이라 하니 운（運）이 서방으로 가면 좋고 병정（丙丁） 남방으로 가면 좋지 않다는 것이다.

경신（庚辛）이 있고 사유축（巳酉丑）이 되면 금（金）이 전왕（全旺）하니 위치 높고 권세가 높다.

정묘（丁卯）　　　　무신（戊申）　　갑진（甲辰）

기유（己酉）　　　　정미（丁未）　　계묘（癸卯）

신해 (辛亥)　　　　　병오 (丙午)

임진 (壬辰)　　　　　을사 (乙巳)

정화 (丁火)와 임수 (壬水)가 천간 (天干)에 튀어나와 있으며 간격이 떨어져서 정화 (丁火)와 임수 (壬水)가 합 (合)이 안되는 것이 좋으니, 목 (木)이나 화 (火)나 토 (土)나 금 (金)이나 수 (水)가 순서상생 (相生)하니 임수상관 (壬水傷官)으로써 용신 (用神)을 한 것이다. 그래서 고문합격 (高文合格)을 한 사주 (四柱)이다.

기유 (己酉)　　　　임신 (壬申)　　무진 (戊辰)

계유 (癸酉)　　　　신미 (辛未)　　정묘 (丁卯)

신미 (辛未)　　　　경오 (庚午)

기해 (己亥)　　　　기사 (己巳)

해중 (亥中)에 임수갑목 (壬水甲木)이 용신 (用神)이 되는데 해미 (亥未)가 합 (合)하여 목국 (木局)으로 되니 상관생재격 (**傷官生財格**)으로 면했다. 신왕 (身旺) 재왕 (財旺)하니 대부 (大富)를 가히 알 수 있다.

구월 (九月)의 신금 (辛金)

구월 (九月)의 신금 (辛金)은 무토 (戊土)가 사령을 하니 월령 (月令)의 술토 (戊土)는 모 (母)가 왕 (旺)하고 일간 (日干)에 신금 (辛金)은 자식인데 모 (母)의 기운을 얻어가지고 있다. 그러나 술토 (戊土)가 너무 두터워서 신금 (辛金)을 가려 버리니 광채가 날 수 없으므로 갑목 (甲木)을 취하여 소토하고 임수 (壬水)로 왕금 (旺金)을 설하면 좋으니 선임(壬) 후갑(甲)이라 한다. 임수(壬水) 갑목(甲木)이 양투하면 도동에 신선이 되고 임(壬)투하고 갑(甲)장하면 또 경금(庚金)을 보는자는 평인에 불과하다. 또 갑목(甲木)이 튀어나오고 임수(壬水)가 감춰졌으면 무토(戊土)가 지지내(地支內)에 있으면 딴길로 공명을 한다.

혹 신일(辛日) 신월(辛月)은 임수(壬水)가 지(地)에 있어서 경(庚)이 천간(天干)에 있으면 능히 스스로 탁한것을 벗겨버리고 맑은 것을 받아들이므로 고문합격(高文合格)을 하게된다. 만일 무술월(戊戌月)이라 하면 즉 갑목(甲木)이 지(地)에 있으면 틀린 무술월(戊戌月)이니, 무토(戊土)가 천간(天干)에 나오고 지지에 술토(戌土)가 강하니 구월(九月) 신금(辛金)이 매몰되 있으므로 갑목(甲木)이 천간(天干)에 튀어나와야지 나오지 못하면 운명(運命)을 그르친다. 결론은 토(土)가 많으면 갑목(甲木)이 천간(天干)에 나가지 아니하면 공명(功名)은 묻지를 말아라. 한 임수(壬水)가 튀어나옴을 얻으면 흙을 씻으며 갑목(甲木)을 보조하니 비록 큰 발달은 못해도 원만한 부자로는 살것이다.

혹 토(土)가 많고 임갑(壬甲)이 없으면 시(時)나 월(月)이나 병화(丙火) 신금(辛金)이 많이 튀어나오면 약간 귀(貴)는 한다고 하나 진토(辰土)가 시지(時支)에 있으면 영달을 하게된다. 혹 목다(木多) 토(土)가 두터운데 물이 없는 자(者)는 상인일 뿐이고 혹 간(干)에 계수(癸水)를 거듭 보면 비록 씻어주는 공은 적으나 금(金)을 맑게 해주는 역량이 있으니 이런 운명(運命)은 부자는 되나 쓰고 괴로운 일은 많다.

혹 기토(己土)가 튀어나오고 임수(壬水)가 없고 계수(癸水)가 있으면 역시 능히 금(金)의 힘을 자양해주니 의식은 있고 조그만 귀(貴)도 할 수 있다. 혹 기토(己土)가 많으면 탁한부자를 면하기 어렵다.

구월(九月) 신금(辛金)은 화토(火土)가 병(病)이 되고 수목(水木)이 약이 된다.

병술(丙戌)	기해(己亥)	계묘(癸卯)
무술(戊戌)	경자(庚子)	갑진(甲辰)
신미(辛未)	신축(辛丑)	
임진(壬辰)	임인(壬寅)	

이 사주는 임수(壬水) 병화(丙火)가 함께 나와서 중국에 상서 벼슬을 했다는 것이다.

이 사주를 분석해 보면 병화(丙火)가 토(土)를 생(生)하고 월령에 강한 토(土)가 둘이 있으며, 일지(日支) 시지(時支)에 토(土)가 둘이 있으니 토(土)가 두터워서 금(金)을 묻을 지경인데, 상관(傷官)이 임수(壬水)가 금(金)기를 설해가는 중 대운(大運)마져 해자축(亥子丑) 북방으로 가니 신금(辛金)의 기를 설하고 중년후 임인(壬寅) 계묘(癸卯) 갑운(甲運)에 목(木) 재(財)가 토(土)를 제거하고 신금(辛金)의 재원이 된다. 임계수(壬癸水)가 있어서 시상에 상관을 도와주니 사주도 좋거니와 운(運)도 잘 만났으니 어찌 부귀공명을 안하겠는가?

무술(戊戌)	계해(癸亥)	정묘(丁卯)
임술(壬戌)	갑자(甲子)	무진(戊辰)
신유(辛酉)	을축(乙丑)	
무자(戊子)	병인(丙寅)	

이것은 시(時)가 자시(子時)이므로 육(六)음 조양격(朝陽格)이라 하나 월간에서 임수(壬水)가 금(金)기를 설하고 시지(時支)에서 자수(子水)가 금(金)기를 설기 하니 사주가 병(病)을 제거하고 약을 줌으로 발전을 하게되니 이 사주에 정합하다. 그래서 이 사주가 겉으로 볼때는 대수롭지 않은데 찬찬히 연구해보면 상관설기(傷官洩氣)로써 탁한것을 버리고 맑은 것을 머물게한 사주니 어찌 고문합격(高文合格)을 하지 않을 수 있겠는가?

三十二. 삼동(三冬)의 신금(辛金)

　시월(十月)의 신금(辛金)이 때로는 소양의 절기를 맡고 양기가 따뜻하게 오르면 한기가 장차 내려가는 때 먼저 임수(壬水)를 쓰고 다음으로 병화(丙火)를 쓰니 임수(壬水) 병화(丙火)가 양투하면 고문합격(高文合格)을 한다.

　대개 신금(辛金)이 임수(壬水)가 있고 병화(丙火)가 있더라도 이름을 금백수정(金白水情)이라 하니 단 해월(亥月)만 계산해서 쓰는 법이다.

　병화(丙火)가 투출하고 임수(壬水)가 장되면 큰 농장을 경영하고 병화(丙火)가 감춰지고 임수(壬水)가 튀어나오면 부(富)가 천금이나 있다 한다.　임수(壬水) 병화(丙火)가 지지(地支)에 있으면 청명한 선비라 한다. 무토(戊土) 임수(壬水)가 사주에 있으면 축적하는 사람이니 혹 임수(壬水)가 많고 무토(戊土)가 없어도 신금(辛金)이 물에 큰 해를 입으니 도리어 빈천하게 되고, 무토(戊土)가 많고 임수(壬水)가 적어도 혹 이름은 얻을수가 있다.

　갑(甲)이 많고 무토(戊土)가 적으면 예술로 돈을 벌게된다.　만일에 기토(己土)가 많고 무토(戊土)가 있으면 임수(壬水)가 곤란을 받으니 금(金)이 매몰될 염려가 있으므로 이러한 운(運)명은 성실치 못한 사람이라 한다.

　혹 임계(壬癸)가 많고 무토(戊土) 병화(丙火)가 없는 자는 일생(一生)을 쓰고 괴롭게 살며 일이 잘 안된다.

시월(十月)의 신금(辛金)은 임수(壬水)가 먼저 되고 병화(丙火)가 다음이 되니 남은 것은 이것을 참작해 써라.

갑진(甲辰)　　　　병자(丙子)　　경진(庚辰)

을해(乙亥)　　　　정축(丁丑)　　신사(辛巳)

신미(辛未)　　　　무인(戊寅)

정유(丁酉)　　　　기묘(己卯)

신금일주(辛金日柱)가 시지(時支)에 녹을 얻고 해미(亥未) 목국(木局)과 갑을재성(甲乙財星)을 얻어 재왕생관(財旺生官)하니 어찌 부귀공명을 하지 않겠는가? 하물며 운(運)이 인묘진(寅卯辰) 재지(財地)를 거쳐 경진(庚辰) 신사(辛巳) 신왕지(身旺地)로 향(向)하니 부귀공명이 따라오지 않겠는가? 많이 경험해본 바에 의하면 유시(酉時)는 아들이 귀한 편이 많다.

십일월(十一月) 신금(辛金)은 계수(癸水)가 사령하고 있으니 겨울에 추운 비와 이슬이 금(金)을 꽁꽁 얼게하여 병화(丙火)를 곤하게 만들어 준다.

임수(壬水) 병화(丙火)가 둘다 튀어나오고 무계(戊癸)를 보지 아니하면 고문합격(高文合格)을 하게된다. 임수(壬水)가 감춰지고 병화(丙火)가 튀어나와도 고문합격(高文合格)은 허락해 준다.

혹 임수(壬水)가 많고 갑목(甲木) 병화(丙火)가 출간한 자는 고문합격(高文合格)할 운이다. 만일에 임수(壬水)가 많고 무토(戊土)와 병화(丙火)가 없는자는 금(金)에 설기가 태다하니 찬 선비가 된다.

혹 임수(壬水)가 많고 갑을(甲乙)이 중중하면 병화(丙火)가 없는자는 가난하고 춥게 산다.

혹 지지(地支)에 수국(水局)을 이루고 계수(癸水)가 간(干)에 나오면 무토(戊土)가 둘이 있어서 계수(癸水)를 제거함이 있으면 부귀영달을 하고 무토(戊土)가 없는 사람은 상인에 불과하다.

지(地)에 해자축(亥子丑)을 보고 천간(天干)에 비겁이 튀어나왔는데 병화(丙火)가 없으면 윤하격(潤下格)이라 하니 부귀가 쌍전하게 된다.

운(運)은 서북으로 가는 것이 좋고 만일에 경금신금(庚金辛金)이 없으면 또 갑을(甲乙)이 나오며 병화(丙火) 무토(戊土)가 없는 사람은 반드시 고독한 운명이다.

혹 지(地)에 목국(木局)을 이루고 정화(丁火)가 출간한 것을 보고 또 무토(戊土)를 본다면 공명이 득달하게 된다. 동월(冬月)에 신금(辛金)은 병화(丙火)로써 따뜻하게 해줌으로 크게 발전이 온다.

임인(壬寅)　　계축(癸丑)　　정사(丁巳)

임자(壬子)　　갑인(甲寅)　　무오(戊午)

신사(辛巳)　　을묘(乙卯)

정유(丁酉)　　병진(丙辰)

십일월(十一月)에 임계수(壬癸水)가 신금(辛金)을 씻어주니 좋은 운(運)이라 보겠다. 그러나 일지(日

支) 사중병화(巳中丙火)는 유중(酉中) 신금(辛金)과 합(合)이 되어 냉국(冷局)으로 변하고, 인중(寅中)에 병화(丙火)는 엄연히 독립해 있어 쓸만하나 아쉽게도 대운이 축인묘진(丑寅卯辰) (支地)를 향하니 사십(四十) 이전에는 운을 만나지 못하여 고생을 하다가 정사(丁巳) 무오(戊午) 기미(己未) 삼십년(三十年) 대운(大運)이 잘 뻗었다.

십이월(十二月)에 신금(辛金)은 한냉이 극도로 발달했으니 먼저 병화(丙火)를 쓰고 뒤에 임수(壬水)를 쓴다. 병화(丙火)가 없으면 해동을 못하고 임수(壬水)가 없으면 능히 금(金)을 씻어내지 못하니 병화(丙火) 임수(壬水)가 양투하면 금마옥당객(金馬玉堂客)이 된다. 병화(丙火) 임수(壬水)가 지(地)에 장되어 있으면 반드시 자기가 부지런하여 식사나 해결할 것이고 병화(丙火)가 있고 임수(壬水)가 없으면 부자는 진짜라도 귀는 가짜다. 임수(壬水)는 있고 병화(丙火)가 없으면 천하고 가난하고 혹 병(丙)이 많고, 임수(壬水)가 없는데 계수(癸水)가 있으면 시장에서 무역하는 사람들이다.

혹 물이 많고 무기(戊己)가 간(干)에 튀어나와 있으며 또 병정화(丙丁火)가 있으면 반드시 의식이 풍족하다. 그러기 때문에 일생(一生)을 안락하게 지낼수 있다.

십이월(十二月)에 신금(辛金)은 병화(丙火)를 먼저 쓰고 임수(壬水)를 뒤에 쓰며 무기토(戊己土)를 보아서 적의하게

-348-

배부해서 쓴다.

임진 (壬辰)	갑인 (甲寅)	무오 (戊午)
계축 (癸丑)	을묘 (乙卯)	기미 (己未)
신축 (辛丑)	병진 (丙辰)	
갑오 (甲午)	정사 (丁巳)	

임수 (壬水)가 신금 (辛金)을 씻으면 토 (土)가 많아서 신금 (辛金)이 묻힐까 염려 되는데 갑목 (甲木)이 소토를 하고 신금 (辛金)이 신왕 (身旺)하므로 시지 (時支)에 오화 (午火) 관성을 써서 재왕상관하니 운 (運)이 좋으며, 대운마져 갑인 (甲寅) 을묘 (乙卯) 병진 (丙辰) 정사 (丁巳) 무오 (戊午) 기미 (己未) 좋은 곳으로 향하니 일생 (一生)을 근심없이 잘 살았다.

三十三. 삼춘(三春)의 임수(壬水)

하늘이 서북으로 기울어 졌으니 해수(亥水)는 물이 나오는 방향 (方向)이다. 땅은 동남(東南)으로 기울어져 함하니 진(辰)이란 물이 들어오는 창고이다. 이 물이 역류하여 신궁(申宮)까지 오면 소리를 내게 된다. 그러기 때문에 물이 서쪽으로 흐르지 않는다.

물의 성질은 윤(潤)하고 순(順)하며 포용하는 힘이 있고 십이지(十二支)를 순행하는 것을 순(順)이라 한다. 이렇게 되면 도량도 있고 기술의 재조도 있으니 이것이 귀격(貴格)이라 한다. 역행하면 소리가 있다. 십이지(十二支)를 역행하면 역한 것이나 격(格)에 든 사람은 청귀(淸貴)하게 된다. 이것의 뜻은 사방(四方)에서 방해가 없고 역행이 되어도 서로 꺼리낌없는 것을 말하는 것이다.

소리와 이름이 있다해도 형(刑)과 충(沖)을 꺼리니 이렇게 되면 옆으로 터져서 나쁜 곳으로 흘러간다. 이렇게 되면 스스로 사지(死地)에 걸리든지 절지(地)에 걸리는 것을 좋아하니 형충(刑沖)파해가 자연히 사절(死絕)로 없어지게 되여 좋게 된다는 뜻이다.

물의 근원이 끊어지지 않는것은 완강한 금(金)의 생(生)을 받아 멀리 흐르는 것이고 물이 흘러 범람한 것은 토(土)로써 제방을 하니 이렇게 되면 물과 불이 균등되어 기제의 아름다움을 나타낸다. 물과 토(土)가 섞여 있으면 탁류가 되어서 나쁘니 이렇게 되면 사시(四時)에 불이 많은것을 무서워 한다.

수(水)가 갈증을 받는데 토(土)가 중중(重重)하는 것을 보면 물이 흘러가지 못하니 금(金)의 죽는것을 싫어한다. 금(金)이 죽으면 수(水)가 곤하게 되고 나무가 왕성하면 수(水)가 죽어서 침체한 운명이 되니 그 중에도 여인(女人)이 더욱 심하다.

봄철에 낳으면 성질이 도도하고 범람하니 다시 수(水)가 도운것을 만나면 반드시 언덕이 무너질 세력이 있으니 토(土)를 더하면 제방이 무너질 염려을 던다. 기쁜것은 금(金)이 임수(壬水)를 생(生)해주니 금(金)이 성하는 것을 싫어하지 않고, 수(水)와 화(火)가 기제의 공(功)을 좋아하고 화(火)가 너무 많은것도 불요(不要)하다. 목(木)을 보면 공(功)을 펼수가 있으나 토(土)가 없으면 수(水)가 흩어져 버린다.

하절(夏節)의 수(水)는 성질이 근본으로 돌아가야 하는데 시기가 말라비틀어진 때라 임수(壬水)가 임수(壬水)의 비견(比肩)을 얻고자 하고 금(金)이 임수(壬水)를 도와주는것을 기뻐하고, 또 화(火)가 왕(旺)해서 너무 폭건(暴乾)하면 불행한 운명으로 들어간다. 목(木)이 성하면 임수(壬水)가 그 기운을 도둑맞으니 토(土)가 왕(旺)하면 그 흘러감을 제거한다. 이렇게 되므로써 사주(四柱)가 중화(中和) 된다.

가을달에 물은 부모가 왕하고 자식도 왕하니 겉이나 속이 빛나고 빛나서 금(金)의 조력을 얻으면 청징하고, 흙이 왕(旺)한데 물이 혼탁하면 화(火)가 많아서 재(財)가 성한 것이니, 목(木)이 많으면 자식이 영화을 얻고 거듭 수(水)를 보면 범람할 우려가 있고 이런 때는 첩첩한 흙을 봄으로써 비로소 영화를 얻게 된다.

동월(冬月)의 수(水)는 월령(月令)에 해자수(亥子水)가 당권하니 불을 만남으로써 따뜻한 것을 더하고 찬것을 제하니 흙을 보면 얼굴이 감춰져서 귀하게 된다. 금(金)이 많으면 도리어 의가 없고 목(木)이 성하면 정(情)이 있고 토(土)가 태과하면 수(水)가 말라버릴 염려가 있으나 수(水)가 범람하면 토(土)로써 제방하는 것이 좋다.

정월(正月) 임수(壬水)가 수(水)가 많아 왕(旺)양한 상을 갖고 있으니 백천에 흘러감을 모아놓은 것이다. 그러나 수(水)성이 유약하니 경금(庚金)을 써서 근원을 만들어 주는 것이 좋다.

경금(庚金)과 병화(丙火)와 무토(戊土)의 삼자(三字)가 천간(天干)에 같이 나오면 가갑명신이 된다.

혹 경금(庚金)과 무토(戊土)가 지지(地支)에 장되어 있고 병화(丙火)가 인지(寅支)에 앉았으면 역시 포상을 받을 운명이다. 또 천간(天干)에 일경금(一庚金)만 투출해도 실업가가 될 운명이다.

임일(壬日)에 비견 양인(羊刃)이 없으면 반드시 무토(戊

土)을 쓰지말고 경금(庚金)을 써서 병화(丙火)로 도움을 하라.

혹 임수(壬水) 비견을 보고 경신금(庚辛金)이 있으면 약한 임수(壬水)가 다시 극도로 왕(旺)하게 되니 무토(戊土)가 튀어나와서 임수(壬水)를 제복하면 고문합격(高文合格)을 한다.

무토(戊土)가 지(地)에 장되면 한개의 수재에 불과하고 병화(丙火)가 튀어나와 신금(辛金)과 합(合)이 안되면 좋은 사주라 한다. 지(地)에 무토(戊土)를 많이 보고 갑목(甲木)이 천간(天干)에 투출하면 한 장수가 관문에 당한 형상이니 모든 사람들이 제압을 받게된다.

혹 지지(地支)에 화국(火局)이 되면 때를 만나지 못한 **것이니 이름과 이해(利害)가** 없다는 것이니 **모두 허사라고** 한다.

기사(己巳)	을축(乙丑)	신유(辛酉)
병인(丙寅)	갑자(甲子)	경신(庚申)
임진(壬辰)	계해(癸亥)	
경자(庚子)	임술(壬戌)	

이 사주(四柱)는 임수(壬水)가 시지(時支)에 양인(羊刃)을 얻고, 시간(時干) 경금(庚金)이 임수(壬水)를 생(生)하고, 인중(寅中) 병화(丙火)가 높이 튀어나와 병화재(丙火財)를 생(生)하니 부(富)는 크나 무토(戊土)가 없어서 귀(貴)를 못하게 되어있다.

갑신(甲申)　　　　　정묘(丁卯)　　신미(辛未)

병인(丙寅)　　　　　무진(戊辰)　　임신(壬申)

임신(壬申)　　　　　기사(己巳)

경자(庚子)　　　　　경오(庚午)

　신자(申子)　　수국(水局)에 경금(庚金)이 투출(透出)
되고 병화(丙火)가 투출되어 장생의 지(地)에 있으니 재운
(財運)이 대길(大吉)하고 뿐만 아니라 사오미(巳午未) 남
방운(南方運)의 재지(財地)로 향하니 부자가 아니될 수 없
다.

　인신(寅申) 양충(冲)이 있는데 신자진(申子辰) 수국(水
局)이 되며 인(寅)을 충(冲)하지 아니하고 도리어 신금
(辛金)의 기(氣)를 설(洩)하여 인목(寅木)을 생(生)하
니 인목(寅木)이 온전하며 장생지(地)에서 얼마든지 재(財)
를 공급시킬 수가 있다.　그래서 부(富)를 한다.

　이월(二月)에 임수(壬水)가 찬 기운이 처음으로 제거되니
임수(壬水)가 잘 흘러가는 현상을 가지고 있다.

　병화(丙火)의 따뜻한것을 쓰지 아니하고 전적 무토(戊土)
와 신금(辛金)을 써서 사주(四柱)의 국(局)을 고르게 하
니, 이월(二月)에 임수(壬水)는 먼저 무토(戊土)가 되고
뒤에 신금(辛金)을 쓴다.　경금(庚金)을 다음으로 삼는다.
무토(戊土) 신금(辛金)이 둘다 튀어나오면 고문합격(高文合
格)을 하고 무토(戊土)가 튀어나오고 신금(辛金)이 감춰져
있으면 역시 은전(恩典)이 있고 혹 무토(戊土) 신금(辛金)이 없으면

경금(庚金)이 천간(天干)에 나온 자는 부귀하게 된다.

혹 지지(地支)에 목국(木局)이고 경금(庚金)이 투출함이 있는 자(者)는 고문합격(高文合格)을 하고 경금(庚金)이 수(水)와 가깝게 있으면 딴길로 공명을 할 수가 있다.

혹 목(木)이 나오고 화(火)가 많으면 목성(木盛) 화염(火炎)하니 비견 양인이 있어야 하고 더욱 물이 천간(天干)에 튀어나온것이 좋다. 사주운명(四柱運命)이 이와 같으면 딴길로 성공하고 물이 천간(天干)에 없는 사람은 무슨 일이든지 잘 되지 않는다.

혹 비견이 중중하고 또 무토(戊土)가 있으면 토(土)가 물 흘러가는 것을 막아주니 복록이 한정없이 좋다고 하였다. 그러나 만일 무토(戊土)를 보지 못하면 수(水)가 나무을 떠내려 보내니 일생(一生)을 고생하게 된다. 그런중에 또다시 수(水)를 만나면 수(水)로써 망한다.

혹 갑을(甲乙)이 중중하고 비견이 없는 자는 남을 의지해서 나날을 보내고 있으니 전적되는 일이 없다.

그러나 경신금(庚辛金)을 보면 (춥고 배고픔)을 면할 수 있다.

갑술(甲戌)	무진(戊辰)	임신(壬申)
정묘(丁卯)	기사(己巳)	계유(癸酉)
임인(壬寅)	경오(庚午)	
갑진(甲辰)	신미(辛未)	

이 사주(四柱)는 임수일간(壬水日干)이 정화(丁火)와 합

목(合木)이 되고 또 시간(時干)에 진토(辰土)를 만나니 진화(眞化)됐으며 시기로 봐서 이월(二月)이 목왕지절(木旺之節)이니 시기를 잘만난 것이다. 하물며 대운(大運)이 무진(戊辰) 기사(己巳) 경오(庚午) 신미(辛未)까지 재(財)가 왕(旺)해 대부(大富) 행락을 한 것이다.

사십(四十)이후 임신계유운(壬申癸酉運)은 임계(壬癸)가 목(木)을 생(生)하는 것은 좋으나 신유(申酉)가 묘유충(卯酉冲) 인신충(寅申冲) 하기에 말운(末運)은 불행을 면할길 없다.

삼월(三月)에 임수(壬水)는 무토(戊土)가 사권해 가지고 있으니 흙이 쌓이고 바다가 막힐 근심이 있을 것이니 먼저 갑목(甲木)으로 소토를 하고 다음에 경금(庚金)을 쓴다.

갑목(甲木)과 경금(庚金)이 같이 튀어나오면 고문합격(高文合格)은 틀림없다. 갑목(甲木)이 투출되고 경금(庚金)이 감추어지면 착실한 인격이 되고 갑목(甲木)이 감춰지고 경금(庚金)이 뿌리가 있으면 준수한 사람이라고 하겠고, 계수(癸水)가 있어서 갑목(甲木)을 자양(滋養)하면 국가의 동양의 재목이 되고, 홀로된 갑목(甲木)이 지지(地支)에 장되어 있으면 반드시 부자가 되고, 홀로된 경금(庚金)이 사주(四柱)에 있으면 보통사람이 된다. 갑목(甲木)이 없으면 강폭한 건달이 된다.

경금(庚金)이 없는 자(者)는 미련하고 하천의 배가 된다. 혹 시간(時干)에 정화(丁火)가 투출하면 화합(化合)이 되는데 화（火）는 도와도 수（水）는 돕지 아니하니 정화（丁火）와 미토（未土）가 한 이치로 되었다는걸 알수 있다. 혹 지지（地支）에 사고가 되면 (사고는 진술（辰戌） 축미（丑未）) 갑（甲）이 없는 자（者）는 살중신경하니 끝까지 손재가 있어 되는일이 없다.

수（水）가 왕（旺）하고 많은데 경금（庚金）을 본자는 쓸곳이 없는 사람이 되니 병화（丙火）를 얻어서 제지하면 좋은 운명（運命）으로 전환된다.

임신（壬申）　　　　을사（乙巳）　　기유（己酉）

갑진（甲辰）　　　　병오（丙午）　　경술（庚戌）

임진（壬辰）　　　　정미（丁未）

갑진（甲辰）　　　　무신（戊申）

이 운명（運命）은 진고（辰庫）가 많이 모여있고 신중（申中）에 경금（庚金）이 자진수국을 지어 수（水）의 근원을 말하고 두 갑목（甲木）으로 소토를 하니 수기（水氣）가 유통（流通）이 잘된다. 중년후에 서쪽을 향해서 대운이 순행하니 그 귀（貴）가 일국（一國）에 간성이 될만하다.

이름을 식신재살격이라 하니 참모총장의 직을 가졌다.

계사（癸巳）　　　　을묘（乙卯）　　신해（辛亥）

병진（丙辰）　　　　갑인（甲寅）　　경술（庚戌）

임인（壬寅）　　　　계축（癸丑）

병오（丙午）　　　　임자（壬子）

임수（壬水）가 삼월（三月）에 출생하여 전우 좌우가 목화

（木火）로 구성되어 있으니 종재격이라 할 수 있다.   그런데 대운（大運）이 갑인（甲寅） 을묘（乙卯）로 가며 목생화（木生火）하여 재（財）를 도와줌으로 삼십（三十） 이전에 대상으로 외국까지 진출해서 사업을 경영하더니 계축운（癸丑運）에 들어서며 수（水）극화（火） 하므로 불운에 쌓여 한번 떠난 뒤로 생사를 알지 못하고 있으니 정령 수（水）와 상극이 되므로써 불행한 운（運）이 온것으로 간주하겠다.

三十四. 삼하(三夏)의 임수(壬水)

삼하(三夏)의 임수(壬水)

사월(四月)의 임수(壬水)가 병화(丙火)의 권한에 들어있으니 물이 극히 약하다. 전적 임수(壬水)비견을 취하여 도움을 하고 다음 신금(辛金)으로 수원(水原)을 발(發)하면 대부대귀(大富大貴)하게 된다. 만일에 병화(丙火)와 신금(辛金)이 암합(合)되면 불리하니 경금(庚金)으로 도움을 한다.

임수(壬水)와 신금(辛金)이 둘다 튀어나오면 고문합격(高文合格)을 하고 계수(癸水)와 신금(辛金)이 둘다 나오고 갑목(甲木)이 투하면 다른길로 영화가 있다. 갑목(甲木)이 없는 자는 부자집 문전에서 심부름 꾼이나 한다. 만일에 임수(壬水)가 없고 목(木)이 적고 화(火)가 많은 자는 기명종재라하니 처(妻)로 인연하여 부자가 되고 계수(癸水)가 투한자는 간질이 있다.

혹 사주에 금(金)이 많아서 지지(地支)를 얻으면 약한것이 도리어 강하게 되니 사중(巳中)에 무토(戊土)를 쓰면 역시 명의가 쌍전하게 된다. 만일에 한 갑목(甲木)을 보고 인(寅)에 갑목(甲木)이 장되어 있으면 월령(月令)과 상영이 되니 암질을 갖게 된다. 뿐만 아니라 명예가 허사고 창립을 해낼 수가 없다.

혹 갑을목(甲乙木)이 많고 경금(庚金)이 간에 나온자는 귀를 하나 경금(庚金)이 없는자는 모든일이 잘 안된다. 그러나 지지(地支)에 수국을 이루면 대귀하게 된다.

임오(壬午) 병오(丙午) 경술(庚戌)

을사(乙巳) 정미(丁未) 신해(辛亥)

임신(壬申) 무신(戊申)

을사(乙巳) 기유(己酉)

임수(壬水)가 장생지(地)에 앉아 또 경금(庚金)의 상생(相生)을 얻으니 사(巳)궁에 무토(戊土)를 써서 왕(旺)한 살(殺)을 제함이 있으면 격(格)을 재관에서 취하니 금수(金水) 부신지운(扶身地運)이 좋다.

종재격(從財格)

임인(壬寅) 병오(丙午) 경술(庚戌)

을사(乙巳) 정미(丁未) 신해(辛亥)

임오(壬午) 무신(戊申)

을사(乙巳) 기유(己酉)

삼형(三刑)이 득기를 하니 위엄이 변방 만리까지 떨쳤다.

계유(癸酉) 병진(丙辰) 임자(壬子)

정사(丁巳) 을묘(乙卯) 신해(辛亥)

임오(壬午) 갑인(甲寅)

병오(丙午) 계축(癸丑)

사월(四月)에 임수(壬水)가 사유축(巳酉丑) 금국(金局)을 만나 수원(水原)을 얻고 재(財)가 전신을 쌓고 있으니 부귀공명을 하게 되었다.

계축운중(癸丑運中)에 승진하여 일국(一國)의 대장이 ·되었다.

　오월(五月)의 임수(壬水)

　오월(五月)의 임수(壬水)는 정화(丁火)도 약하고 임수(壬水)도 약(弱)하니 계수(癸水)를 취하여 용신(用神)을 한다.

　경금(庚金)으로 도움을 하고 경(庚)이 없으면 능히 수원을 바라지 못하니, 계수(癸水)가 없으면 능히 정화(丁火)를 상(傷)하지 못하니 오월(五月)의 임수(壬水)도 신금(辛金)과 계수(癸水)를 참작해서 써라. 그 이치가 사월(四月)하고 비슷하다.

　경금(庚金)과 계수(癸水)가 양투하면 고문합격(高文合格)을 하고 경금(庚金)과 임수(壬水)가 양투하면 관(官)이 최고의 자리에 있게 된다. 그러나 경금(庚金)이 있고 임계(壬癸)가 없는자는 상인에 불과하다.

　혹 지지화국(地支火局)을 이루고 전적 금수(金水)가 없으면 재다신약(財多身弱)이라 하겠으니 집은 부자 같으나 사는 것은 실지는 가난하게 산다. 만일 갑을목(甲乙木)이 많으면 고독한 팔자가 된다.

경오(庚午)　　　계미(癸未)　　정해(丁亥)

임오(壬午)　　　갑신(甲申)　　무자(戊子)

임인(壬寅)　　　을유(乙酉)

신해(辛亥)　　　병술(丙戌)

　경금(庚金)과 임수(壬水)가 둘다 튀어나오니　재(財)가 관(官)을 생(生)하므로 벼슬이 상서가 된 것이라고 한다.

정유(丁酉)　　　기사(己巳)　　　신축(辛丑)

병오(丙午)　　　갑진(甲辰)　　　경자(庚子)

임인(壬寅)　　　계묘(癸卯)

갑진(甲辰)　　　임인(壬寅)

임수(壬水)가 시지(時支) 진고(辰庫)에 통근(通根)을 하므로 중년(中年)후 해자축(亥子丑) 북방운(運)에 비상한 발전이 와서 태수라는 벼슬까지 하였다.

육월(六月)의 임수(壬水)

육월(六月)의 임수(壬水)는 기토(己土)가 사령하니 정화(丁火)는 퇴기하려한다. 먼저 신금을 쓰고 다음에 계수(癸水)를 쓴다. 또 그 다음에는 육월(六月)의 두터운 미토(未土)를 갑목(甲木)으로 소토을 하여야 하니 갑목(甲木)을 요(要)한다.

육월(六月)의 임수(壬水)는 먼저 신금(辛金)을 쓰고 뒤에 갑목(甲木)을 쓰며 다음으로 계수(癸水)를 쓰게된다. 신금(辛金)과 갑목(甲木)이 둘다 튀어나오면 고문합격(高文合格)을 해서 청귀(淸貴)하게 되고 갑목(甲木)이 감춰지고 신금(辛金)이 나오면 ˙창립을 할 사람이요. 신금(辛金)이 감춰지고 갑목(甲木)이 튀어나오면 딴길로 무관직을 하게된다.

갑목(甲木)과 임수(壬水) 둘다 튀어나와 서로 상(傷)함이 없으면 나라를 다스릴만한 재목이 되니 크게 쓸 인물이 된다. 갑목(甲木)이 감춰지고 임수(壬水)가 나와 파가 없으면 농업으로 성공할 사람이다. 그러나 지지(地支)에 화토(火土)가 많으면 청빈(清貧)한 사람이 된다. 혹 한가닥 기토(己土)가 가종살격이 되면 위인이 간사할 뿐만 아니라 고단하고 가난하다.

혹 갑을목(甲乙木)을 얻어서 토(土)를 제거하고 구조해준다면 토(土)가 생왕지(生旺地)에 있어 목(木)으로 제거를 한다해도 좋은 운명(運命)으로 볼수 있다.

혹 지지(地支)에 목국(木局)을 이루며 수(水)기를 너무 뽑아가니 금수(金水)를 쓰므로 귀(貴)하게 된다.

정사(丁巳)	무신(戊申)	임자(壬子)
정미(丁未)	기유(己酉)	계축(癸丑)
임인(壬寅)	경술(庚戌)	
임인(壬寅)	신해(辛亥)	

육월(六月)의 임수(壬水)가 출생되어 지지(地支)에 목(木)이 있고 년월간(年月干)에 화(火)가 있으니 사주(四柱)가 조열하여 왕(旺)한 열기를 따라가지 아니할 수가 없다. 그러나 대운(大運)이 화토운(火土運)으로 가지 아니하고 신유술(申酉戌) 해자축(亥子丑) 반대 방향으로 가니 일생(一生)을 고생한 것이다. 여자의 運命

을묘(乙卯)	갑신(甲申)	무자(戊子)
계미(癸未)	을유(乙酉)	기축(己丑)
임술(壬戌)	병술(丙戌)	
경술(庚戌)	정해(丁亥)	

경금(庚金)이 왕토(旺土)의 힘을 입어 왕(旺)한데 경금(庚金)이 임계수(壬癸水)를 생(生)하니 능히 화기(火氣)를 제거할만 하다. 하물며 을묘목(乙卯木)이 있어서 두터운 미토(未土)를 제거하며 대운(大運)이 **신유술(申酉戌)** 해자축(亥子丑) 서북으로 향해가니 부자가 아니될 수 없다.

사주(四柱)는 중화(中和)되는것이 귀(貴)가 되는데 이 사주(四柱)도 보면 토생금(土生金) 금생수(金生水) 수생목(水生木)하니 순류상생(順流相生)하므로써 인생(人生)살이도 이와 마찬가지로 순수하게 잘살게 되기에 이 운명도 잘살게 된 것이다. **女子의 運命**

三十五. 삼추(三秋)의 임수(壬水)

칠월(七月)에 임수(壬水)가 경금(庚金)이 사령을 하니 부지중에 임수(壬水)가 신금(申金)의 장생을 얻게 되니, 멀리 스스로 흐르는 근원이 멀리 흐르므로써 약한 것이 도리어 강하게 되니 전적 무토(戊土)를 써서 장생의 수(水)를 제압하고, 다음으로 정화(丁火)를 취하여 무토(戊土)를 도우면서 경금(庚金)을 제거시키고 다만 진중(辰中)의 무토(戊土)를 쓰게되니 신중(申中)에 병(病)든 무토(戊土)를 쓰지 않는다. 무토(戊土)와 정화(丁火)가 함께 튀어나오면 고문합격(高文合格)을 하고, 무토(戊土)가 천간(天干)에 튀어나오고 정화(丁火)가 오화(午火)나 술중(戊中)에 감춰있으면 은전을 받을 수 있는 운명(運命)이 되고, 특별히 싫어하는 것은 무토(戊土)가 있으며 계수(癸水)가 합화화(合化火)하는 것은 싫어한다.

지지(地支)에서 인수를 보고 년간(年干)에 정화(丁火)가 나와 있으면 이 사람은 밥먹기는 걱정이 없고, 혹 정화(丁火)와 무토(戊土)가 둘다 감춰져 있으면 부중(富中) 귀(貴)를 얻는다. 사주에 임수(壬水)가 많고 무토(戊土)가 천간(天干)에 튀어나오면 가살이 권세를 얻음이라 하겠으니 도원의 신선이 되고 지지중(地支中)에서 갑목(甲木)을 보면 싫어하지 않는다. 그러나 갑목(甲木)이 너무 많으면 보통사람에 불과하다. 경(庚)이 있고 신(申)이 있으면 조그만한 의식은 있다.

혹 무토(戊土)가 많이 튀어나왔는데 한 갑목(甲木)의 제지함을 얻으면 약간의 귀(貴)는 하나 갑목(甲木)이 없으면 평상한 사람에 지나지 못한다. 한가닥 갑목(甲木)이 화(火)가 많은 것을 보고 경금(庚金)이 나온것이 없으면 할아버지를 떠나서 타향으로 가서 살게된다. 그러나 신중(申中)에 경금(庚金)은 화(火)가 많을때 구제가 안된다. 목(木)이 많아야 구제가 된다.

칠월(七月)의 임수(壬水)는 전적 무토(戊土)를 쓰고 정화(丁火)로 도움을 한다.

무인(戊寅)   신유(辛酉)   을축(乙丑)

경신(庚申)   임술(壬戌)   병인(丙寅)

임진(壬辰)   계해(癸亥)

임인(壬寅)   갑자(甲子)

재(財)가 약(弱)한 살(殺)을 도와서 년상(年上)의 무인(戊寅)을 취하게 되니 화(火)로된 재(財)가 지장간(支藏干)에 숨어 있으니 그러니 시상(時上)까지 연결되어 신진수국(申辰水局)을 이루었으니 당연히 귀(貴)는 하게 된다. 이것은 안찰벼슬까지한 중국사람이라 한다.

정해(丁亥)   정미(丁未)   계묘(癸卯)

무신(戊申)   병오(丙午)   임인(壬寅)

임진(壬辰)   을사(乙巳)

병오(丙午)   갑진(甲辰)

칠월(七月)에 신금(申金)이 사령하였고 또 신진수국(申辰水局)을 만들어 임수(壬水)가 천간(天干)에 튀어나오니 임수(壬水)의 세력이 팽창한다. 그러나 월상(月上)에 무토(戊土)가 진중(辰中)에서 튀어나와 범람한 물을 제방시키니 사주(四柱)가 중화되므로 일국(一國)에 상서가 된 것이다.

이 사주(四柱)는 신왕(身旺)하고 재(財)도 왕(旺)하며 정화(丁火) 무토(戊土)가 함께 튀어나와 있으니 부귀공명을 아니할 수 없는 사주다.

　　　팔월(八月)의 임수(壬水)

유중(酉中) 신금(辛金)이 사령하니 금백수청(金白水淸)의 시기다. 무토(戊土)가 병(病)이 되는 것을 꺼려하니 전적 갑목(甲木)을 쓰고, 갑목(甲木)이 튀어나와 무토(戊土)를 제거해 주면 임수(壬水)가 깨끗한 물로 변하기에 이름높은 고문합격(高文合格)을 한다. 만일 갑목(甲木)이 시간(時干)에 나와 공명이 현달하는데 혹 경금(庚金)의 파를 보면 일시에 망하게 된다.

갑목(甲木)은 지지(地支)에 감춰지고 경금(庚金)이 없으면 수재만 될 뿐이다. 혹 천간(天干)에 임수(壬水)가 있고 지지(地支)에서 신해(申亥)를 보면 이것은 갑목(甲木)을 쓰는 것이 아니니 무토(戊土)로 용신을 하여야 한다. 해중(亥中)에 비록 갑목(甲木)이 있으나 신중(申中)에 금(金)이 갑목(甲木)을 제압하니 이 운명(運命)은 수재가 될 뿐이다.

또 혹 무토(戊土)가 없고 금수(金水)가 많은 자는 사람이 청(淸)한듯 하면서 재주가 탁하니 곤고한 찬 선비에 불과하다.

갑목(甲木)이 없고 금(金)을 써 수원(水原)을 발(發)하면 고수(孤水)가 세번이나 경신금(庚申金)을 범한 것이니 이것을 체전(體全)의 상(相)이라 한다. 그러니 금수(金水)가 쌍청(雙淸)하고 모든것이 갖추어져 있기 때문에 훌륭한 인격(人格)이 갖추어진 사람이다.

팔월(八月)의 임수(壬水)는 전적 갑목(甲木)을 쓰고 경금(庚金)이 다음이 된다.

신유(辛酉)　　　　병신(丙申)　　임진(壬辰)

정유(丁酉)　　　　을미(乙未)　　신묘(辛卯)

임진(壬辰)　　　　갑오(甲午)

임인(壬寅)　　　　계사(癸巳)

신왕(身旺)하고 식신이 유기(有氣)한데 하물며 운(運)이 사오미(巳午未) 인묘진(寅卯辰) 동방(東方)으로 향(向)하니 크게 발달이 와서 무과 급제를 한 것이다.

※ 원칙은 미오사(未午巳) 진묘인(辰卯寅)인데 읽기 편리하기 위해서 상기의 순서로 써놓은 것이다.

임자(壬子)　　　　경술(庚戌)　　갑인(甲寅)

기유(己酉)　　　　신해(辛亥)　　을묘(乙卯)

임자(壬子)　　　　임자(壬子)

경술(庚戌)　　　　계축(癸丑)

임수일간(壬水日干)이 경금(庚金)과 유금(酉金) 자수(子

水) 임자(壬子) 유(酉)까지 전부 수(水)를 도우니 물이 출렁출렁 한다. 그러나 다행(多幸)이도 시지(時支)의 술중(戌中)에 정화(丁火)를 가지고 있고 술중(戌中)에 무토(戊土)가 물 흘러가는 것을 방지하니 사주(四柱)가 중화(中和)가 된 것이다.

인왕(印旺)하고 신강(身強)하니 부자로는 살았으나 귀(貴)까지는 하지 못했다.

병자(丙子)　　　　무술(戊戌)　　　임인(壬寅)

정유(丁酉)　　　　기해(己亥)　　　계묘(癸卯)

임자(壬子)　　　　경자(庚子)

기유(己酉)　　　　신축(辛丑)

년(年) 월간(月干)에 재성(財星)이 나왔으나 뿌리가 없으니 투출이 안되고, 양 유금(酉金)에 임자(壬子) 자(子)하니 기토(己土)의 세력으로서는 충천한 임수(壬水)를 제방할 수가 없으니 이것은 신왕(身旺) 무의격(無依格)이라 한다. 그래서 일생(一生)을 가난하게 살았다.

구월(九月)의 임수(壬水)

구월(九月)의 임수(壬水)가 진기(進氣)하니 그 성질이 장차 두터워 간다. 만일 한가닥 임수(壬水)가 갑목(甲木)을 보면 술중(戌中)에 무토(戊土)를 제거하니 무토(戊土)가 또 천간(天干)에 나와도 이 병화(丙火)를 쓰는 것이니 이렇게 되면 이 격(格)의 최고(最高)의 청귀격(淸貴格)이 된다.

혹 병화(丙火)나 무토(戊土)를 보지 못하면 좋은 사주라고 말할 수가 없다.

혹 한가닥 무토(戊土)가 한 기토(己土)와 경금(庚金)의 잡난(雜亂)이 없으면 일갑목(一甲木)이 시간(時干)에 투출함으로써 옥당(玉堂)의 청귀(淸貴)한 벼슬은 한다. 즉 갑목(甲木)이 월간(月干)에 투출하여도 역시 고문합격(高文合格)을 하고 만일 지지(地支)에 기토(己土)가 있다 하더라도 고문합격(高文合格)은 할 수가 있다고 본다. 만일 경금(庚金)은 있고 정화(丁火)가 없으면 빈천한 사람이 된다.

또 혹 정화(丁火)가 투출하고 갑목(甲木)을 보면 약간 부자가 된다. 혹 물이 많고 병화(丙火)가 없는자는 무토로 대용을 하나 보통사람에 불과하다. 구월(九月)의 임수(壬水)는 전적 갑목(甲木)을 쓰고 다음으로 병화(丙火)를 쓴다.

병인(丙寅)	기해(己亥)	계묘(癸卯)
무술(戊戌)	경자(庚子)	갑진(甲辰)
임술(壬戌)	신축(辛丑)	
신축(辛丑)	임인(壬寅)	

임수일주(壬水日柱)가 시간(時干)에 신금(辛金)을 얻어 인중(寅中)에 갑목(甲木)이 삼토(三土)를 제거해주며 병화재성(丙火財星)을 생(生)하니 신왕(身旺) 관왕(官旺)하므로 참정 벼슬을 하게된 것이다. 그 외로 병화(丙火)의 투출을 더했기 때문에 더욱 좋다.

신축(辛丑)　　　정유(丁酉)　　계사(癸巳)

무술(戊戌)　　　병신(丙申)　　임진(壬辰)

임술(壬戌)　　　을미(乙未)

갑진(甲辰)　　　갑오(甲午)

　임술(壬戌) 일주(日柱)가 구월(九月)에 출생 했는데 지지(地支)가 사고(四庫)로 되여 있는데 시간(時干)에 갑목(甲木)이 소토를 하고, 년상(年上)에 신금(辛金)이 토생금(土生金) 금생수(金生水)하여 사주(四柱)를 중화(中和)시키니 갑목(甲木) 하나로써 사주(四柱) 전국(全局)을 이끌어 가며 중화(中和)를 만들었기에 중국에서 태사 벼슬을 하게 된 것이다. 그리고 묘한 것은 년지(年支)에 축고(丑庫)가 습윤하고 시지(時支)에 진토(辰土)가 습윤하니 모든 중화(中和)가 갖추어져 있다.

三十六. 삼동(三冬)의 임수(壬水)

시월(十月)의 임수(壬水)가 사권하니 지극히 수(水)가 왕(旺)극에 달했다. 무토(戊土)를 취하여 용신을 하고 만일 생일(生日) 일간(日干)에 또 진시(辰時)를 보면 반드시 무토(戊土)가 투출된 것이니 또 경금(庚金)으로 갑목(甲木)을 제거하면 무토(戊土)를 상(傷)하지 아니함으로 무토(戊土) 경금(庚金)이 양전하면 고문합격(高文合格)을 한다.

갑목(甲木)이 나와 무토(戊土)를 제거하고 경금(庚金)의 구조을 보지 못하면 곤고하게 산다.

무토(戊土)는 감춰져 있고 갑목(甲木)을 제거 못하면 별로 신통치 못한 사주(四柱)가 된다.

혹 무토(戊土) 경금(庚金)이 양투하고 갑목(甲木)이 없는 자는 영화가 있게 된다.

지지(地支)에 갑을(甲乙)이 있어 천간(天干)에 나오면 경금(庚金)의 투출을 얻으므로써 부귀하고 경금(庚金)이 없는 자(者)는 평상인(人)에 불과하다.

혹 지지(地支)에 수국(水局)을 이루고 무기토(戊己土)를 보지 못하면 이 이름을 윤하격이라하니 운(運)이 서북으로 가면 좋아 대부귀하고 동남으로 향(向)한 자는 반드시 위태롭게 된다.

혹 병화(丙火) 무토(戊土)가 둘다 튀어나오고 화토운(火

土運)으로 향(向)하면 명의가 쌍전을 하게된다.

혹 병(丙)이 있고 무토(戊土)가 없으면 의식은 넉넉하고
무토(戊土)가 있고 병화(丙火)가 없으면 재물을 모으기가
어렵다.

시월(十月) 임수(壬水)는 전적으로 무토(戊土) 병화(丙
火)를 쓰고 다음으로 경금(庚金)을 쓰게된다.

경자(庚子)   무자(戊子)   임진(壬辰)
정해(丁亥)   기축(己丑)   계사(癸巳)
임술(壬戌)   경인(庚寅)
경술(庚戌)   신묘(辛卯)

경금(庚金)을 얻어서 갑목(甲木)을 제거하니 전적 술중
(戊中)에 무토(戊土)를 취하여 물을 막으니 경금(庚金)의
투출을 얻어 살인상생되어 높은 벼슬을 하게 되었다.

임진(壬辰)   임자(壬子)   병진(丙辰)
신해(辛亥)   계축(癸丑)   정사(丁巳)
임자(壬子)   갑인(甲寅)
신해(辛亥)   을묘(乙卯)

사주(四柱)는 윤하격으로써 운(運)이 해자(亥子)로 가면
좋으나 인묘진(寅卯辰) 사오미(巳午未) 동방(東方)으로 향
하니 일생(一生)을 고생할 운명이다.   사주(四柱)에 무토
(戊土)가 없어서 물의 흐름을 방지를 못하니 이것 이름을
신왕(身旺) 무의(無依)라 한다.   불행한 운(運)이다.

십일월（十一月） 임수（壬水）

십일월（十一月） 임수（壬水）는 양인（羊刃）이 몸에   붙어
있으니 비교해보면 전보다 더욱 왕（旺）하게 된다.   먼저 무
토（戊土）를 취하여 양인（羊刃）을 누르고 다음으로 병화（丙
火）를 써야 한다.

병화（丙火）와 무토（戊土）가 양투하면 부귀공명 한다.   무
토（戊土）는 있고 병화（丙火）가 없으면 약간 부는 하나 병
화（丙火）가 있고 무토（戊土）가 없으면 아무리 언변이 좋아
도 성사되는 일은 없다.

혹 지지（地支）에 수국（水局）이 되고 병화（丙火）가 천간
（天干）에 나오지 아니하면 바로 무토（戊土）라도 있어야 하
는데 이렇게 되면 남의 품팔이꾼에 지나지 않는다.   혹 병화
（丙火）가 투출해서 장소을 잘 정하고 무토（戊土）가 지(地)
에 장되어 있으면 가히 고문합격（高文合格）을 한다고 본다.
운（運）을 잘만나면 더욱 좋다.

지지（地支）에 화국（火局）을 이루면 한 부자일 따름이다.

혹 비견이 월시（月時）에 보이고 년정화（年丁火）를   보면
평상인에 지나지 않는다.   지지（地支）에 사고장을 띄고 있으면
부귀（富貴）가 중인（中人）이고 혹 정화（丁火）가   시간（時
間）에 나오면 쟁합（爭合）이라 하니 명의을 얻지를 못한다.

혹 임자일（壬子日） 정미시（丁未時）는 가갑은 못하나마 은
전을 받을 수가 있다.   무슨 이치인고? 대개 미토（未土）에
기토（己土）의 관성이 들어있는 수（水）의 관성（官星）을 쓰

기에 그러함이다. 이렇게 되면 용신 득지(得地)하니 영화스럽
게 살 수가 있다.

　　　임인(壬寅)　　　　계축(癸丑)　　　정사(丁巳)

　　　임자(壬子)　　　　갑인(甲寅)　　　무오(戊午)

　　　임인(壬寅)　　　　을묘(乙卯)

　　　임인(壬寅)　　　　병진(丙辰)

전적 인중(寅中) 병화(丙火) 무토(戊土)를 씀으로써 병
화재성(丙火財星)과 무토살성(戊土殺星)이 지지(地支)를 얻
으므로써 천원일기(天元一氣)에 살(殺)이 왕(旺)해서 땅에
서 세력이 있으니 시랑 벼슬을 한 것이다.

　　　십이월(十二月) 임수(壬水)

극도로 왕(旺)했다 다시 쇠약해지는 것은 무슨 이치인가?
상 반월(半月)에는 계수(癸水)와 신금(辛金)이 주사(主
事)를 하므로 왕(旺)하게 되어 전적 병화(丙火)를 쓰게
되고 하반월(下半月)에는 기토(己土)가 주사(主事) 함으로
역시 수(水)가 쇠약해지니 병화(丙火)를 써서 사주난국을
시켜 주고 갑목(甲木)으로 소토를 하여 임수(壬水)를 보호
한다. 병화(丙火)가 있으면 해동을 하니 고문합격(高文合
格)을 하고 병화(丙火) 갑목(甲木)이 똑같이 튀어나오면
대귀(貴)를 하게된다. 그러나 사주(四柱)의 딴곳에 임수
(壬水)가 없으면 방향으로 묘하다. 병화(丙火)가 없으면
한사(寒士)(추운선비)에 불과하다.

사주에 임수(壬水)가 많은 것을 무토(戊土)가 제지하면

벼슬은 못하나마 먹을것은 가지고 있다.

혹 정화가시간(丁火時間)에 나와서 정임합화목(丁壬合化木)이 되어 있는데 월간(月干)에서 또 정화(丁火)를 보게되며 계수(癸水)가 없으면 파격이다. 계수(癸水)가 있으므로써 부귀(富貴)를 하게된다.

혹 지(地)에 금국(金局)을 이루면 병화(丙火) 정화(丁火)를 보지 아니하면 금(金)도 차고 수(水)도 차니 한 세상을 고민하게 산다.

화(火)를 보면 가한데 병화(丙火)가 튀어나와 신금(辛金)을 만나면 묘하지 못하다. 그러나 정화(丁火)를 보아서 신금(辛金)을 극하면 약간 길(吉)하다. 섣달 임수(壬水)는 먼저 병화(丙火)를 취하고 정화(丁火) 갑목(甲木)으로 도움을 하면 물이 차고 금(金)이 차면 병화(丙火)가 정화(丁火)를 사랑한다 했다.

물이 축(丑)에 있으므로써 지혜가 있고 수(水)와 토(土)가 혼잡하면 어리석고 간악한 사람이 된다.

三十七. 삼춘(三春)의 계수(癸水)

정월(正月)의 계수(癸水)가 삼양(三陽)을 만난 뒤라 (삼양(三陽)은 동지가 일(一)량, 십이월(十二月)은 이(二)량, 정월(正月)이 삼(三)량이다) 그래서 우(雨)로정신을 가지고 있으니 그 성질이 지극히 유하다.

먼저 신금(辛金)을 써서 계수(癸水)의 근원을 발해주고 다음으로 병화(丙火)가 조단하면 음과 양이 하합하니 만물이 발생한다. 병화(丙火) 신금(辛金)이 양투하면 고문합격(高文合格)한다.

혹 지지(地支)에 화국(火局)을 이루고 신금(辛金)에서 상처를 받으면 임수(壬水)가 있어서 구제하면 부귀하나 임수(壬水)가 없어서는 빈곤하다.

혹 병화(丙火)가 천간(天干)에 나와 있고 신금(辛金)이 유축(酉丑)에 있으면 의식은 넉넉하고 만일 병화신금(丙火辛)이 다 없으면 빈천한 하격이다.

혹 신금(辛金)이 투출하고 병화(丙火)가 감춰져도 은전을 얻을 수가 있고 병화신금(丙火辛金)이 사주(四柱)에 있으면 부(富)로써 벼슬을 얻게 된다.

혹 무토(戊土)가 월상(月上)에 투출하고 진시(辰時)가 되면 비겁을 보지 아니 하고 병화(丙火) 정화(丁火)가 출간하면 이것이 화합(化合)이니 허리에다 금띠를 두른다. 그러나 형(刑)이나 충(沖)을 만나면 허사가 된다.

혹 지(地)에 수국(水局)을 이루면 병화(丙火)가 투출하는 것이 좋고 임수(壬水)가 없는자 만일에 병화(丙火)를 거듭 보면 귀(貴)를 하게된다.

정월(正月) 계수(癸水)는 신금(辛金)이 주(主)가 되고 경금(庚金)이 다음이 되며 병화(丙火) 역시 적은 것이 좋으니 만일에 경금(庚金) 신금(辛金)이 없으면 비록 병화(丙火)가 있다해도 무용의인이다.

혹 화다(火多) 토다(土多)하면 간질을 면하기 어렵다.

갑신(甲申)	정묘(丁卯)	신미(辛未)
병인(丙寅)	무진(戊辰)	임신(壬申)
계해(癸亥)	기사(己巳)	
신유(辛酉)	경오(庚午)	

정월 계수(癸水)가 신금(辛金)을 만나 발수지원을 얻고 병화(丙火)가 조란을 하니 이 이름을 음양 화합(化合)이라 한다. 그러기 때문에 만물이 발생한다 한것이다. 병화(丙火)와 신금(辛金)이 양투하니 고문합격(高文合格)한다. 인신충(寅申沖)은 인해합(寅亥合)하니 충중(沖中) 봉합으로 모든 살(殺)이 해제가 된다. 중년후에 서북운(運)이 크게 잘되는 것을 기약할 수가 있다.

이월(二月)의 계수(癸水)는 강하지 아니하고 약(弱)하지도 아니하나 을목(乙木)이 사령했기 때문에 일간(日干)의 기(氣)를 뽑아 약하게 만드니 전적 경금(庚金)으로 용신을 하여야 하고 신금(辛金)은 다음으로 써야 한다. 경금(庚金)

신금(辛金)이 같이 튀어나오며 정화(丁火)의 출간함이 없는 자는 고문합격(高文合格)을 하게된다. 을목(乙木)이 사령했는데 경신금(庚辛金)이 없으면 을목을 제거하지 못하니 상인이 된다.

혹 경금(庚金)이 투하고 신금(辛金)이 장되면 은전을 받을 희망이 있고 경금(庚金)이 감춰지고 신금(辛金)이 투출하면 의식은 넉넉하고 경금(庚金) 신금(辛金)이 양(兩)장하여도 조그만한 부(富)는 할 수 있다.

혹 경금(庚金) 신금(辛金)이 거듭 보이고 기토(己土) 정화(丁火)가 천간(天干)에 나온자는 역시 고문합격(高文合格)을 한다. 혹 지지(地支)에 목국(木局)을 이루고 월시(月時)에 목(木)을 본자는 설기가 태과하니 빈곤하고 재앙이 많다. 그리고 운(運)이 서방(西方)으로 향(向)한다 해도 쓸데가 없다.

정미(丁未)	임인(壬寅)	무술(戊戌)
계묘(癸卯)	신축(辛丑)	정유(丁酉)
계묘(癸卯)	경자(庚子)	
계축(癸丑)	기해(己亥)	

묘미(卯未) 목국(木局)을 정화(丁火)가 암번하여 을목(乙木)의 설기를 제거하고 재(財)가 왕(旺)하여 축토(丑土)를 생(生)하니 재관종(財官從)하여 발전이 오므로 시랑 벼슬을 한 것이다.

경자（庚子）　　　경진（庚辰）　　　갑신（甲申）

기묘（己卯）　　　신사（辛巳）　　　을유（乙酉）

계유（癸酉）　　　임오（壬午）

병진（丙辰）　　　계미（癸未）

　묘목（卯木）이 월령（月令）에서 무력（無力）하나 다행히 경금（庚金）과 합（合）이 없어 경금（庚金）이 수원（水原）을 발（發）해주고 묘목（卯木）을 극제하니 좋은 운（運）으로 전환되었다.　경금（庚金）이 투출되고 신금（辛金）이 지지（地支）에 장되니 중국（中國）에 유명한 벼슬아치가 된 것이다.

　삼월（三月）의 계수（癸水）는 종（從）하자가 많은데　진화（眞火）를 얻은 사람은 높이 출세를 하고 화（火）를　얻지 못한 사람은 일생（一生）을 가난하게 산다.

　지지（地支）에 수국（水局）을 이루었는데 또 기토（己土）를 보면 나무가 없으므로 이것을 가살격이라 하는데 갑목（甲木）이 나와 있으면 상인에 불과하다.

　지지（地支） 사고（四庫）에 앉아서 또 갑목（甲木）을 얻으면 명진천하하나 갑목（甲木）이 없는 자는 고독을 면하기 어렵다.　또 지지（地支）에 목국（木局）을 이루고 금（金）이 없으면 상관상재격이라 하니 총명 박학하며 의식이 풍족하다.

　삼월계수（三月癸水）는 신금（辛金）　갑목（甲木）을 참작해서 써라.

무오（戊午）　　　정사（丁巳）　　　기미（己未）

병진（丙辰）　　　무오（戊午）　　　경신（庚申）

-384-

계축 (癸丑)　　　　신유 (辛酉)

신유 (辛酉)　　　　임술 (壬戌)

　삼월계수 (三月癸水) 가　신금 (辛金) 이　발수지원을　하고　시지 (時支)　일지 (日支) 에　유축금국 (酉丑金局) 을　지어　계수 (癸水) 를　생 (生) 하니　계수 (癸水) 가　신왕 (身旺) 하다.　여기에　병화재성 (丙火財星) 과　오화재성 (午火財星) 이　무토 (戊土)　관성을　생하여　계수 (癸水) 를　약간　제극하니　좋은　운 (運) 으로　되어　출상입상이　된　것이다.

병인 (丙寅)　　계사 (癸巳)　　정유 (丁酉)

임진 (壬辰)　　갑오 (甲午)　　무술 (戊戌)

계축 (癸丑)　　을미 (乙未)

병진 (丙辰)　　병신 (丙申)

　삼월 (三月) 의　계수 (癸水) 가　양진고 (兩辰庫) 에　뿌리를　뻗고　상관이　진축토 (辰丑土) 를　제압하고　병화 (丙火)　재성을　생하니　재살격 (財殺格) 이　되어서　임금의　사위가　된　것이다.

三十八. 삼하(三夏)의 계수(癸水)

사월(四月)의 계수(癸水)는 신금(辛金)으로써 용신(用神)을 하는 것이 좋다. 신금(辛金)이 없으면 경금(庚金)이라도 대용하지만 그러나 만일 신금(辛金)이 높이 튀어나와서 정화(丁火)를 보지 아니하고 계수(癸水)가 튀어나온 것을 더하면 고문합격(高文合格)의 영화가 있다. 또는 이름이 사해(四海)에 떨칠 수 있다. 만일 정화(丁火)가 있으면 파격이 되니 가난해서 송곳하나 꽂을 땅이 없다.

임수(壬水)가 있으면 가히 면제된다. 신금(辛金)이 감춰지고 정화(丁火)가 없으면 창입자가 된다.

혹 한가닥 화토(火土)가 신금(辛金)이 없으면 바로 기토(己土)나 경금(庚金)이 있어야 하는데 능히 물을 생(生)해내지 못하니 또 그런 속에다가 비견 양인(羊刃)이 없으면 계수(癸水)가 폭건한데 이루니 눈을 상(傷)하기 쉽다. 만일 경금임수(庚金壬水)가 둘다 튀어나오고 화토(火土)를 설하여 제거시키면 수(水)는 금(金)을 설(洩)하고 금(金)은 토(土)를 설(洩)하여 수(水)가 화(火)를 제거하니 이 이름을 접인 화진이라 한다. 그래서 최고의 좋은 운명이 된다는 것이다. 만일에 천간(天干)에서 정화(丁火)를 보면 정화(丁火)가 금(金)을 제거해 버리니 모든 일이 되지 않는다. 만일에 경금(庚金)이 있고 임수(壬水)가 없으면 역

시 **폭건** : 하게된다.

시 금(金)을 파할 자가 없으니 지방에서 유림노릇이나 하게
된다.

경금(庚金)이 있고 신금(辛金)이 없는 자는 딴길로 이름
을 내게 된다.

총 사월계수(四月癸水)는 전적 신금(辛金)을 쓰므로써 제
일 좋다고 하는 것이다.

갑진(甲辰)　　　　경오(庚午)　　갑술(甲戌)

기사(己巳)　　　　신미(辛未)　　을해(乙亥)

계유(癸酉)　　　　임신(壬申)

신유(辛酉)　　　　계유(癸酉)

신금(辛金)이 투출하고 경금(庚金)이 지(支)에　　장되니
일주(日柱)는 강하고 관성(官星)은 왕(旺)하므로 방백이라
는 벼슬을 하게된 것이다.

신금(辛金)은 유중(酉中)에서 투출되고 경금(庚金)은 사
중(巳中)에 감춰져 있으니 금생수(金生水)하므로　신왕(身
旺)한 것을 알 수가 있다.

갑목(甲木) 기토(己土)가 합(合)하여　관성(官星)으로
되는데 진토(辰土)가 도와주면 사월(四月)에 월령(月令)이
화왕절(火旺節)이라 관성(官星)인 토(土)가　왕(旺)하지
않을 수가 없다. 그러기에 봄이 강하고 관이 강해서　높은
벼슬을 하였다.

갑인(甲寅)　　　　경오(庚午)　　임신(壬申)

기사(己巳)　　　　신미(辛未)　　게유(癸酉)

계유 (癸酉)　　　　갑술 (甲戌)

계해 (癸亥)　　　　을해 (乙亥)

　이 사주 (四柱)는 신금 (辛金)이 장되였고　계수 (癸水)가 생 (生)을 받으니 비겁이 유력하여 신강하다.　갑기 (甲己)가 합 (合)해 관성 (官星)이 되고 인중 (寅中)　병화 (丙火)가 화토 (火土)의 관성 (官星)을 도우니 재 (財)가 왕 (旺)하고 관 (官)이 왕 (旺)해서 다음 신왕 (身旺)까지 하니 최고 (最高)의 벼슬을 얻었다.

　인 (寅)은 원 사주 (四柱)　지지 (地支)에 인사삼 (寅巳三)형이 되나 사유 (巳酉)가 합국 (合局)이 되므로　인사삼 (寅巳相刑)상형을 해제시킨다. 그러기에 시기조차 사월 (四月)에 화기 (火氣)가 왕성 (旺成)하니 계수 (癸水)의 재 (財)가 화(火)인바 화 (火)가 왕 (旺)하니 재왕 (財旺)이라고 아니할 수가 있느냐?

　갑기합토 (甲己合土)의 관성 (官星)을 시기적으로 도와주고 있으니 신왕 (身旺) 재왕 (財旺) 관왕 (官旺)하여 최고의 벼슬을 한 것이다.

　　　오월 (五月)의 계수 (癸水)

　오월 (五月)의 계수 (癸水)가 지극히 약 (弱)하며　뿌리도 없다.　반드시 경금 (庚金) 신금 (辛金)으로　생신 (生身)의 본을 하여야 한다.　단 오중정화 (午中丁火)가 사권을 했으니 금 (金)이 불을 대적하기가 어려우니 어찌 능히 계수 (癸水)를 자양 (滋養)할 수가 있는가?

마땅히 비견을 보고 신금(辛金)의 도움을 얻으면 사주(四柱)가 중화(中和)되게 된다. 말일에 오월계수(五月癸水)는 경금(庚金)과 신금(辛金)과 임수(壬水)를 참작하여 아울러 쓰는 것도 좋다. 만일 경금(庚金) 신금(辛金)이 천간(天干)에 투출하고 또 임계(壬癸)를 본자는 부귀공명하고 지지(地支)에 신자진(申子辰)을 본자도 역시 고문합격(高文合格)은 한다.

혹 물이 출간함이 없고 지지(地支)에 다만 물 한개만 있으면 비록 경금(庚金) 신금(辛金)이 있다해도 벼슬은 못하고 부자는 될수 있다. 그러기에 고서(古書)에 말하기를 수원(水原)이 여름철에 모이면 부는 크지만 귀는 적다고 하였다. 또 얘기하기는 금(金)과 물이 여름에 모이면 부귀가 한령이 없다고 한다. 운(運)마저 화(火)토의 지(地)로 가면 신선 생활을 하게 된다는 것이다.

혹 지(地)에 화국(火局)을 이루고 임수(壬水)가 출간(出干)함이 없으면 고독한 운명이라 한다. 그러나 임수(壬水)가 두개고 경금(庚金) 하나가 한가지로 튀어나오면 허리에 금관옥대을 두르게 된다.

혹 한가닥 기토(己土)가 갑목(甲木)이 나와 제거해 줌이 없으면 이는 종살격이라 하겠으니 대귀(貴)할 수도 있다. 대개 종살자는 파격이 안되야 길(吉)하다. 종살격은 화토일색(火土一色)으로 되어 있는데 만일에 수(水)가 오면 파격이 되니 못쓴다는 것이다.

경자（庚子）   계미（癸未）   정해（丁亥）

임오（壬午）   갑신（甲申）   무자（戊子）

계축（癸丑）   을유（乙酉）

경신（庚申）   병술（丙戌）

자오충（子午冲）이 되고 보니 토생금（土生金） 금생수（金生水）하여 금수（金水）가 쌍천격인데 대운（大運） 역시 신유（申酉） 해자축（亥子丑）으로 향하니 일생（一生）을 태평하게 지낸다. 대운중（大運中） 병술십년（丙戌十年）에 화토（火土）가 금수（金水）와 상전（相戰）하니 이 십년（十年）만은 일생（一生）에 곤액이 많았다.

육월（六月）의 계수（癸水）

육월（六月）의 계수（癸水）는 상하월（月）의 구분이 있으니 하반월（下半月）에 경신금（庚辛金）이 기운이 있고 상반월（上半月）에는 경신금（庚辛金）이 활동을 못하고 있다.

육계일（六癸日）에 운명을 마치지 못한 것은 무슨 이치인고 술사들이 이 이치을 알지 못하기 때문에 운명을 마치지 못한다.

육월（六月）의 미중（未中）에 을목（乙木）과 기토（己土）가 동궁（同宮）해가 지고 있는데 부서지려해도 부서지지 않고 또는 계수（癸水）가 능히 종살을 안하기 때문에 전적 경신금（庚辛金）을 쓰게 된 것이다. 상반월（上半月）에는 금（金）이 쇠약하니 이것은 화（火）기가 더웁기에 그러함이다.

마땅히 비견으로써 일간（日干）을 도와주면 부귀를 하게된다.

오월(午月)도 한가지 위치인데 상반월(上半月)에 경금(庚金), 신금(辛金) 유기(有氣)함으로 비견 겁재가 없어도 가하다. 또 정화(丁火)가 투출함을 꺼려한다. 그러나 지지(地支)에 있으면 더 좋지 않다. 생극재화가 오월(五月)과 같다.

을유(乙酉)	임오(壬午)	무인(戊寅)
계미(癸未)	신사(辛巳)	정축(丁丑)
계미(癸未)	경진(庚辰)	
경신(庚申)	기묘(己卯)	

상반월(上半月)에 경금(庚金) 신금(辛金)이 진기하니(기운을 엇고) 경신금(庚辛金)이 시(時)에서 지지(地支)를 얻으니 수원(水源)이 (계수(癸水)의 가는 길을) 도와준다. 그리고 미중(未中)에 재(財)와 관(官)을 쓰니 귀(貴)를 아니할 수가 없게 됐다.

기미(己未)	경오(庚午)	병인(丙寅)
신미(辛未)	기사(己巳)	을축(乙丑)
계미(癸未)	무진(戊辰)	갑자(甲子)
병진(丙辰)	정묘(丁卯)	

신금(辛金)이 계수(癸水)의 근원을 발해주고 진중(辰中)에 습토가 계수(癸水)를 도우나 웃 사주에 비교해서 기운이 미치지 못하니 그래서 조그만 지주 벼슬을 했다.

三十九. 삼추(三秋)의 계수(癸水)

칠월계수(七月癸水)가 부모가 왕(旺)하고 자식이 힘이 있는 때에 계수(癸水)가 비록 신금(辛金)에서 죽는다 하였는데 부지중에 신중(申中)에 경금(庚金)이 있어 생(生)하여 사(死)처에서 생(生)을 만났다. 이것은 음포법인데 계수(癸水)가 어떻게 해서 신(申)에서 죽을 수 있는가? 수(水)는 신유(申酉)가 가까운 모체인데 모가 생(生)하고 있는데 죽을리가 있겠는가? **사처봉생을** 억지로 꾸며다 놓은 일이다. 그러기에 사주(四柱)에서는 음포로 보지 않고 전부 양포로 계산을 해야 한다. 운(運)이 서북으로 가는데 죽지 않을것은 사실이고 다만 경금(庚金)이 사령해 가지고 있는데 강하고 날카로운 것이 극도에 달해 가지고 있다. 반드시 정화(丁火)로써 용신을 하여 경금(庚金)을 제압해야만 좋다는 것이다. 그래서 정화(丁火)가 튀어나오고 갑목(甲木)이 있으면 생기가 있는 불이라 하였으니 반드시 고문합격(高文合格)을 하게 된다.

혹 정화(丁火)가 투하고 갑(甲)이 없으며 또 임수(壬水) 계수(癸水)가 없으면 일이경금(一二庚金)이라도 있어야 하니 이러한 운명(運命)은 창업주가 된다.

정화(丁火)가 두개가 있으면 좋으나 금(金)이 많고 정화(丁火)가 없는 자는 빈곤한 운명이 된다.

혹 일정화(一丁火)가 지지(地支) 오상(午上)에 앉았으면 이름을 독재격이라 하니 금(金)과 옥(玉)이 창고에 한가득 차있다고 한다. 만일에 미자(未字) 무자(戊字)에 정화(丁火)가 있으면 이 사람은 평범한 사람에 지나지 않는다.

혹 사주(四柱)에서 술자(戊字) 둘과 미자(未字) 둘을 보거나 또 병화정화(丙火丁火)가 지지(地支)에 암장되어 있어 천간(天干)에 갑목(甲木)이 튀어나와 물이 없으면 역시 부자 운명이라고 한다.

정유(丁酉)	정미(丁未)	계묘(癸卯)
무신(戊申)	병오(丙午)	임인(壬寅)
계묘(癸卯)	을사(乙巳)	
갑인(甲寅)	갑진(甲辰)	

갑목(甲木)과 정화(丁火)가 둘다 튀어나오니 상관생재격이라 한다.

운명(運命)이 상서에까지 갔다는 것이다.

무오(戊午)	신유(辛酉)	을축(乙丑)
경신(庚申)	임술(壬戌)	병인(丙寅)
계미(癸未)	계해(癸亥)	
을묘(乙卯)	갑자(甲子)	

년상(年上)의 오중(午中)에 정화(丁火)가 위치를 얻어서 있기에 크게 부자가 되고 크게 오래 살고 자식까지 귀(貴)하게 되었다.

신유(辛酉)	을미(乙未)	게사(癸巳)
병신(丙申)	갑오(甲午)	임진(壬辰)

계유 (癸酉)　　　　신묘 (辛卯)

신유 (辛酉)　　　　경인 (庚寅)

경신금 (庚辛金) 이　계수 (癸水) 를　생 (生) 하나　계수 (癸水) 를 설기할　목 (木) 이　없기에　자식도　없고　몸은　왕 (旺) 하되 의지할　곳이　없어서　일생 (一生) 을　고생스럽게　살고　고독하였다.

신왕무의 (身旺無依) 는　병신 (丙辛) 이　합수 (合水) 해서　금수 (金水) 가　성상　했는데　목 (木) 이　없어　설 (洩) 기를　못하니 이것을　신왕무의 (身旺無依) 라　하고　또　천간 (天干) 에　무토 (戊土) 가　나와서　癸水를　제지해　주어야　하는데　무토 (戊土) 가　없으니　이것도　역시　신왕무의 (身旺無依) 라　한다.

팔월 (八月) 의　계수 (癸水)

신금 (辛金) 이　허영하니　금 (金) 이　거세지　아니하므로　정 (正) 히　금백수청 (金白水淸) 이라　한다.　그러므로　신금 (辛金) 을　취하여　용신을　하고　병화 (丙火) 로　도움을　하면　수 (水) 란　금 (金) 온이라　하니　금 (金) 도　따뜻하고　수 (水) 도 따뜻하다는　뜻이다.　그러나　신금 (辛金) 과　병화 (丙火) 가　위 치를　동떨어지게　투출 (透出) 되야　한다.　이렇게　되므로써　고 문합격 (高文合格) 을　하게된다.

혹　병화 (丙火) 가　투출되고　신금 (辛金) 이　감춰져도　고문합 격 (高文合格) 을　하고　팔월계수 (八月癸水) 는　병화 (丙火) 와 신금 (辛金) 을　다　쓴다.

경인 (庚寅)　　　　병술 (丙戌)　　　　경인 (庚寅)

을유 (乙酉)　　　　정해 (丁亥)　　　　신묘 (辛卯)

계해 (癸亥)　　　　　무자 (戊子)

병진 (丙辰)　　　　　기축 (己丑)

을경 (乙庚)이 합 (合)하여 월령 (月令)에 신금 (辛金)을 도와서 계수 (癸水)를 생 (生)하고 병화 (丙火)는 해중 (亥中)에 갑목 (甲木)이 생 (生)을 시켜주며 또는 년지 (年支)에 인 (寅)이 있어 병화 (丙火)를 도우니 기세가 중화 (中和)를 얻으므로 태수 벼슬을 하게된 것이다.

신유 (辛酉)　　　병신 (丙申)　　　임진 (壬辰)

정유 (丁酉)　　　을미 (乙未)　　　신묘 (辛卯)

계사 (癸巳)　　　갑오 (甲午)

계해 (癸亥)　　　계사 (癸巳)

사중 (巳中)에 병화 (丙火)가 있으나 사유 (巳酉)가 합금국 (合金局)이 되고 신유 (辛酉) 삼금 (三金)이 계수 (癸水)를 생 (生)하니 계수 (癸水)가 극왕 (極旺)하다. 그런중 (中) 오운 (午運)에 정화 (丁火)가 쟁재 (爭財)의 작용을 하므로 오운 (午運)에 사망한 것이다.

구월 (九月)의 계수 (癸水)

구월 (九月)의 계수 (癸水)가 실령하여 뿌리가 없으니 무토 (戊土)가 사권을 하므로 계수 (癸水)의 극제가 태과하다. 전적 신금 (辛金)을 써 계수 (癸水)의 근원을 만들어 주고 비견으로 갑목 (甲木)을 자양 (滋養)시키어 무토 (戊土)를 제압하므로 고문합격 (高文合格)을 하게된다.

혹 신금 (辛金) 갑목 (甲木)이 양투하고 지지 (地支)에서 자수(子水)와 계수(癸水)를 보면 어렵지 않게 고문합격(高文合格)을 한다. 혹 계수(癸水) 갑목(甲木)이 둘다 튀어 나오면 부와 귀로 이름을 이룬다. 혹 갑목(甲木) 신금(辛金)이 있고 계수(癸水)가 없는 자라도 영화가 있다.

혹 갑목(甲木) 계수(癸水)가 있고 신금(辛金)이 없는자는 부는 커도 귀는 적다.

갑목(甲木)이 있고 계수(癸水)와 신금(辛金)이 없으면 상인이고 갑목(甲木)과 신금(辛金)이 없으면 빈천한 하격이 된다.

혹 갑목(甲木)을 보고 임수(壬水)를 보면 의식은 넉넉하다. 구월(九月)의 계수(癸水)는 신금(辛金)과 갑목(甲木)을 병행하라.

을해(乙亥)	을유(乙酉)	신사(辛巳)
병술(丙戌)	갑신(甲申)	경진(庚辰)
계묘(癸卯)	계미(癸未)	
갑인(甲寅)	임오(壬午)	

식신이 갑목(甲木)이 병화재(丙火財)를 생(生)해서 사주(四柱)를 중화(中和)로 만들어 놓으니 종재격(從財格)으로써 총독을 지냈다.

임진(壬辰)	신해(辛亥)	을묘(乙卯)
경술(庚戌)	임자(壬子)	병진(丙辰)
계축(癸丑)	계축(癸丑)	
계해(癸亥)	갑인(甲寅)	

-397-

신금(辛金)과 갑목(甲木)이 보이지 않고 진술충(辰戌冲)을 하니 사주가 좋은 방향이 되지 못해서 일생(一生)을 고생한 것이다.

四十. 삼동(三冬)의 계수(癸水)

시월(十月)의 계수(癸水)가 왕(旺)한 가운데 약(弱)함이 있다. 어째서 그럴까? 해중(亥中)에는 갑목(甲木)이 있어서 해중(亥中)의 수(水)를 빨기 때문에 그러함이다.

경금(庚金)과 신금(辛金)을 써서 조절하면 비상한 운명(運命)으로 바꾼다. 경금(庚金) 신금(辛金)의 양금(兩金)에 투출함을 얻으며 정화(丁火)를 보지 아니하면 고문합격(高文合格)을 한다.

지지(地支)에 목국(木局)을 이루고 정화(丁火)가 천간(天干)에 나오면 목(木)이 왕(旺)하고 불이 성한다 하겠으니 경신금(庚辛金)이 수(水)를 생(生)해주지 못하게 하므로 이 운명(運命)은 청(淸)한 생활밖에 못한다.

지지(地支)에 목국(木局)을 이루고 천간(天干)에 병정화(丙丁火)를 보면 딴길로 공명을 하게 된다.

혹 한가닥 임수(壬水)가 무토(戊土)의 제거함을 얻지 못하면 개울 물이 시끄럽게 넘친 것이니 이런 운명(運命)을 가지면 인생(人生)살이도 모든 일이 폐수를 만나고 뜻을 이루지 못하므로 늙도록까지 파도에 시달리고 마는 것이다. 만일 무토(戊土)의 투출함을 얻으면 청귀(淸貴)함을 자랑할수가 있다.

한가닥 경신금(庚辛金)이 정화(丁火)의 제극을 얻으면 명예가 쌍전한다고 한다. 그러나 정화(丁火)를 보지 못한 운명은 가난하고 천박한 사람이 된다.

혹 사주(四柱)에 화(火)가 많고 재(財)가 왕(旺)하며 일간(日干)이 약(弱)하면 겁재와 인수를 쓰는 것이 좋다. 그러나 임수(壬水)가 도와주는것이 없다면 비록 재(財)가 있어도 그 재(財)를 감당을 못한다.

계묘(癸卯)	임술(壬戌)	무오(戊午)
계해(癸亥)	신유(辛酉)	정사(丁巳)
계축(癸丑)	경신(庚申)	
계해(癸亥)	기미(己未)	

이 운명(運命)은 지지(地支)에서 임수(壬水)와 계수(癸水)를 얻으니 신왕(身旺)한데 해묘목국(亥卯木局)이 있어서 수기(水氣)를 설(洩)하니 사주(四柱)가 순(順)하나 중년(中年)을 신유경신운(辛酉庚申運)에 원 사주의 해묘미(亥卯未) 목국(木局)을 파하니 구사일생(九死一生)으로 고생을 하다가 중년(中年)후 남방운(南方運)을 만나 수생목(水生木) 목생화(木生火)하여 재기(財氣)를 통하니 부자가 되었다.

임신(壬申)	임자(壬子)	병진(丙辰)
신해(辛亥)	계축(癸丑)	정사(丁巳)
계해(癸亥)	갑인(甲寅)	
임자(壬子)	을묘(乙卯)	

이 사주(四柱)는 금수(金水)가 쌍청(雙淸)한데 사십(四十) 이전에 갑인(甲寅) 을묘목(乙卯木)이 왕(旺)한 수기(水氣)를 설(洩)기하니 운명(運命)이 좋은 방향으로 전환

되어 크게 부자 노릇을 한 것이다. 그 후에 오십 (五十)
육십 (六十)에 화 (火)가 득세하니 수 (水)와 상전되므로 발
전성은 없었다.

그런데 혹 화 (火)를 보면 재 (財)가 되니 재 (財)를 보
면 군겁쟁재 (群刼爭財)라 하는 사람이 많으나 원 사주안에
재 (財)가 없으니 이런 경우 군겁쟁재가 되지 않는다. 그래
서 왕 (旺)한 용신이 화 (火)를 극한데 화 (火)는 약해서
용신을 극할수가 없으니 크게 발전도 없고 크게 해도 없다. 그
러나 형충 파해 살성 (殺星)에 작용이 올때는 예 (例)외다.

십일월 (十一月)의 계수 (癸水)가 극히 춥고 냉동의 시기를
만나 금 (金)과 물의 교환도 없다. 전적 병화 (丙火)를 써
서 해동을 하되 얼음을 얼지 못하게 해야한다. 신금 (辛金)
이 계수 (癸水)를 부양하여주면 좋으나 병화 (丙火)가 없고
신금 (辛金)이 있으면 좋지 않다. 동계 (冬季)의 계수 (癸
水)는 병화 (丙火)가 투출되어 해동을 함으로써 금 (金)도
따뜻하고 물도 따뜻하니 둘이 서로 살리고 있다.

그러나 임수 (壬水)를 보지 말아야 한다. 이렇게 되므로
고문합격 (高文合格)을 하게된다. 그리고 은전도 받을 수 있
다.

혹 한가닥 임수 (壬水)가 병화 (丙火)가 없이 천간 (天干)
에 나오면 이 운명은 천한 사람이 된다. 한가닥 계수 (癸
水)가 있어도 역시 고독하고 천하게 된다.

혹 지지 (地支)에 수국 (水局)을 이루고 병화 (丙火)가 거

듭 천간(天干)에 나오면 옥(玉)대의 영화가 있다. 지(地)에 금국(金局)을 이루며 병화(丙火)의 종적이 없으면 짚세기나 삼고 농사나 짓는 천농인이다. 신년(辛年) 병월(丙月) 계일(癸日) 출생자로써 화(火)가 있는 자는 은전을 얻을 수가 있는데 화(火)가 없는 자는 모든 일이 수포로 돌아간다.

혹 한가닥 무기토(戊己土)가 있으면 살은 무겁고 일주(日柱) 계수(癸水)는 경하니 가난하지 아니하면 쉽게 죽는다.

정유(丁酉)	신해(辛亥)	정미(丁未)
임자(壬子)	경술(庚戌)	병오(丙午)
계해(癸亥)	기유(己酉)	
.임자(壬子)	무신(戊申)	

정임(丁壬)이 화목(化木)하니 계수(癸水)가 충(冲)하므로 합(合)이 되지 않는다. 그러나 이 재(財)는 쟁재(爭財)가 되어서 쓸곳이 없다. 사십(四十) 이전에 서북운(運)으로 운(運)이 향하니 대부(大富)행락을 하다가 정미운(丁未運)이 오며 일시에 파산을 하니 이건 군겁쟁재(群刼爭財) 되기 때문에 그러함이다.

왜 잘산다고 하는가?

동지달에 천지강산이 극도로 냉한데 이 사주가 금수(金水)로 구성되니 극히 한냉하다. 그리하여 이 냉치냉법을 써서 종왕을 하니 서방운(運)에 대발(大發)을 하게된 것이다.

십이월(十二月)의 계수(癸水)는 찬것이 극도에 달하여 천지 강산을 얼음으로 만들어 놓았으니 만물이 힘을 펴지 못하고 있다.

병화(丙火)를 써서 해동하는 것이 좋으니 혹 병화(丙火)가 년(年) 시(時)에 투출되며 임수(壬水)의 투출을 더하면 지중(地中)에 무토(戊土)가 많으므로 수(水)가 양광(陽光)을 도와주므로써 고문합격(高文合格)의 명신이 된다.

무토(戊土)가 없는 사람은 딴길로 직업을 얻는다. 혹 지지(地支)에 자축(子丑)을 보고 비견이 출간하고 병화(丙火)의 투출이 있으면 능히 해동을 못하니 이 운명은 평상한 사람에 지나지 못한다.

혹 계수(癸水)가 없고 신금(辛金)이 있어 병화(丙火)가 합(合)하면 역시 아름다운 것은 아니되나 정화(丁火)가 출간함이 있으면 병신합(丙辛合)을 파괴시키니 좋은 운명(運命)으로 전환된다.

혹 지지(地支)에 수국(水局)을 이루고 병화(丙火)가 없는자는 사해(四海)가 자기 집이니 일생(一生)을 고생한다. 혹 지지(地支)에 화국(火局)을 이루고 경신금(庚辛金)이 투출해 있는 자는 의식은 충족하나 금(金)이 출간함이 없으면 고독 빈천을 면치 못한다.

또 지지(地支)에 목국(木局)을 이루어 수(水)기를 뽑아가는 것이 너무 태과되면 평생을 포병격이 되어 신음한다. 그러나 금(金)이 천간(天干)에 나와 구제해주면 예술인이 된다.

겨울철에 병화(丙火)를 쓰되 병화(丙火)가 지지(地支)에 장되어 있는 것이 묘하고 그렇지 아니하면 중중한 병화(丙火)가 천간에 나오면 부귀(富貴)하게 된다.

계유(癸酉)　　　갑자(甲子)　　경신(庚申)

을축(乙丑)　　　계해(癸亥)　　기미(己未)

계축(癸丑)　　　임술(壬戌)

경신(庚申)　　　신유(辛酉)

유축(酉丑) 금국(金局)에 경신금(庚申金)이 계수일주(癸水日柱)를 생(生)하고 년상(年上)에 비겁을 보니 금수(金水)로 구성되어 천지강산이 냉동되어 있는데 대운(大運) 역시 해자축(亥子丑) 신유술(申酉戌)로 향하니 종왕격으로써 대부(大富)가 된 것이다.

신축(辛丑)　　　임인(壬寅)　　병오(丙午)

신축(辛丑)　　　계묘(癸卯)　　정미(丁未)

계축(癸丑)　　　갑진(甲辰)

계축(癸丑)　　　을사(乙巳)

토금수(土金水)가 삼(三)각으로 순생을 하는데 대운(運)이 임인(壬寅) 계묘(癸卯) 갑진(甲辰)으로 가니 왕수기설(旺水氣洩)하므로 운명(運命)이 순수하고 을사(乙巳) 운도 을목(乙木)이 수기를 설하고 사(巳)가 사유축(巳酉丑) 금국(金局)을 하니 운명에 해가 별로 없다. 남방운에 지지(地支)로 토(土)가 깔려 있으니 화생토(火生土)가 되므로 지장이 없이 좋은 운명이 되니 일생(一生)에 큰 부자는 안되였으나 의식은 넉넉하게 살았다.

-404-

◼ 김 우 제 ◼

대한역학풍수연구학회 회장(前)

◼ 저 서·편 역 ◼

관상법 총람

사주통서

오술판단전서

알기쉬운 관상법

사주추명학

현대적 사주총서	定價 24,000원

2015年 5月 5日 인쇄
2015年 5月 10日 발행
편 저 : 김 우 제
발행인 : 김 현 호
발행처 : 법문 북스
공급처 : 법률미디어

152-050
서울 구로구 경인로 54길4
TEL : 02)2636-2911~3, FAX : 02)2636-3012
등록 : 1979년 8월 27일 제5-22호
Home : www.lawb.co.kr

▌ISBN 978-89-7535-315-4 93180
▌파본은 교환해 드립니다.